私たちと公共経済

PUBLIC ECONOMICS: INCENTIVES AND WELFARE

著・寺井公子
　　肥前洋一

有斐閣ストゥディア

はじめに

　2020年，東京で2度目の夏季オリンピックが開催されます。1度目が開催されたのは，1964年のことでした。その頃の日本は，第二次世界大戦後の荒廃から復興し，高度成長期の真っただ中にありました。オリンピックの開催に合わせて，東海道新幹線や東京モノレール羽田線が開通し，首都高速道路も整備されました。このような交通基盤の建設・整備は，当時の政府が高度経済成長を支えるために積極的に行っていた公共事業の中でも，時代の象徴となる重要なプロジェクトでした。

　あれから50年以上が経ち，東海道新幹線は50歳を過ぎ，首都高速道路にも老朽化が目立つようになりました。この半世紀の間に，日本経済は高度成長期から低成長期へと移行し，直面している課題も大きく変化しました。それに歩調を合わせるかのように，政府の経済活動の内容を示す予算の内訳も変化してきました。公共事業関係費が中央政府の一般会計歳出予算に占める割合は，1965年度は20％でしたが，2015年度は6％です。政府が公共事業に費やす予算の割合は，ずいぶんと小さくなったことがわかります。一方，年金，医療，介護などを国が支えるために費やす社会保障関係費が一般会計歳出予算に占める割合は，1965年度の14％から2015年度の33％へと，大きく伸長しました。政府の経済活動が，人々の要望にある程度応えているとするならば，このような数字の変化は，人々が政府に期待する役割が，以前とは異なってきたことを表しています。

　私たちは，日々，テレビ，新聞，インターネットなどで，政府に対する期待と批判の言論を目にし，耳にします。私たちにとって，政府はそれほど「頼りにしたい」存在なのでしょう。1人ひとりの国民は「納税者」でもありますから，国民が納めた税を使って経済活動を行う政府が，国民のためになる行動をとってくれることを期待し，そこから逸脱する行動をとったときに批判することは，当然のことなのかもしれません。

　「納税者」としての国民が，政府の行動を評価しようとするときには，その良し悪しを測るなんらかの物差しが必要となります。ところが，新聞の朝刊をちょっと開いてみただけで，識者によって言っていることが違うことに気がつ

i

きます。たとえば，消費税増税の問題を1つとっても，どうも識者の中には賛成する人と反対する人がいるらしい，ということがすぐにわかります。双方の意見の内容を知れば知るほど，どちらが言っていることも正しく思えてきます。このように，政策について深く学び，政府の経済活動をよく理解したいと思う者がもっとも戸惑うのは，政策を評価するために必要な物差しがみつからない，あるいは物差しをみつけられたとしても，たくさんありすぎて，どれを使っていいのかわからない，ということではないでしょうか。

　本書『私たちと公共経済』は，政策を評価する際に使える，しっかりとした目盛を刻んだ物差しを，読者に提供することを目標として書かれた本です。大学で，あるいは社会に出てから政府の経済活動について学ぼうとする人はもちろん，政策を企画・立案・実行する立場にある人，あるいはそのような職業を選択しようとしている人が，「望ましい政策は何か」，「実際に行われる政策が，なぜときどき，そこから逸脱するのか」，「望ましい政策が実行される社会をつくっていくために，私たちはどのように行動すればよいのか」ということを考える際に重要となるポイントを提示しています。経済学や数学についての知識があまりなくても，関心を持って読み進められるように，数式をできる限り使わないようにしています。そして，読者が読みやすく理解しやすいように表現を工夫しながらも，読者にとって納得のいく政策評価の基準を示すという目的を果たすために，論理的で明瞭な記述を心がけています。

　本書のもう1つの特徴は，政府を，自分の欲望を持ち，合理的な計算を行いながら行動する人間によって構成される組織としてとらえていることです。政府はなぜときどき国民の期待を裏切るのか，という点について深く考えるためには，政府を形づくる人々（政治家や官僚）と，これらの人々の利害に密接に関わっている人々（利益団体や，有権者としての国民）の行動の意図についての理解が欠かせないからです。

　本書を読み進めるうちに，読者の皆さんは，政府も自分と同様に，経済の中で生き生きと活動する人たちで構成されていることを実感するでしょう。彼らの行動原理は，案外自分と変わらないな，と思う人もいるかもしれません。あるいはひょっとしたら「やはり，政府は自分たちの利益が第一で，一般の国民の利益は二の次なんだ」と失望する人もいるかもしれません。けれども，本書が読者の皆さんに伝えたいメッセージは，「だから政治は変わらない」という

ことでは決してありません。本書を最後まで読むことで，政治と政府を変えていく責任を担っているのは，いまこの時代を生きている有権者である国民1人ひとり，すなわち「私たち」であることが明らかになるはずです。私たちの政府，私たちの社会を，私たち自身が正しく導いていくための物差しとして，本書が信頼され，役に立つことができれば，著者としてこれほどうれしいことはありません。

　本書は，2人の著者が，それぞれが書いた原稿を持ちより，議論を重ねながら作り上げたものです。完成までの過程で，有斐閣の担当編集者である尾崎大輔さんと渡部一樹さんには，構成や表現について，とても重要な助言，ヒントをいただきました。慶應義塾大学大学院の河田陽向さんには，第7章の草稿に対して的確なコメントをいただきました。また，井堀利宏先生，故石川経夫先生，故清野一治先生，伊藤秀史先生，西條辰義先生，Antonio Merlo 先生のご指導があったからこそ，これまで学び続けることができました。ここに記して感謝いたします。

　　　2015年6月

　　　　　　　　　　　　　　　　　　　　　　　　寺井　公子・肥前　洋一

著 者 紹 介

寺井 公子（てらい・きみこ） 担当：第 1, 6, 7, 8, 9, 10 章

2003 年，東京大学大学院経済学研究科博士課程現代経済専攻修了
法政大学経営学部教授等を経て，
現　在，慶應義塾大学経済学部教授，博士（経済学）

主な著作：　寺井公子（2019），「補正予算とシーリング」『経済研究』，**70**: 81-95. Kimiko Terai and Amihai Glazer（2019）, "Why Principals Tolerate Biases of Inaccurate Agents," *Economics and Politics*, **31**: 97-111.　Kimiko Terai and Amihai Glazer（2018）, "Rivalry among Agents Seeking Large Budgets," *Journal of Theoretical Politics*, **30**: 388-409.　Yukihiro Nishimura and Kimiko Terai（2017）, "Strategic Delegation When Public Inputs for a Global Good Are Imperfect Substitutes," *International Tax and Public Finance*, **24**: 96-111.

読者へのメッセージ：　政治や経済の問題を身近に感じてほしい，という願いを込めて執筆しました。今の政治や経済の問題を理解するために重要なポイントを，専門家でなくても読めるように，わかりやすく表現しました。この本を読み，政策についてもっと深く考えてみよう，と思っていただけたらうれしいです。

肥前 洋一（ひぜん・よういち） 担当：第 1, 2, 3, 4, 5, 6 章

2004 年，ペンシルバニア大学大学院経済学研究科博士課程修了
北海道大学大学院経済学研究科准教授等を経て，
現　在，高知工科大学経済・マネジメント学群教授，Ph. D.

主な著作：　Yoichi Hizen（2021）, "A Referendum Experiment with Participation Quorums," *Kyklos* **74**: 19-47.　Yoshio Kamijo, Teruyuki Tamura and Yoichi Hizen（2020）, "Effect of Proxy Voting for Children under the Voting Age on Parental Altruism towards Future Generations," *Futures*, **122**: 102569.　Larissa Batrancea et al. [59 authors including Yoichi Hizen]（2019）, "Trust and Power as Determinants of Tax Compliance across 44 Nations," *Journal of Economic Psychology*, **74**: 102191.　肥前洋一編（2016）『実験政治学』勁草書房。

読者へのメッセージ：　本書は，やさしい文章の向こうに読みごたえのある内容が見え隠れしています。少しだけ気合いを入れてお読みいただければ，日々のニュースの受け止め方にも変化が現れるでしょう。第 2 章を読み終えたら，さっそく「経済学的には……だよね」と語り始めてください。問題山積のいま，良き有権者として政府の振る舞いを注視しましょう。

目　次

CHAPTER 1　いま，どのような問題を抱えているのか？　　1
政治・経済・社会

1　「公共経済学」とは？ ……………………………… 2
政府の借金（2）　「政府」って？（2）　公共経済学が対象とするもの（4）

2　経済とは？ ………………………………………… 5
自給自足（5）　分業（5）　計画経済（6）　計画経済の崩壊（6）　市場経済（7）

3　本書で学ぶこと …………………………………… 9
第1部　市場と効率性の視点（9）　第2部　政府の役割と失敗（11）　第3部　再分配政策（12）

4　経済学の鍵となる概念 …………………………… 13
インセンティブ（14）　機会費用（14）　トレードオフ（15）　情報の非対称性（16）　最善と次善（17）　均衡（17）　社会的余剰（18）

第1部　市場と効率性の視点

CHAPTER 2　経済学ではどう考える？　　22
モデル分析と社会的余剰最大化

1　経済学は1つのものの考え方 …………………… 23

2　経済学の分析の仕方 ……………………………… 24
モデル分析とは（24）　望ましい取引の仕方とは（24）　単純化してみる（25）　取引をモデルで表現する（26）　現実はそんなに単純じゃない？（27）　経済学の

考え方を頭になじませる（27）　頭になじませるコツ（28）

3　経済学の評価基準 ………………………………… 29
▶社会的余剰最大化
望ましさの基準（29）　消費者aと企業Aが取引すると（29）　消費者bと企業Bが取引すると（30）　消費者cと企業Cが取引すると（31）　ここまででわかったこと（31）　消費者aを消費者cが押しのけると（32）　わりと自然な考え方（32）

4　取引できない人たちがかわいそう？ ……………… 33
全員が取引できるようにすると無理が生じる（33）　社会的余剰最大化を優先する理由（34）

5　相場の形成 ………………………………………… 36
相場が形成されるプロセス（36）　競争均衡価格のみつけ方（39）

6　需要曲線と供給曲線 ……………………………… 40
個別需要曲線の導出（40）　市場需要曲線の導出（42）　個別供給曲線と市場供給曲線の導出（43）　市場需要曲線と市場供給曲線を重ね合わせる（44）

7　経済学と心理学 …………………………………… 46
「冷静な」消費者（46）　「揺れ動く」消費者（46）　特効薬と自然治癒（47）　温室効果ガスの排出量を削減するには（47）

CHAPTER 3　市場に任せられないときもある？　51
市場の失敗とその対応

1　完全競争市場であるための条件 ………………… 52
2　完全競争市場であるための条件が満たされない場合 … 52
「価格受容者」の条件が満たされない場合（52）　「外部性の不在」の条件が満たされない場合（53）　「情報の対称性」の条件が満たされない場合（54）　市場の失敗（55）

3　カルテル …………………………………………… 56
▶独占禁止法の意義
共謀して価格を吊り上げると？（56）　カルテルを禁止する理由（57）

4 大気汚染 ……………………………………… 58
▶生産に伴う外部不経済
2個まで売買したいモデル（59）　大気汚染をモデルに含める（60）　3つの介入の仕方（62）　税は払う人だけが負担しているわけではない（66）

5 中古車 ……………………………………… 67
▶悪貨は良貨を駆逐する
中古車市場のモデル（67）　情報の非対称性が存在しない場合（68）　情報の非対称性が存在する場合（68）　情報の非対称性への対処の仕方（70）

6 騒音 ……………………………………… 71
▶コースの定理
隣の部屋の住人がうるさい（71）　権利を設ける（71）

7 高速道路 ……………………………………… 73
高速道路のモデル（73）　この高速道路を作ったら儲かるか？（75）　消費者余剰まで考えると（76）

8 なめらかな需要曲線と供給曲線 ……………………………………… 77

CHAPTER 4　「みんなのもの」は不足する？　　79
公共財と政府の役割

1 さまざまな財の種類 ……………………………………… 80
排除性と競合性（80）　共有地（81）　クラブ財（82）　公共財（85）

2 公共財の自発的供給の難しさ ……………………………………… 87
フリーライディング（87）　パレート効率性（89）　実験室でフリーライディングを観察する（93）

3 公共財の最適供給量 ……………………………………… 95
限界変形率（95）　限界代替率（96）　限界変形率と限界代替率を比べる（96）　サミュエルソン条件（97）

4 公共財を政府が供給するときの問題点 ……………………………………… 101
政府と人々の間の情報の非対称性（101）　メカニズム・デザイン（102）

5 地方公共財 …………………………………………… 102
　国が決めるか地方が決めるか？（103）　引っ越せばよい？（104）

第2部　政府の役割と失敗

みんなで決めるということ　108
民主主義と社会的意思決定

1 政治過程の分析 ……………………………………… 109
2 政治学と経済学 ……………………………………… 110
　政治学で選挙を見ると（110）　経済学で選挙を見ると（111）　提言をしようとするときの注意（114）
3 みんなで何かを選ぶことの難しさ ………………… 115
　望ましい選択肢の基準（115）　コンドルセ法（115）　コンドルセのパラドックス（116）　絶対多数決と相対多数決（117）　ボルダ方式（118）
4 アローの不可能性定理 ……………………………… 120
5 中位投票者定理 ……………………………………… 122
　一次元の政策空間と選好の単峰性（122）　真ん中で決まる（124）　中位投票者定理と社会的余剰（125）
6 単峰性が満たされない例 …………………………… 126
7 戦略的投票とギバード・サタースウェイトの定理 …… 128
　戦略的投票（128）　ギバード・サタースウェイトの定理（130）
8 デュヴェルジェの法則 ……………………………… 131
　戦略的に操作できるのは誰か？（132）　小選挙区制と二大政党制（132）

viii

CHAPTER 6 私たちの声は届かない？ 134
間接民主制と選挙制度

1 間接民主制 ……………………………………… 135

2 間接民主制の問題点 ……………………………… 135
▶ オストロゴルスキーのパラドックス
直接民主制だと？（136）　間接民主制だと？（136）　住民投票で補完する（138）

3 候補者たちが公約として掲げる政策を自由に選ぶなら 138
消防活動にどれだけ予算を充てるか？（139）　公約が似通っていることは悪いことではない（141）　実際の選挙では公約が必ずしも似通らない（142）

4 さまざまな選挙制度 ……………………………… 144
中選挙区制（144）　比例代表制（145）　小選挙区比例代表並立制（148）

5 1票の格差 ………………………………………… 150
国政選挙（150）　地域によって1票の価値が異なる（151）　1票の格差と政策の偏り（153）

6 人口構造と政策選択 ……………………………… 155
国会内での中位投票者（155）　世代による選好の違い（156）　世代による投票率の違い（158）

CHAPTER 7 政府は誰のもの？ 162
政治家・官僚・利益団体

1 政治家に影響を与える人たち …………………… 163
官僚（163）　利益団体（164）　地方政府（164）　再選動機（165）

2 政府の中の力関係 ………………………………… 166
プリンシパル・エージェント問題（166）　官僚と予算（168）

3 政治家は圧力に弱い？ …………………………… 171
政府の外からの圧力（171）　レントシーキング

（172）　団体の規模とフリーライディング（173）　報道機関の役割（175）

4　政府同士がライバル？ ……………………………… 176
政策の外部性（176）　地方政府同士による企業誘致競争（177）　問題を解決するには（180）

5　中央政府と地方政府 …………………………………… 181
豊かな地域から貧しい地域への所得移転（181）　情報の非対称性とヤードスティック競争（183）

6　国民はよい政治家を見抜くことができる？ ………… 186
政治家は選挙に勝つために支出を増やす？（186）　再選動機と財政赤字（188）

第3部　再分配政策

CHAPTER 8　社会の誰を優先する？　192
格差と再分配政策

1　経済力は政策の好みに影響する ……………………… 193
再分配政策から受ける恩恵は人それぞれ（193）

2　再分配政策の効果 ……………………………………… 195
所得再分配前の社会的余剰（195）　所得再分配後の社会的余剰（196）

3　保険としての所得再分配制度 ………………………… 198
お金持ちになるかどうかは「運」にも左右される（198）　「運」に恵まれなかったときにも安定した生活を送るために（200）

4　生活保護制度 …………………………………………… 202
最後のセーフティネット（202）　労働へのインセンティブ（204）

5　現金給付と現物給付 …………………………………… 207
現金給付と現物給付の違い（207）　例：家賃補助（207）

6 現物給付の利点 ……………………………………… 210
　不正受給の防止に役立つのは（210）　自己選択メカニズム
　（211）

7 負の所得税 …………………………………………… 213
　2つのタイプのエラー（213）　「負の所得税」のアイデア
　（214）　給付付き税額控除（215）

CHAPTER 9 政府の活動は誰が支える？　218
税の仕組みと効果

1 政府の活動の資金 …………………………………… 219
　税は社会的余剰の損失を発生させる（219）　税についての
　意見は対立する（220）

2 誰が税を負担している？ …………………………… 221
　直接税と間接税（221）　租税の帰着問題（223）

3 税は行動を変化させる ……………………………… 225
　社会的余剰の損失の発生（225）　税によって，税以外のも
　のも負担する（226）

4 望ましい消費税とは？ ……………………………… 228
　行動の変化の度合い（228）　どのような財に高い税率をか
　けるべき？（231）　効率性と公平性のトレードオフ（232）

5 労働所得への税 ……………………………………… 234
　2つの公平性の基準（234）　所得税の構造（235）

6 所得税が労働意欲に与える影響 …………………… 236
　所得税によっても課税の超過負担が発生する（236）　累進
　的課税と労働への負のインセンティブ（238）

CHAPTER 10 世代を超えて助け合える？　243
年金制度と財政問題

1 さまざまな世代が共存する経済 …………………… 244

目　次　xi

誰でもいつかは退職する（244）　年金制度と人口高齢化（245）　国債発行による将来世代への負担の転嫁（247）

2　世代間の支え合い ………………………………… 248
賦課方式の年金制度（248）　世代会計（250）　年金制度を持続させるために（251）

3　なぜ政府が加入を義務づけるのか？ ……………… 252
パターナリズム（252）　情報の非対称性（252）　逆選択（254）

4　貯蓄が可能な経済 ………………………………… 255
賦課方式の年金制度か貯蓄か？（255）　モラルハザード（258）　積立方式の年金制度（258）

5　国債発行による政策の費用の分かち合い ………… 260
公共事業と建設国債（260）　建設国債の役割（261）　財政赤字と赤字国債（262）

6　国債発行は負担の先送り ………………………… 264
多くの民主主義国家が財政赤字に苦しんでいる（264）　国債の中立命題（265）　財政錯覚（267）　民主主義は万能ではない（268）

文献ガイド　271
索　引　274

本文イラスト　オカダケイコ

Column 一覧

- ❶ 行動経済学　48
- ❷ パレート効率性と社会的余剰最大化　90
- ❸ ゲーム理論の均衡概念　92
- ❹ 票の売買の是非　113
- ❺ 熟議民主主義　128
- ❻ シルバー民主主義　160
- ❼ ソフトな予算制約問題　184
- ❽ 食料費補助の効果　212
- ❾ 所得税の計算方法とブラケットクリープ　240
- ❿ 医療保険　266

インフォメーション

- **本書の構成**　本書は3部10章で構成されています。まず第1章で公共経済学を学ぶ意義を説明してから，第1部では経済学の基本的な考え方と市場の機能と限界について，第2部では政府における政策決定の過程とそこで起こるさまざまな問題と対応について，第3部では所得再分配や課税，年金の問題について学びます。
- **各章の構成**　各章には，INTRODUCTION（章の概要），CHECK POINT（節ごとのまとめ），Column（コラム），EXERCISE（章末，練習問題）が収録されています。Column では，本文の内容に関連した興味深いテーマや経済学の基本的な概念が説明されています。EXERCISE の解答例は，本書のウェブサポートページに掲載しています。
- **キーワード**　本文中の重要な語句および基本的な用語を太字（**ゴシック体**）で示しました。
- **文献ガイド**　巻末に，本書で取り上げられなかった内容を補うことができる文献や，より進んだ学習のための文献をリストアップした「文献ガイド」を収録しました。
- **索引**　巻末に，索引を精選して収録しました。
- **ウェブサポートページ**　以下の URL のウェブサイト，各章末に収録されている練習問題の解答例やヒントを掲載しています。また，本書を授業でご採用頂いた先生方への資料提供のご案内も行っています。

　　　http://www.yuhikaku.co.jp/static/studia_ws/index.html

CHAPTER

第 **1** 章

いま，どのような問題を抱えているのか？

政治・経済・社会

INTRODUCTION

　私たちは毎日のように，ニュースで「政府」という言葉を耳にします。政府には，常に，私たち国民が安心して暮らすための政策を実行することが期待されています。しかし，私たちは同時に，ニュースを通して，政府が必ずしも国民の期待に沿った行動をとるわけではないことも知っています。

　この章では，まず「公共経済学」が，経済の中で政府に求められる役割と，政府が必ずしも期待どおりの行動をとらない理由を学ぶ学問であることを説明します。そして，本書の構成を簡単に把握したあと，読み進むうえで重要ないくつかのキーワードを解説します。

1 「公共経済学」とは？

政府の借金

　日本の国および地方の長期債務残高が 1000 兆円を超えました。国民 1 人当たりに直すと，おおよそ 800 万円になります。この数字の大きさは，政府の活動の規模を表すとともに，政府はなかなか借金を減らすことができないという構造的な問題が存在することを示しています。

　図 1-1 は，経済協力開発機構（OECD）に加盟している主な国々について，政府債務残高の**国内総生産**（GDP）に対する割合（%）（これを「政府債務残高対 GDP 比」と呼びます）の推移をグラフに描いたものです。政府債務残高対 GDP 比は，式で表現すると「政府債務残高(円)÷GDP(円)×100(%)」と書けます。政府債務残高は，その国の政府がそれまでに行ってきた借金の累積額です。政府の支出が収入を超えると，政府は借金をせざるをえません。それが毎年繰り返されると，借金が積み重なっていきます。一方，GDP は，その国で一定期間内（ここでは 1 年間）に経済活動を通して生み出された付加価値の合計であり，その国の経済が 1 年間にどれだけ「お金になるもの」を生み出したかを表しています（たとえば，2014 年度の日本の GDP は 491 兆円でした）。たくさん生み出している国なら，借金が多くても返済することができるでしょう。したがって，どれだけ借金を抱えているかではなく，それを GDP で割って，GDP の何倍（もしくは何分の 1）の借金を抱えているかという形で表現したほうが，各国の借金の深刻さを正確に比べることができます。私たちにとっても，「その国は，その国が生み出せる『お金になるもの』の何年ぶんの借金を抱えている」とイメージできますので，金額で表現されるより借金の大きさを把握しやすくなります。

「政府」って？

　図 1-1 から，私たちは何を読み取ることができるでしょうか。1 つは，一時期を除いて，政府債務残高対 GDP 比はほとんどの国で大きくなる傾向にあっ

CHART | 図 1-1 政府債務残高対 GDP 比の国際比較

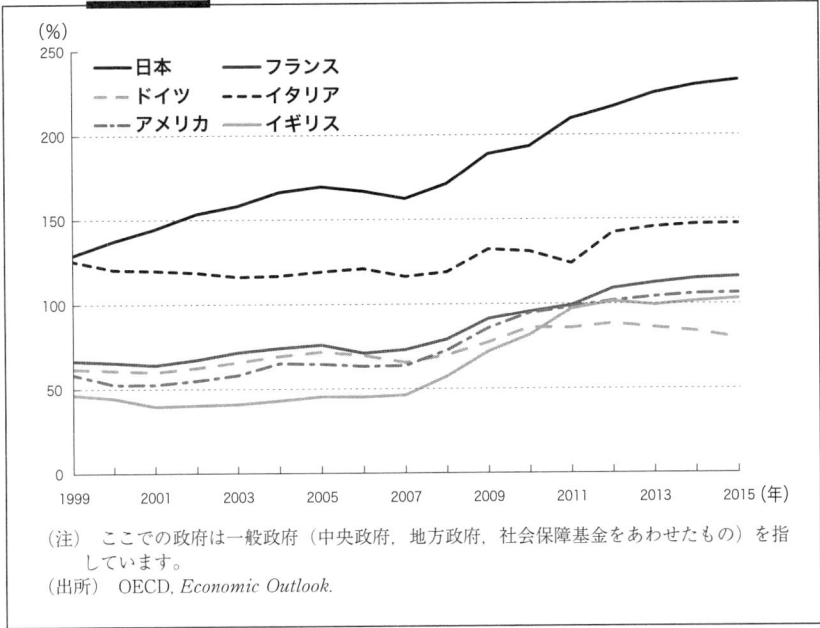

(注) ここでの政府は一般政府（中央政府，地方政府，社会保障基金をあわせたもの）を指しています。
(出所) OECD, *Economic Outlook*.

たということです。これは，家計（生計を共にする人たち〔家族など〕を経済学ではひとまとまりとして**家計**と呼びます）と比べると不思議なことです。確かに，家計も，仕事の都合で所得が減ったり，大きな買い物をするためにローンを組んだりして，借金をすることがあります。しかし，ほとんどの家計で所得に比べて借金の累積額が年々増え続けるということはありません。多くの家計は返せる範囲内に借金の累積額を収めようとします。政府と家計の違いはどうして起こるのでしょうか。政府と家計では，お金の使い方が違うのでしょうか。そもそも政府を運営し，お金を使っているのは誰でしょうか。私たちは，政府に関わる人たちが，どのような行動をとる傾向があるかを，じっくり考えてみる必要がありそうです。

　もう1つ気がつくのは，日本の政府債務残高対 GDP 比が，他の国に比べて大きく伸びているということです。このことは，日本には他の国にない特別な事情があることを示唆しています。それは何でしょうか。政府の収入（たとえば国民や企業の所得や消費に対する税からの収入など）や支出（たとえば年金，医療，教育，公共事業に関する支出など）は，家計の消費活動や企業の生産活動と深く関わっています。そして，国全体で見た消費に使う金額の大きさや生産の規模

は，その国の人口の規模とその年齢構成にも影響されます。日本の政府債務残高対 GDP 比の急伸は，日本の経済構造や，その基礎となる人口構造の変化を，鏡のように映し出しているともいえます。私たちの経済や人口の構造は，いまどのように変化しつつあるのでしょうか。また，それはどのような過程を通じて政府の収入と支出に反映されていくのでしょうか。

公共経済学が対象とするもの

　本書で学ぶ**公共経済学**は，経済において政府がどのような役割を果たすべきか，政府はその役割をしっかり果たせるのかという問題を考えて，答えを見出すための学問です。政府が期待される役割を果たすためには，お金が必要です。そのために政府は，国民から税を集めています。しかし，最初に見たとおり，政府は集めた税収を超えてお金を使い，そのために借金を積み重ねてきました。このような支出は国民にとって，本当に必要なものだったのでしょうか。この問題について考えるために，公共経済学は，政府を運営している人々（政治家や官僚）や，運営はしていなくても政府と深く関わっている人々（利益団体など）の行動に焦点を当てます。そして，経済を取り巻く環境が変わるとき，政治家や官僚，利益団体の行動がどのように変化し，その結果，経済や一般の国民の生活がどのような影響を受けるのかを考えます。このように，公共経済学は，政府が果たすべき役割を指し示すと同時に，なぜ政府が期待される役割から逸脱するのかを考えるためのヒントも与えてくれます。

　以上の問題を考える前に，この章では，そもそも経済とは何か，なぜ経済に政府が出てくる必要があるのかを考えます。さらに，第 2 章以降のストーリーのあらましと，頻繁に出てくるキーワードをふまえておきます。

CHECKPOINT 1

- ☐ 主要な先進国の政府は，これまで借金を積み重ねてきました。どうやら政府には，借金をする傾向がありそうです。
- ☐ 公共経済学は，政府のあるべき姿を示すとともに，現実に起こっている政府の借金などの問題を解決する方法を探ります。

2 経済とは？

日々のニュースで「経済」という言葉を当たり前のように耳にしますが，そもそも経済とは何でしょうか。大きくて複雑であるため，とらえどころがないように思われる方々も多いと思います。そこで，あなたが無人島に漂着して1人で暮らしている状態を想像して，そこから島民の数を増やしていくという手順で経済を理解していきましょう。

自給自足

いま，あなたは無人島に漂着し，1人で暮らしています。小説『ロビンソン・クルーソー』の状態です。あなたはおなかが空くと，海辺へ行って釣りを始めます。大きな魚が1匹釣れました。これならおなかがいっぱいになると納得したあなたは，あなたが拠点としている場所に戻って火を起こし，魚を焼いて食べました。

経済とは，ものを生産してみんなに配って消費する営み，およびその仕組みのことです。この島にはあなた1人しかいませんので，あなたは自分で魚を釣ってきて，自分に配って自分で食べました。このように，生産する人と消費する人が一致することを**自給自足**といいます。

分 業

1人暮らしに慣れた頃，新たに9人が島に漂着しました。あなたを含む10人は，どのように暮らしていくでしょうか。

「別々に暮らしていきましょう。解散」といって，10人が島のさまざまな場所に散って，あたかも島に自分しかいないかのような生活をすることもできます。しかし，性格がよほど合わない場合を除いては，10人で共同生活をするほうがよいでしょう。なぜなら，分業の利益が得られるからです。**分業**とは，さまざまな仕事をすべて1人でするのではなく，それぞれの仕事に担当者を決めて，各人は1つの仕事に専念することをいいます。たとえば，魚を釣ってくるのであれば，あなた1人が食べるぶんだけ釣ってくるのでなく，「今から魚

を釣りに行くので，食べたい人は手を挙げてください」と呼びかけて，食べたい人たちのぶんまで釣ってくるわけです。あなたの呼びかけに，9人全員が手を挙げたとしましょう。食べたい人たちがそれぞれ自分で自分のぶんだけ釣りに行くなら，あなたを含む10人がそれぞれ海辺まで足を運ばなければなりません。1匹釣れて，もう少し糸を垂らしておけばもっと釣れるのに，そうすることなく戻ってきます。それよりも，1人が10人ぶん釣りをして，その間にほかの9人には別の作業をしてもらったほうが，効率がよさそうです。狩りに行く人，畑を耕す人，衣服を編む人，木を切り出して家を建てる人など，1人が釣りをしている間にいろいろなことができます。1つの仕事に専念できれば，その仕事に必要な技術も向上するでしょう。

計画経済

　島にあなた1人しかいなくても，10人いても，おなかが空いて魚を食べたいという欲求に合わせて魚を釣ってくるという点では共通しています。これを1つの国という大きな単位で行うと，**計画経済**と呼ばれる体制となります。ただし，たとえば国民が1億人いた場合，魚を釣りに行こうとする人がそのたびに「今から魚を釣りに行くので，食べたい人は手を挙げてください」といって，9999万9999人にいっせいに手を挙げさせるというのは無理な話です。人数が多い場合には，全体を取り仕切る組織が必要になります。その組織（政府と呼びましょう）が，国民1人ひとりに手を挙げさせる代わりに，今後何年の間に国民全体として何がどれだけ必要かを計算して，各生産主体（農場，工場，その他）に対して何をいつまでにどれだけ作るかを指示します。そして，作られたものを政府が回収して，国民1人ひとりに等しく配ります。

　このような経済の営み方は，かつて存在したソビエト連邦という国で採用されていました。いまの私たちにはなじみのない営み方ですが，無人島に1人しかいない状態から人数を増やしていくと行き着くという意味で，実は計画経済は「自然な」経済であるともいえます。

計画経済の崩壊

　計画経済では，作られたものを政府が回収して国民1人ひとりに等しく配りますので，貧富の差が生まれません（生まれないはずでした）。そのため，資本

家階級と労働者階級の間で貧富の差が広がっていたかつての資本主義諸国の中には，計画経済にあこがれる労働者たちもいました。しかし，結局ソビエト連邦の計画経済は立ち行かなくなり，市場経済に移行するとともに，ソビエト連邦という国はロシアをはじめとする国々に分裂してしまいました。何が問題だったのでしょうか。

■インセンティブの問題　経済学の視点からは，働く**インセンティブ**（動機づけ）が問題だったとされています。計画経済では，みんなが作ったものを政府が回収してみんなに配るわけですが，自分がよいものをたくさん作っても，すべて回収されて，あまり作らなかった人たちを含めた全員に等しく配られますので，よいものをたくさん作ろうという気持ちがくじかれてしまいます。計画経済がうまく機能するためには，国民1人ひとりに「すべて回収されてしまうけれど，みんなのために頑張って作ろう」という高い公共心が求められるのです。

■計画経済を維持するために　すべて回収されるにもかかわらず頑張って作ろうと思ってもらうためには，公共心を育む学校教育が必要ですし，それでも頑張らない人はみつけ出して罰するという負のインセンティブを与えなければなりません。そのため，警察組織が肥大化します。なかなかみんなが頑張って作ろうとしないため，みんなに配られるものも低品質で少量となり，苦しい生活を強いられます。みんなが作ったものを回収した政府の役人たちが，それらを懐に入れてしまうという汚職の問題も発生し，国民に配られる量がさらに減ります。その一方で，資本主義諸国では高品質のものが大量生産されて人々がそれを享受しているという情報が伝わってくると，国民から国の体制に対する不満が出てきます。それを防ぐために，今度は情報統制をする必要が生じてきます。計画経済を維持するために，経済以外の分野でもさまざまな対策が必要になってくるのです。

市場経済

　計画経済がインセンティブの面からうまく機能しにくいのであれば，ほかに方法はないのでしょうか。あります。資本主義諸国で採用されており，私たち

が慣れ親しんでいる**市場経済**です。市場経済では，政府が国民に何をどれだけ作れと指示することはありません。作りたい人が作りたいものを作りたいだけ作ればよいのです。ただし，作りたければ作ればよいといわれても，何を作ったらよいのかがわかりませんし，そもそも自分に得にならない限り作ろうとはしないでしょう。

■**価格の役割**　何をどれだけ作るかを決めるための手がかりとなるのが**価格**です。高い価格が付いているものは，作って売れば儲かりますので，各生産主体はそれを作ろうとします。市場経済では，作ったものが政府に回収されてしまうのでなく，作った人がその価格で売って，儲けを自分のものにできるのです。一方，低い価格が付いているものなら，作って売っても儲かりませんので，作る量を減らすか，作るのをやめてしまうでしょう。

　同じことを消費する側から眺めると，みんなが欲しい（けれど足りない）ものには高い価格が付き，あまり欲しくない（ため余っている）ものには低い価格が付きます。したがって，作る側と消費する側をあわせると，みんなが欲しいけれど足りないものには高い価格が付き，価格が高いなら作って売れば儲かりますので，各生産主体は作ろうとします。一方，みんながあまり欲しくないため余っているものには低い価格が付き，価格が低いなら儲かりませんので，各生産主体は作ろうとしません。

　このように，価格を媒介として，足りないものが作られ，余っているものは作られないという生産調整が実現されます。みんなが欲しいか欲しくないかに応じた生産量の調整が，政府に指示されたからという理由で仕方なく行われるのではなく，自分が儲かるからという正のインセンティブを持つ生産主体によって自主的に行われるのです。

　市場経済では，生産量の調整に加えて，その逆の向きの調整，すなわち消費量の調整も働きます。各生産主体が作りすぎてしまったものは，余りますので低い価格が付き，価格が低いならみんなが買って消費しようとします。反対に，たくさん作るのが難しいものは，それをみんなが欲しがるなら，足りませんので高い価格が付き，価格が高いなら買おうとする人が減ります。価格の上下に伴う生産・消費の両面での調整が働く結果，欲しいものが欲しいだけ作られ，作られただけみんなが欲しがるという理想的な状態が実現されます。

CHECKPOINT 2

- □ 経済とは，ものを生産してみんなに配って消費する営み，およびその仕組みのことです。
- □ 計画経済では，人々が懸命に働く動機づけがうまくできなかったことが問題だったとされています。
- □ 市場経済では，人々が価格を見ながら行動します。その価格の変動を通じて，買いたい量だけ作られ，作った量だけ買いたい人が現れるという状態が実現されます。

3 本書で学ぶこと

本書は，大きく分けて 3 つの部から構成されます。以下では順に，各部で扱われるテーマを紹介します。

第 1 部 市場と効率性の視点

市場経済はよくできた仕組みに思えますが，残念ながらどのような状況でもうまく機能するわけではありません。本書の第 1 部では，市場がどのようなときにうまく機能して，どのようなときにうまく機能しないのかを学びます。うまく機能するときには政府の出番はありませんが，うまく機能しないときには政府が市場に介入して対処する必要があります。そのときどのように対処すればよいかを学びます。

第 1 部の各章の内容を把握しておきましょう。第 2 章の前半では，まず経済学の考え方を学びます。経済学では，複雑な現実をそのまま分析するのでなく，単純化して表現したうえで，その単純化された世界で何がどのような仕組みで起こるかを分析し，その分析結果から複雑な現実に対して何がいえるかを考えます。また，制度や政策の良し悪しは，そのもとで生み出される人々の喜び（金額で表現します）から，それを生み出すのにかかった費用を差し引いた額（これを**社会的余剰**，または**総余剰**と呼びます）の大きさによって判定します。市場での取引に関わる制度や政策であれば，できるだけ安く生産するとともに，できるだけ大きな消費の喜びを生むことを目指します。そして，その市場から

生み出されうる最大限の社会的余剰が実際にも生み出されているとき，その市場はうまく機能していると判定します。第2章の後半では，市場において相場がいかに形成されるかを理解したうえで，全員が相場に従ってどれだけ売買するかを決めるなら，その市場で生み出される社会的余剰は最大になることを学びます。

　第3章では，どのような場合に市場がうまく機能しないかを学びます。①相場に影響を与えることができる売り手または買い手がいる場合（市場が企業1社によって独占されているなど），②各企業の生産活動や各消費者の消費活動が他の人たちにプラスまたはマイナスの影響を与える場合（生産に伴って大気汚染が発生するなど），③商品について一部の人たちが知っていて他の人たちが知らない情報が存在する場合（中古車の品質を売り手はわかっているものの買い手にはわからないなど），④そもそも市場が存在しない場合（騒音を出す権利を隣の住人とその都度売買するのは難しいですし，高速道路などは建設費が高すぎて作ろうとする企業が現れません）を順に見ていきます。それぞれの場合に，政府はどのように対処すればよいかが議論されます。

　第4章では，第3章までとは異なる性質を持つ商品を対象とします。第3章までの議論は，市場で取引される商品が次の2つの性質を満たすことを前提としています。1つは，お金を払わない人が消費するのを阻止することができるという性質です。お金を払わない人も消費できてしまうのなら，誰もお金を払って買おうとはしないでしょう。誰もお金を払ってくれないのであれば，企業も作るのをやめてしまうでしょう。もう1つは，誰かがそれを消費すれば，他の人はそれを消費できないという性質です。食べ物などは，誰かが食べてしまえば，他の人がそれを食べることはできません。一方，テレビ放送などは，誰かが番組を観ているからといって，他の人が同じ番組を観られなくなることはありません。同時に何人もの人たちが消費できるものであれば，できるだけ多くの人に消費してもらったほうが社会的余剰が大きくなります。これらの一方または両方の性質を満たさない商品は，市場で自由に取引させても望ましい取引量が実現されません。第4章では，望ましい取引量を実現するには，政府はどのように対処すればよいかが議論されます。

第2部　政府の役割と失敗

　どのように対処すればよいかがわかっていたとしても，政府は必ずしもふさわしい対策を講じないかもしれません。なぜなら，議会もまたそれぞれの私的な利害を持った政治家たちの集まりだからです。議会で決められる政策は，必ずしも社会全体にとって望ましい政策とは一致しないかもしれません。さらには，官僚や利益団体など政治家以外の人や組織も，政策の決定や実行に影響を与えようとするかもしれません。第2部では，そのような中で望ましい政策が選ばれるのはなかなか難しいこと，および政策がどのように歪められやすいのかを学びます。

　第5章では，みんなで多数決によって何かを選ぼうとすると，社会的余剰が最大にならない選択肢が容易に選ばれてしまうことが指摘されます。そこで，社会的余剰最大化に代わって，「他のどの選択肢と1対1で比べても過半数の人たちから好まれる選択肢が選ばれること」という基準を設けて，さまざまな投票のルールがこの基準を満たすか否かを検討します。そして，この基準ですらなかなか満たされないことが明らかにされます。より一般的には，みんなで何かを選ぶ際，満たすべきと思われるいくつかの基準をすべて満たすような理想的なルールは存在しないことがわかっています。みんなで何かを選ぶことの難しさを理解します。

　第6章の前半では，みんなで政治家を選んで，政治家が政策を決めるという間接民主制のもとで生じる問題を学びます。みんなで直接何かを選ぶことすら難しいことが第5章で明らかにされますが，間接民主制のもとではさらなる難しさが加わるのです。

　後半では，政治家を選ぶためのさまざまな選挙制度を紹介したうえで，日本の選挙の問題点を議論します。何人の有権者たちで1人の議員を国会に送り出しているかを選挙区ごとに計算すると，一番多い選挙区では一番少ない選挙区に比べて，衆議院議員総選挙で約2.1倍，参議院議員通常選挙で約4.8倍となります。この議員1人当たり人口の違いに加えて，都市と地方の年齢構成の違い，世代別の投票率の違い，および国全体の少子高齢化などが，国民全員の声が一様に反映される選挙結果を生みにくくしています。私たちは，政治家によってどのような政策が推し進められるかを注視するとともに，その背景とし

て，政治家を選ぶ仕組みがどのような性質を持っているかをふまえておく必要があるでしょう。

　選挙に加えて，選挙のあとにも政策に影響を与える活動が行われます。選挙後に焦点を当てるのが第7章の前半です。各省庁の官僚が大きな予算を獲得しようとしたり，ある政策が実施されると損をする人たちがその政策の中止を政治家に働きかけたりすると，社会的余剰を最大にする政策が実施されにくくなります。

　後半では，地方政府（都道府県や市町村）による地域政策の決定のされ方について学びます。地方政府の意思決定の難しいところは，自分の地域で住環境を保護する規制を行うと，規制の緩い他の地域に工場などが出て行ってしまうなど，互いの政策が互いに影響を及ぼし合う関係に置かれていることです。規制の基準を緩め合うとどの地域にとっても悪い状態に陥る場合には，中央政府（国）が国全体として同じ基準を定めることによって対処します。

第3部　再分配政策

　第2部までは，商品を生み出すときにどれだけ社会的余剰を大きくできるかという観点から議論が構築されますが，第3部では，生み出された所得や生み出すのにかかった費用を人々の間で分け合うときに生じる問題を議論します。同世代の間で所得をどの程度までどのような方法で再分配するか，年金制度を維持していくうえで現役世代の年金保険料負担と退職世代の年金給付額のバランスをどうとるかなどの問題は，経済や人口の成長率が停滞する近年において活発な議論が行われています。これらの問題を第3部で扱って，本書は締めくくられます。

　第8章の前半では，高所得者から低所得者へ所得を再分配することが，社会的余剰を大きくする働きを持つことを学びます。それは，所得が高く，すでにたくさんのものを消費している人がさらに消費することから得る喜びよりも，所得が低く，あまり消費できていない人がもう少し消費できることから得る喜びのほうが，一般には大きいからです。また，所得が変動する可能性がある場合には，たくさん消費できる時とできない時とで差が激しいよりも，所得の再分配を通じて所得が低い時にも一定の消費が確保されるほうが，保険と同様の効果により，人々の喜びが高まるからでもあります。

ただし所得が低くても補助してもらえるのなら，懸命に働く意欲がそがれてしまいます。そこで後半では，労働の意欲をそがないような公的扶助の給付額の決め方を考えます。また公的扶助として現金を給付することと現物（特定のものにしか換えられない引換券）を給付することのそれぞれの利点を議論します。

　第9章では，税について学びます。課税は，政府の活動資金を調達するのに必要ですが，人々のお金を奪うだけでなく，人々の行動も変えてしまうことに注意が必要です。所得に課税されると，労働時間を減らそうとする人たちが出てきます。消費に課税されると，多くの人たちが消費を減らします。その結果，課税されなければもっと多くの取引が行われていたはずのものが取引されなくなり，社会的余剰の減少を招いてしまいます。したがって，人々の行動に影響を与えにくい課税の仕方が望まれます。

　第10章では，年金と国債の問題を考えます。日本の年金制度では，いま働いて所得を得ている現役世代が保険料を納め，退職した世代がそれを年金として受給します。つまり，世代間で負担を分かち合う仕組みになっていますが，少子高齢化が進むと，現役世代の保険料によって退職世代の年金給付をまかなうことが難しくなります。また，国債を発行すると，それで得られた資金はいま生きている人たちによって使われ，その返済の一部は将来の世代（いまの若者やこれから生まれてくる人たち）に回されます。政治家が選挙によって選ばれる限り，有権者はいま生きている人たちですから，いま生きている人たちの利益が優先され，負担が将来の世代へ先送りされがちになります。環境や資源の問題で「持続可能性」が叫ばれて久しいですが，年金や国家財政についても持続可能な仕組み作りが急務となっています。

4. 経済学の鍵となる概念

　第2章以降を読み進めるうえで重要な概念を以下で予習しておきましょう。第2章以降で頻出するキーワードに加えて，明示的には出てこなくても，議論の根底にある考え方を象徴するキーワードもおさえておきます。これらのキーワードは，経済学が人々や社会のどこに着目するかを教えてくれますので，理解しておけば，第2章以降が読みやすくなります。

インセンティブ

　第2節でも説明したように，**インセンティブ**は経済学の重要な着眼点です。経済学では，ある人がある行動をとったとき，その理由をインセンティブ（動機を与えるもの）に求めます。すなわち，なんとなくではなく，衝動に駆られたのでもなく，その行動をとれば何らかの得をするからこそ，その人はその行動をとったのだと考えるのです。

　たとえば，Aさんが消費電力の少ない省エネ家電を買ったとしましょう。省エネ家電を買うインセンティブとして，①省エネして地球温暖化防止に貢献できるという喜び，②電気料金が安く済むという経済的利益，③その商品の使い勝手のよさ，④価格が十分に低いという経済的利益，が考えられます。ここで，2009年から2011年にかけて導入された家電エコポイント制度のように，省エネ家電を買うとエコポイントがもらえて，そのポイントでさらに買い物ができるという政策が実施されたとしましょう。この政策は，省エネ家電を買うインセンティブを強めますので，Aさんを含むさらに多くの人たちが省エネ家電を買うようになるでしょう。

　このように，人々はインセンティブに反応して行動を変えますので，政府はそれを読み込んで，政策によって人々の行動を望ましい方向へ誘うことができるのです。第2章以降で取り上げられるさまざまな政策も，インセンティブを利用して人々の行動を「誘う」という発想にもとづいています。人々のインセンティブを無視した政策は，実施されても人々がそれに従おうとしませんので，想定した効果が得られないなどの失敗に陥ってしまいます。第2節で見た計画経済がその例です。

機会費用

　Aさんが省エネ家電を買うインセンティブとして，上では①から④の4つを考えましたが，実はそれだけではAさんが省エネ家電を買うとは限りません。何かを選ぶとき，私たちは1つの選択肢だけを見るのではなく，他の選択肢とも比較して，一番よいものを選びます。選択肢aを選ぶか否かを考えるなら，それ以外の選択肢のうち一番大きな利益が得られる選択肢に着目します。その利益の大きさは，**機会費用**と呼ばれます。

選択肢aを選ぶことの機会費用は，選択肢aを選ばなかったら得られていたであろう最大の利益です。機会費用より大きな利益が選択肢aから得られるのなら，選択肢aを選ぶことは自分の利益を最大にします。機会費用より小さな利益しか得られないのなら，選択肢aをやめて，機会費用を回収できるそちらの選択肢を選んだほうが利益を大きくできます。省エネ家電以外の製品の中に，上の①，②の点では省エネ家電に劣るものの，③，④の点ではるかに勝る商品があるなら，Aさんは省エネ家電をやめてそちらの商品を買うかもしれません。

家電エコポイント制度変更の告知
(写真提供：時事)

　私たちが買い物をするとき，その場で支払う価格は費用としてはっきりと認識しますが，機会費用は「もっとよい商品がほかになかったかな」と気にかかる程度にしか認識されていないかもしれません。選択という意思決定の背後には，機会費用との比較があることを覚えておいてください。ただし，第2章以降の消費者の意思決定の議論では，いちいち機会費用と比較して買うか否かを考える消費者を想定すると議論が複雑になりますので，機会費用はゼロと仮定して，単に支払う価格に見合った消費の喜びが得られるか否かによって買うか否かを決める消費者を想定します。一方で，第4章で休日の時間の使い方を考える住民や，第5章，第6章で投票へ行くか否かを考える有権者を議論するときには，機会費用と比べるという考え方が重要になります。

トレードオフ

　Aさんがお金を無限に持っているなら，何を買おうかと迷う必要はありません。欲しいものをすべて買ってしまえばよいからです。省エネ家電を買うか，そうでない製品を買うかで迷うことなく，両方買ってしまえばよいのです。しかし，お金を無限に持っている人はいません（無限に感じられるほど多く持っている人はいるでしょうが）。持っているお金に限りがあるなら，あるものを買うと，そのぶんお金が出ていきますので，他のものを買えなくなってしまいます。このように，一方を選ぶと他方が選べなくなるという関係は**トレードオフ**と呼

ばれます。トレードオフに直面したときこそ，私たちはどちらを選ぼうかと悩むのです。経済学で扱われる多くの問題も，トレードオフに直面しています。

　個人だけでなく，社会もトレードオフに直面しています。社会にとってのトレードオフとしてよく挙げられるものに，経済発展と地球温暖化防止があります。大幅な経済発展を図ろうとすると，生産・消費活動に伴って多くの二酸化炭素が排出され，地球温暖化が防止できません。逆に，地球温暖化を完全に止めようとするなら，二酸化炭素排出量を抑えなければなりませんので，経済発展が鈍化します。トレードオフに直面したとき，2つのうちどちらか一方をとらなければならないという二者択一の状況であれば，どちらか一方をとって他方を捨て去るという極端な選択に至りますが，各選択肢の程度を選べるなら，どちらもほどほどにバランスよく選ぶのが望ましい選択となります。ほどほどに経済発展をしつつ，二酸化炭素排出量もほどほどに抑えるというわけです。

　トレードオフがあるなら2つの選択肢の間のバランスをとることが大切ですが，そもそもトレードオフを解消して2つの選択肢を同時に選べてしまう状況が作れないかを考えることも大切です。省エネ家電やグリーンエネルギーの開発によって経済活性化を図ろうとする試みは，経済発展と地球温暖化防止をトレードオフではなく，両者が並び立つことのできる関係にすることで2つの課題を同時に達成しようとしているといえます。とはいえ，グリーンエネルギーはまだ供給が安定せず，費用も高いように，トレードオフを解消することは容易ではありません。

情報の非対称性

　政府が家電エコポイント制度を導入するとき，省エネ家電をいくら買ったらエコポイントをどれだけ与えるかを決めなければなりません。もちろん，エコポイントを多く与えれば与えるほど，省エネ家電が売れて，省エネ対策が進むとともに経済も活性化されます。しかし，エコポイントを多く与えれば与えるほど，政府の財政赤字が大きくなります（経済が活性化されれば，税収が増えますので，エコポイントに使った予算の一部を取り戻すことができますが）。政府も無限にお金を使えるわけではなく，財政赤字を気にしながら，最小の費用で最大の効果を生みたいと考えます。エコポイントをどれだけ与えれば国民たちがどれだけ省エネ家電を買うかを見極めて，適切な水準にエコポイントの還元率を設定

しなければなりません。

　国民がエコポイントにどの程度反応するかを政府が知っているなら，適切な水準に設定することができるでしょう。しかし，国民の反応は，国民1人ひとりが省エネ家電をどの程度買いたいと思っているかに依存し，どの程度買いたいと思っているかという気持ちは目に見えませんので，政府が正確に知るのは難しそうです。国民1人ひとりに「エコポイントがどれだけもらえるなら省エネ家電を買いますか」と尋ねても，エコポイントをたくさんもらおうとして，「かなりたくさんもらえない限り，省エネ家電は買いません」と嘘をつくかもしれません。一方の人は知っているけれど他方の人は知らない情報があるとき，**情報の非対称性**が存在するといいます。省エネ家電に対する国民1人ひとりの好みは，国民1人ひとりは知っていますが，政府は知りません。政府と国民の間に情報の非対称性が存在する状況で，政府がインセンティブの付与によって国民たちの行動を社会全体にとって望ましい方向へ誘おうとする場面は，第3章以降でよく出てきます。

最善と次善

　政府と国民の間の情報の非対称性は，情報の非対称性がなかったなら選べたであろういちばん望ましい政策（これは**最善**の政策と呼ばれます）を選ぶのを難しくします。情報の非対称性が存在するなら，最善の政策を選べないのは仕方がありませんので，情報の非対称性が存在することを前提として，そのもとでいちばん望ましい政策（これは**次善**の政策と呼ばれます）を選ぼうとします。一般に，何ら制約がないときの選択において選ばれる選択肢を最善の選択肢，制約があって，最善の選択肢を選べないときに選ばれるもっともましな選択肢を次善の選択肢と呼びます。省エネ家電の例では，省エネ家電に対する国民1人ひとりの好みを政府は直接的に知ることができないという制約のもとで，エコポイントをどれだけ与えるかを考えていますので，最善の政策を選べるのはまれであり，多くの場合には次善の政策を見出すこととなります。

均　衡

　第2節で扱った市場経済の話のとおり，価格の上下に伴う生産・消費の両面での調整が働く結果，欲しいものが欲しいだけ作られ，作られただけみんなが

欲しがるという状態が実現されます。実現された価格のもとでは，買いたい人は買いたいだけ買いますし，買いたくない人は買いません。同様に，売りたい企業は売りたいだけ売りますし，売りたくない企業は売りません。各人が自分にとっていちばんよい選択肢を選んでおり，誰も選択を変えようとしませんので，全体としてもその状態で落ち着きます。そのような落ち着く状態は，**均衡**と呼ばれます。

家電エコポイント制度が導入されると，エコ家電の市場では，導入される前よりもエコ家電を買いたい人が増えるでしょう。その結果，価格が変化し，全体として落ち着く状態も変化します。すなわち，政策の実施は均衡を変化させるのです。政策の効果を考えるときには，政策実施前の均衡と政策実施後の均衡を比較します。

社会的余剰

第3節で説明され，すでに何度も出てきた用語が**社会的余剰**です。経済学では，制度や政策の良し悪しを社会的余剰の大きさで判定します。前述のように，社会的余剰とは，生み出される人々の喜び（金額で表現します）から，それを生み出すのにかかった費用を差し引いた額のことです。家電エコポイント制度の導入によって社会的余剰が大きくなるなら，家電エコポイント制度を導入すべきであると提言します。

CHECKPOINT 3

□ 経済学にもとづく議論の根底にある考え方を象徴するキーワードとして，インセンティブ，機会費用，トレードオフ，情報の非対称性，最善と次善，均衡，社会的余剰の7つをしっかりおさえておきましょう。

EXERCISE ● 練習問題

1-1 財務省のホームページなどを参照して，近年の日本の国家予算の収入のうち，どれだけの割合が税収でまかなわれており，どれだけの割合が国債の発行（借金）によってまかなわれているかを調べなさい。

1-2 人々のインセンティブが問題となってうまくいかなかったと考えられる制度や政策の例を挙げなさい。

1-3 あなたにとっての大学へ進学することの機会費用を計算しなさい。

第 1 部

市場と効率性の視点

PART 1

CHAPTER
1　経済学ではどう考える？──モデル分析と社会的余剰最大化
2　市場に任せられないときもある？──市場の失敗とその対応
3
4　「みんなのもの」は不足する？──公共財と政府の役割
5
6
7
8
9
10

CHAPTER

第 **2** 章

経済学ではどう考える？

モデル分析と社会的余剰最大化

INTRODUCTION

　経済学には独自のものの考え方があります。それを用いて「公共」を議論するのが公共経済学です。この章では，まず経済学の考え方を学びます。

　経済学では，複雑な現実を単純化して表現したうえで，何がどのような仕組みで起こるかを分析し，その結果から複雑な現実に対して何がいえるかを考えます。また，制度や政策の良し悪しは，そのもとで生み出される人々の喜びから，それを生み出すのにかかった費用を差し引いた額として計算される社会的余剰の大きさによって判定します。取引の制度であれば，誰も1人では相場に影響を与えることができず，全員が相場を受け入れて売り買いを決めている状態のとき，社会的余剰が最大になることを学びます。

1　経済学は1つのものの考え方

「経済学」といわれると、みなさんは「経済を分析する学問である」と思うでしょう。確かに、経済学は経済を分析の対象とします。しかし、次に述べるように、いまやそれだけには収まり切らない学問になっています。

経済学という学問が発展するにつれて、「経済を分析する際には……という分析の仕方をしないといけないのではないか」「……という基準で経済政策を評価すべきではないか」などの議論が進められ、分析の仕方やものの考え方が経済学者の間で統一されるようになってきました（もちろん、新しい分析方法や考え方を生み出そうとする研究も継続されていますが）。その中でも、経済学の基礎中の基礎である「ミクロ経済学」は、世界中で内容が統一されています。「ミクロ経済学」というタイトルのテキストを何冊か手にとって比べてみても（英語で書かれたテキストも比べてみてください）、どのくらい数式を使うか、どのトピックに多くのページを割くか、どのくらい具体例を紹介するか、などの書き方には違いがありますが、内容はほとんど同じはずです。社会科学の中で、これほど内容が世界中で統一されている学問はめずらしいです。そして、その分析の仕方やものの考え方は、経済だけでなく、さまざまな対象に応用可能であることがわかってきました。経済学の分析の仕方やものの考え方を用いて結婚を論じれば「結婚の経済学」、相撲を論じれば「相撲の経済学」と呼ばれるように、いまでは経済以外のさまざまなトピックが「経済学的に」分析されるようになっています。すなわち、いまでは「経済学」を「経済を分析する学問」と定義すると範囲が狭すぎてしまい、経済学が行っている分析をすべてカバーすることができません。むしろ、経済学の分析の仕方やものの考え方を使っていれば何を分析しても「経済学」であると認識されています。現在の経済学は、その「対象」ではなく「分析の仕方やものの考え方」によって定義されているわけです。

そこで、この章では経済学の分析の仕方やものの考え方を紹介します。第3章以降では、その分析の仕方やものの考え方を用いて「公共」を論じていきます。

CHECKPOINT 4

☐ 経済学は，分析の仕方やものの考え方によって特徴づけられる学問であるといえます。その考え方で「公共」を論じるのが公共経済学です。

2 経済学の分析の仕方

モデル分析とは

経済学では，複雑な現実をそのまま分析するのではなく，**図 2-1** のように①複雑な現実を単純化して表現したうえで，②その単純化された世界で何がどのような仕組みで起こるかを分析し，③その分析結果から複雑な現実に対して何がいえるかを考える，という分析の仕方をします。現実を単純化して表現したものを**モデル**，それを用いた分析を**モデル分析**と呼びます。モデルを経由するところに経済学の分析の特徴があります。

望ましい取引の仕方とは

モデル分析のイメージをつかむために，例として，「望ましい取引の仕方とはどのようなものか」という問題を考えましょう。現実には，無数の財やサービスが存在します。経済学では，形あるモノを**財**と呼びます。リンゴや歯ブラシなど，目に見える物体を思い浮かべてください。また，物体としての形がないものは**サービス**と呼びます。美容室で髪を切ってもらったり，タクシーに乗って目的地まで短時間で楽に移動させてもらったりするなど，何かをしてもらうことを思い浮かべてください。それぞれの財やサービスをたくさんの企業が生産していて，時期によって生産量を増やしたり減らしたりします。同時に，それぞれの財やサービスを無数の消費者たちが買おうか買うまいかと考えています。どの企業がどれだけ生産してどの消費者がどれだけ消費するのが取引として望ましいのでしょうか。

| CHART | 図2-1　経済学の分析の特徴

現実 →①単純化して表現する→ モデル →②分析する→ 結果 →③現実について何がいえるかを考える→ 結論

単純化してみる

　このような複雑な現実を単純化して，モデルとして表現してみましょう。単純化しますので，現実のすべてを盛り込むことはできません。何を盛り込んで何を捨て去るかに応じて，単純化の仕方にはいろいろあります。何を盛り込んで何を捨て去るかは，現実のどの側面を分析したいかに依存しますので，どれが正解ということはありません。

　また，専門家向けに数学を多く用いてモデルを構築する場合もあれば，数学的表現を最小限にとどめて，できるだけ直観的に議論する場合もあります。数学的に厳密に表現することの利点の1つは，ある結論が導出されたとき，それが何を前提として，どのような論理に従って導出されたのかがはっきりとわかることです。相手の主張が腑に落ちないとき，よくよく話を聞いてみると，思いもよらぬ前提にもとづいていたということがあります。また，論理の飛躍が曖昧な言葉でごまかされることがあります。数学的に厳密に表現することには，そのような暗黙の前提や論理の飛躍を許さないという効果があります。

　数学的に厳密に表現することのもう1つの利点は，言葉による直観では気づきにくい論理がみつけ出され，意外な結論に至る場合があることです。直観的になんとなく正しいと思っていたことでも，数学的に証明してみせようとすると，それほど容易ではないことがよくあります。そもそも直観が間違っていることもあります。「なんとなくそんな感じがする」で終わらせてしまっては学問ではありません。それをきちんと証明してみせることで，知識が確かなものになるのです。

　とはいえ，ひとたび数学的に厳密な論理によって結論が得られたなら，それをそのまま数学的に説明するか，それとも数学的表現を最小限にとどめて，で

きるだけ直観的に説明するかには，内容に本質的な違いはありません。表現の仕方が違うだけです。そこで，本書では，できるだけ数学的表現を少なくするよう心掛けています。数式でなく図表で説明できるところは図表で説明することによって，視覚的なわかりやすさを優先しています。それでも，多少の数値，数式を出したほうがわかりやすいと判断される場合にはそうします。要は，わかりやすい説明の仕方をその都度選ぶようにしています。わかりやすさには，直観的なわかりやすさもあれば，はっきりしているというわかりやすさもあります。数学にアレルギーがあると思っていたけれど，言葉でごちゃごちゃいわれるより数式を1本見せられたほうが（整理されていて）意外にわかりやすかったという経験をお持ちの人もいるかもしれません。

取引をモデルで表現する

　話を戻します。取引を次のように表現してみましょう。
　まず，さまざまな種類の財やサービスを同時に分析するのは複雑ですので，1つの財に焦点を絞りましょう。次に，多数の企業がそれぞれたくさん生産していると複雑ですので，企業は3社（企業A，企業B，企業Cと呼びます）しかおらず，各社は1個しか生産できないとしましょう。また，各社の生産費用を企業Aは10円，企業Bは20円，企業Cは30円としましょう（10万円など，もっと高い費用がかかる財を考えてもよいですが，ここでは計算を簡単にするというだけの理由で低い額にしました）。一方，この財を消費しようと思っている人たちは3人（消費者a，消費者b，消費者c）しかおらず，各消費者は1個しか消費しないとしましょう。また，この財を消費したときに得られる**便益**（便利だったり欲求が満たされたりして得られるさまざまな種類の喜びをまとめてそう呼びます）の大きさを金額で表現すると，消費者aは35円，消費者bは25円，消費者cは15円であるとしましょう。たとえば，消費者aは，35円の便益が得られますので，「この財の価格が35円以下だったら買って消費したい」と思っているわけです。以上の単純化は，**表2-1**のようにまとめられます。**表2-1**では，消費者は便益が大きい消費者aから，企業は費用の低い企業Aから順に並べています。実は，そう並べておくと，あとで分析するときに都合がよいのです。これでモデルが完成しました。

CHART 表2-1 消費者3人の便益と企業3社の費用

消費者 a	消費者 b	消費者 c
35円	25円	15円
企業 A	企業 B	企業 C
10円	20円	30円

現実はそんなに単純じゃない？

「現実はそんなに単純じゃない」とお怒りの人もいるかもしれません。しかし，まずはできる限り単純に表現することによって，複雑でつかみどころのない巨大な現実を，はっきり目に見えて扱い切れる格好に仕立てるのがモデル分析です。そうすることで，何がどうなってどういう状態が実現するのかが見えやすくなります。さらに，モデルを作った人が何を前提として話を進めているのかが明確になります。そのうえで，現実はモデルよりも複雑ですから，モデル分析から得られた結果を現実に当てはめたとき，どれだけ現実がうまく説明できるかを検討します。うまく説明できないのであれば，単純化の仕方がまずかったか，もしくは分析に何らかの欠陥があったのかもしれません。モデルの作り方とその分析の妥当性を見直す必要があるでしょう。

経済学の考え方を頭になじませる

このような「現実を単純化したうえで分析してその結果を現実にあてはめる」という分析の仕方は，慣れないと難しいかもしれません。私たちが「難しい」と感じるのは，自分の普段の頭の回し方とは異なる回し方を要求されるときだからです（普段使っている言葉ではなく数式で議論を進めなければならない数学がその典型例でしょうか。それよりは経済学はとっつきやすいと思いますが，いかがでしょうか）。とはいえ，これこそ経済学の分析の仕方ですので，この章で感触をつかんでいただきたいと思います。そして，本書を読み終える頃には，みなさんの頭になじんでいることを期待します。ひとたびなじんでしまえば，「次は……と考え進めるのだろう」と論理の展開が予想できますので，経済学の多くの本が抵抗なく読めるようになります。

頭になじませるコツ

　頭になじませるためのコツは，自分の頭の回し方をひとたび横に置いておくことです。そして，自分の目の前に「経済学さん」という人がいて，この人がどのように考える人なのかを理解するつもりで本書を読み進めることです。

　最初のうちは，「自分は……という具合に話が進むと思っていたのに，なぜそちらの方向に話を進めようとするのか」と疑問を抱くことが多いと思います。それは，まだ「経済学さん」がどのように考える人なのかを理解できていない証拠です。それを少し辛抱して乗り越えたとき，あなたは2つ目の頭の回し方（これまで生きてきた中で自然と身についてきたご自身の頭の回し方に加えて，「経済学さん」の頭の回し方）を手に入れます。ある問題にどう対処すべきかを考えるとき，まずは自分の頭の回し方で考えて答えを出して，その答えで大丈夫かどうか，「経済学さん」の頭の回し方でも答えを出して比較できれば，自分の頭の回し方だけで答えを出すよりも間違いを減らすことができるでしょうし，自分の頭の回し方だけでは出てこなかったような新しいアイデアが浮かんでくるかもしれません。また，「経済学さん」の頭の回し方と比較することによって，これまで生きてきた中で自然と身に付いてきたためはっきりとは認識できていなかった自分の頭の回し方も見えてくるかもしれません（「あなたの頭の回し方はどのようなものですか。どのような論理で普段ものを考えていますか」と問われたとき，答えられるでしょうか）。

CHECKPOINT 5

- ☐ 現実を単純化して表現したモデルを用いて分析する点が，経済学の特徴です。
- ☐ 便利だったり欲求が満たされたりして得られるさまざまな種類の喜びをまとめて便益と呼びます。

3 経済学の評価基準

▶ 社会的余剰最大化

本題に戻りましょう。**表2-1**のモデルを使って，改めて「望ましい取引の仕方とはどのようなものか」という問題を考えます。このモデルを作る前の漠然とした状態に比べて，考えやすくなったのではないでしょうか。

望ましさの基準

「望ましい取引の仕方とはどのようなものか」という問題を考えるとき，何をもって望ましいとするのか，望ましさの基準が必要です。経済学では，社会的余剰が最大化されているとき「**効率的**だ」といって望ましいと判定します。**余剰**とは便益と費用の差（余剰＝便益－費用）で，**社会的余剰**とは全員の余剰の合計です。

消費者 a と企業 A が取引すると

余剰をこのモデルで説明しましょう。たとえば，企業Aが生産した財を消費者aが手に入れて消費したとしましょう。このとき，消費者aが得た便益は35円，企業Aが負担した費用は10円です（**表2-1**参照）。したがって，この2人の取引から生まれる余剰は，

$$余剰＝便益－費用＝35円－10円＝25円$$

です。すなわち，35円の便益を生むために10円の費用がかかりましたので，便益35円から費用10円を差し引いた「費用差し引き後の」便益が25円ぶんだけこの社会に生まれたというわけです。この費用差し引き後の便益を余剰と呼ぶのです。便益が大きいほど，また費用が小さいほど，余剰が大きくなることに注意してください。

このとき，消費者aと企業Aが実際にいくらで売買したのかは余剰に影響しません。たとえば，30円で売買したなら，便益35円から支払額30円を差し引いた5円が「消費者aが得たぶん」（35円まで支払ってもよいと思っていた

けれど 30 円で買えたので 5 円ぶん得した）ということができます。この得したぶんを**純便益**と呼びます。一方，企業 A は 30 円で売って 10 円の費用がかかっていますので，儲けは 20 円です。儲けは，経済学では**利潤**と呼ばれます。消費者 a の純便益と企業 A の利潤を足し合わせると，

$$消費者 a の純便益 + 企業 A の利潤 = (35 円 - 30 円) + (30 円 - 10 円)$$
$$= 35 円 - 10 円 = 25 円$$

となり，上の余剰と一致します。価格 30 円は，単に消費者 a から企業 A に移動したにすぎませんので，計算の途中で「30 円」が消えてしまいました。すなわち，価格の高低は，消費者 a と企業 A がそれぞれどれだけ得するか（儲かるか）には影響しますが，2 人の純便益と利潤を足し合わせた余剰には影響しないというわけです。念のために，たとえば 30 円ではなく 20 円で売買した場合も見ておきましょう。この場合，同様の計算をすると，

$$消費者 a の純便益 + 企業 A の利潤 = (35 円 - 20 円) + (20 円 - 10 円)$$
$$= 35 円 - 10 円 = 25 円$$

となり，やはり 25 円です。ここでも計算の途中で「20 円」が消えてしまいます。20 円は消費者 a から企業 A へ単に移動しただけですので，両者の純便益と利潤を足し合わせると消えてしまうのです。

さて，上のように消費者 a と企業 A が取引するとき，社会的余剰は最大になっているのでしょうか。社会的余剰とは，全員（ここでは消費者 3 人と企業 3 社）の余剰の合計のことでした。上では消費者 a と企業 A の間での取引だけを考えましたが，他の消費者や企業も取引することによってさらに余剰が生まれるなら，もっと取引したほうが社会的余剰はもっと大きくなるはずです。せっかく生まれるはずの余剰をみすみす逃すよりも，しっかり生み出したほうがよいというのが「社会的余剰を最大化する」という考え方です。

消費者 b と企業 B が取引すると

すでに消費者 a と企業 A は取引を終えましたので，もう取引をするつもりはありません（「各消費者は 1 個しか消費しない」「各社は 1 個しか生産できない」と単純化しましたので）。上で述べたとおり，便益が大きいほど，また費用が小さ

いほど，大きな余剰が得られますので，消費者 a の次に便益が大きい消費者 b と，企業 A の次に費用が小さい企業 B に目を向けてみましょう（**表 2-1** 参照）。消費者 b は，この財を消費すれば 25 円の便益が得られます。企業 B がこの財を生産すれば，20 円の費用がかかります。便益が費用より大きいので，2 人の間で取引すれば，新たな余剰が，

$$余剰 = 便益 - 費用 = 25 円 - 20 円 = 5 円$$

だけ生まれます。これを消費者 a と企業 A の間で生まれた余剰 25 円に足し合わせれば，合計は 30 円になります。すなわち，社会的余剰が大きくなりますので，消費者 b と企業 B も取引すべきです。

消費者 c と企業 C が取引すると

残ったのは消費者 c と企業 C です。彼らも取引したら，社会的余剰はさらに大きくなるでしょうか。消費者 c と企業 C が取引すると，生まれる余剰は，

$$余剰 = 便益 - 費用 = 15 円 - 30 円 = -15 円$$

です。マイナスの余剰が発生してしまいました。消費者 c の便益 15 円を生み出すために，企業 C はそれを上回る 30 円をかけて財を生産しなければならないため，割りに合わないというわけです。これを上の社会的余剰 30 円に加えると 30 円 + (-15 円) = 15 円となり，加える前の 30 円よりも社会的余剰が小さくなってしまいます。社会的余剰を最大にするには，便益を費用が上回ってしまう取引はやめたほうがよいことになります。

ここまででわかったこと

ここまで分析を進めてきてわかったことは，社会的余剰（余剰の合計）をできるだけ大きくするには，生まれる余剰（= 便益 - 費用）が大きな取引から順に，余剰がマイナスになる直前まで取引を続けるべきだということです。したがって，「望ましい取引の仕方とはどのようなものか」という問いに対しては，次の答えを提示することができます。

① 便益の大きな消費者から順に取引する。

② 費用の小さな企業から順に取引する。
③ ①と②に従って，費用が便益を上回る直前まで取引を続ける。

①から③に従った，上の取引の仕方だと，消費者はa，bの2人，企業はA，Bの2社が取引して，30円の社会的余剰が生まれます。

消費者aを消費者cが押しのけると

ここで，もし消費者aを押しのけて消費者cが企業Aと取引したら，社会的余剰はどうなるでしょうか。消費者cの便益は15円ですので，企業Aとの取引から生まれる余剰は，

$$余剰 = 便益 - 費用 = 15円 - 10円 = 5円$$

です。消費者aと企業Aが取引したときには25円の余剰が生まれましたので，それに比べると20円も余剰が小さくなってしまいました。この20円は，消費者aが得られる便益35円と消費者cが得られる便益15円の差です。すなわち，35円の便益が得られる消費者aを押しのけて15円しか便益が得られない消費者cが財を消費してしまったので，2人の便益の差20円だけ便益が生まれそこなったのです。同じ費用10円で財を生産するなら，生まれる便益が大きな消費者が消費したほうが余剰および社会的余剰が大きくなるのです。企業についても同様のことがいえます。10円で生産できる企業Aを押しのけて，30円かかる企業Cが消費者aと取引してしまうと，余剰は，

$$余剰 = 便益 - 費用 = 35円 - 30円 = 5円$$

になります。消費者aと企業Aが取引したときには25円の余剰が生まれましたので，それに比べると20円も余剰が小さくなってしまいました。同じ35円の便益を生むのなら，安く生産できる企業が生産してくれたほうが余剰および社会的余剰が大きくなるわけです。

わりと自然な考え方

経済学の社会的余剰最大化とは，「同じ費用をかけるなら生まれる便益ができるだけ大きくなるように，同じ便益が生まれるならかかる費用ができるだけ

小さくなるようにすべきである」という考え方であると言い換えることができます。わりと自然（むしろ当たり前）な考え方だと思われますが、いかがでしょうか。

CHECKPOINT 6

- □ 経済学では、社会的余剰が最大化されているとき「効率的だ」といって望ましいと判定します。
- □ 取引において消費者が得たぶん（便益－価格）を純便益、企業が得たぶん（価格－費用）を利潤と呼びます。
- □ 望ましい取引の仕方とは、便益の大きな消費者、費用の小さな企業から順に、費用が便益を上回る直前まで取引を続けることです。

4. 取引できない人たちがかわいそう？

全員が取引できるようにすると無理が生じる

　社会的余剰最大化という考え方は「わりと自然（むしろ当たり前）」と上で述べましたが、それに反論するとすれば、「社会的余剰を最大化しようとすれば、消費者cと企業Cは取引させてもらえない。かわいそうではないか」ということができるでしょう。そこで、全員が取引できる方法を考えてみましょう。上のように、便益15円の消費者cと費用30円の企業Cをペアにして取引させようとしても、2人は取引したがりません。消費者cは15円以下の価格でないと買いたがりませんし、企業Cは30円以上の価格でないと売りたがらないからです。そこで、便益35円の消費者aと費用30円の企業C、便益25円の消費者bと費用20円の企業B、便益15円の消費者cと費用10円の企業Aという3つのペアを作って、各ペアがそれぞれ取引するとしましょう。どのペアも消費者の便益が企業の費用を上回っていますので、便益と費用の間の価格が設定されれば取引したがります（消費者aと企業Cは35円と30円の間の価格、消費者bと企業Bは25円と20円の間の価格、消費者cと企業Aは15円と10円の間の価格なら取引したがります。したがって、3つのペアはそれぞれ異なる価格で取引する

こととなります)。このようにして生まれる社会的余剰は,

$$
\begin{aligned}
社会的余剰 &= (消費者aの便益35円-企業Cの費用30円) \\
&\quad +(消費者bの便益25円-企業Bの費用20円) \\
&\quad +(消費者cの便益15円-企業Aの費用10円) \\
&= 5円+5円+5円 \\
&= 15円
\end{aligned}
$$

です。前述の消費者a,bと企業A,Bだけが取引するときの社会的余剰30円に比べて,15円も小さくなっています。これは,上の社会的余剰最大化の話のとおり,消費者cが取引に加わって15円の便益が追加された一方で,企業Cが加わって30円の費用が追加されてしまったためです。みんなが取引できるように,少し無理をしたことになります。

社会的余剰最大化を優先する理由

以上のように,みんなが取引できることと社会的余剰が最大になることは必ずしも両立しないことがわかりました。社会的余剰を小さくしてでも全員が取引できることを「よし」と考える人もたくさんいるかと思います。それでも経済学では社会的余剰を最大化することを優先します。その背後には,次のような考え方があります。上のモデルをもう少し複雑にすると(もう1つ別の財の市場を付け加えると),次の考え方もモデルを用いて説明することができますが,ここではモデル分析を省略して言葉だけで説明します。

■**他の市場で取引できればよい**　たとえば,コーヒーが少し苦手で,コーヒーを1杯飲んでも1円しか便益が得られない人がいたとしましょう。一方,コーヒーを1杯入れるのに20円の費用がかかるとしましょう。その人の1円の便益を生むためにわざわざ20円の費用をかけてコーヒーを1杯入れるより,その人にはコーヒーをあきらめてもらって,もっと大きな便益が得られる別の飲み物を飲んでもらえばよいというわけです。同様に,ある製品を生産するのが苦手でかなりの費用がかかってしまう企業には,もっと得意な別の製品を生産してその市場で活躍してもらえばよいというわけです。そのようにして,各消費者が自分にとって大きな便益が得られる財やサービスの市場へ行って購入・

消費して大きな純便益を得る一方，各企業は低い費用で生産できる財やサービスの市場へ行って生産・販売して大きな利潤を得てくれれば，全員がいずれかの市場で取引できるでしょうし，各市場から生まれる社会的余剰も最大化されるのです。上のモデルのように，市場が1つしかなかったら，そこで取引できなかった人は取引できないまま終わりますが，ほかにも市場があるなら，ある市場で取引できなくても別の市場で取引できれば（そしてそのほうがその人にとっても純便益または利潤が大きいなら）それでよい（むしろそのほうがよい）というわけです。

■**どの市場でも取引できない人には**　もっとも，どの市場へ行っても取引できない消費者や企業もいるかもしれません。そのような人たちに対しては政府が補助します。社会的余剰が大きくなれば，消費者たちは大きな純便益が得られますし，企業たちも大きな利潤が得られますので，消費税や所得税，法人税など多くの税収を得ることができるでしょう。それを消費できない人たちや生産できない企業（の労働者たち）に回すのです（社会保障政策）。まずは社会全体で生まれるパイ（社会的余剰）を最大化しておいて，その最大化の過程で人々の間に生まれてしまう純便益や利潤の格差は社会保障政策によって修正するという方針です。日本も，高度経済成長を経て社会的余剰を大きくしてきました。その過程において，ある市場ではなかなか取引できない人たちも現れたでしょうが，全体としては人々の暮らしは昔より豊かになりました。

CHECKPOINT 7

- □ みんなが取引できることと社会的余剰が最大になることは必ずしも両立しませんが，経済学では社会的余剰を最大化することを優先します。
- □ 経済学では，まずは社会全体で生まれるパイ（社会的余剰）を最大化しておいて，その最大化の過程で人々の間に生まれてしまう純便益や利潤の格差は社会保障政策によって修正するというふうに考えます。

⑤ 相場の形成

　上のモデルでは，消費者 a と企業 A，消費者 b と企業 B が取引するとしました。このように，個別に相手をみつけて価格を交渉する取引の仕方を**相対取引**といいます。消費者や企業の数が少なければ，相対取引によって財やサービスが取引されることが多いでしょう。

　しかし，消費者や企業の数が多い場合には，各人が相手をみつけていちいち価格を交渉するというよりも，それぞれの財やサービスに「この財（サービス）はこの価格で取引されるのが普通だ」という価格（**相場**）が付いて，消費者も企業もその価格を見て買おうか買うまいか，売ろうか売るまいか，意思決定することが多いでしょう。そのように，市場で付いた価格を受け入れるしかなく，自分 1 人がどれだけ売買しようとその価格に影響を与えることができない消費者や企業は，**価格受容者**（プライス・テイカー）と呼ばれます。そして，市場に参加する全員が価格受容者である市場を**完全競争市場**といいます。相対取引であれば，消費者と企業のペアごとに取引する価格が異なることがありますが，相場が定まっている完全競争市場では，どの消費者も相場の価格を払えば好きな数だけその財やサービスを購入することができます。たとえば，「このジュースは 350mℓ の 1 缶で 130 円だ」という価格があって，消費者たちは誰でもその価格を支払えば何缶でも購入することができます。

▍相場が形成されるプロセス ▍

　完全競争市場において，相場はどのように形成されるのでしょうか。もう一度 27 ページの**表 2-1** のモデルで見てみましょう。

■**仮に 40 円という価格が付いた場合**　　上の消費者 3 人と企業 3 社の市場で，仮に 40 円という価格が付いたとしましょう。すると，どの企業も費用より高い価格で売れますので，財を 1 個売りたがります（上のモデルでは，各社は 1 個しか生産できないとしました）。一方，どの消費者も価格が便益を上回りますので，この価格では誰も買いたがりません。したがって，売りたい数が計 3 個に対し

て買いたい数は0個となり，この財は売れ残ってしまいます。すると，値崩れが起こります。経済学では，市場全体での売りたい数の合計を**供給**，買いたい数の合計を**需要**と呼び，供給が需要を上回ることを**超過供給**といいます。この言葉を使うと，「40円では超過供給が発生し価格が下がる」と言い換えることができます。

■**価格が33円に下がった場合**　価格が下がって33円になったとしましょう。消費者aは便益が35円ですので，価格が33円であれば買おうとします。消費者bと消費者cは依然として便益が価格を下回りますので買おうとしません。一方，企業は3社とも費用より高い価格で売れますので売ろうとします。価格が40円だったときよりも需要が1個増えましたが，供給は3個ですので，まだ2個の超過供給が発生してしまい，値崩れが続きます。

■**価格が30円に下がった場合**　価格がさらに下がって30円になったとしましょう。消費者のほうは33円のときと同様に，消費者aだけが買おうとします。企業のほうは，企業Aと企業Bは費用が価格を下回りますので売ろうとします。企業Cは，費用が30円ですので，生産して売ったら利潤は価格30円－費用30円＝0円，生産しなかったら収入がない代わりに費用もかかりませんので利潤は0円となり，どちらでも利潤は0円です。したがって，企業Cは売るかもしれませんし，売らないかもしれません。どちらもありえますが，いずれにせよ需要（1個）が供給（2個か3個）を下回りますので，超過供給が発生して値崩れが続きます。

　このように，売っても売らなくても利潤が0円のときには，企業は売ることもありえますし売らないこともありえることに注意してください。消費者も同様に，買っても買わなくても純便益が0円のときは，買うこともありえますし買わないこともありえます。

■**価格が28円に下がった場合**　価格がさらに下がって28円になったとしましょう。消費者のほうは30円のときと同様に，消費者aだけが買おうとします。企業のほうは，企業Aと企業Bは費用が価格を下回りますので売ろうとします。企業Cは，費用が30円ですので，生産して売ったら利潤は価格28

円－費用30円＝－2円で赤字が出てしまいます．したがって，企業Cは売ろうとしません．差が縮まったものの依然として需要（1個）が供給（2個）を下回りますので，超過供給が発生して値崩れが続きます．

■**価格が25円に下がった場合**　価格がさらに下がって25円になったとしましょう．28円のときと同様に，消費者aは買おうとしますが，消費者cは買おうとしません．消費者bは便益が25円ですので，買ったら純便益は便益25円－価格25円＝0円，買わなかったら便益が得られない代わりに価格を支払わなくて済みますので純便益は0円となり，どちらでも純便益は0円です．したがって，消費者bは買うかもしれませんし，買わないかもしれません．どちらもありえます．企業のほうは28円のときと同様に，企業Aと企業Bが売ろうとする一方，企業Cは売ろうとしません．したがって，需要は1個か2個，供給は2個となり，需要と供給が一致する可能性があります．

■**価格が22円に下がった場合**　価格がさらに下がって22円になったとしましょう．消費者aと消費者bは買おうとしますが，便益が15円の消費者cは買おうとしません．一方，企業Aと企業Bは生産して売ろうとしますが，費用が30円の企業Cは売ろうとしません．したがって，需要と供給のどちらも2個で一致します．

■**価格が20円に下がった場合**　価格がさらに下がって20円になったとしましょう．消費者のほうは22円のときと同様に，消費者aと消費者bが買おうとする一方，消費者cは買おうとしません．企業のほうは，依然として，企業Aは売ろうとしますし，企業Cは売ろうとしません．企業Bは，費用が20円ですので，売っても売らなくても利潤は0円です．したがって，需要は2個，供給は1個か2個となり，需要と供給が一致する可能性があります．

■**価格が18円に下がった場合**　もし価格がさらに下がって18円になるなら，消費者のほうは消費者aと消費者bが買おうとする一方，企業のほうは企業Aしか売ろうとしません．需要（2個）が供給（1個）を上回りますので，この財は足りない状態となり（この状態を**超過需要**といいます），モノ不足のため今度は

値上がりします。

■**競争均衡価格**　以上のように，ある価格が与えられたとき，その価格のもとで超過供給が発生するなら値崩れを起こします。逆に，超過需要が発生するならモノ不足となり価格が高騰します。そうやって，やがて需要と供給が一致する価格になったところで取引が落ち着き，その価格で安定します。これが相場です。この相場を経済学では**競争均衡価格**と呼びます。完全競争市場で需要と供給が一致して取引が落ち着く（均衡する）価格だからです。上のモデルでは，20円から25円の間の価格がすべて競争均衡価格になりえます。競争均衡価格のもとでは，その価格で買いたい人は全員買えて，その価格で売りたい企業も全社売れるという状態が実現しています。売買しない消費者や企業も，売買したいのにできないのではなく，その価格なら売買したくないからしないのです。全員が自主的に売買したりしなかったりしているので，その状態で落ち着くのです。

競争均衡価格のみつけ方

　以上の説明では，競争均衡価格から外れているとき価格がいかに上下して競争均衡価格へと収束していくかを記述するため，40円という価格から話を始めました。しかし，競争均衡価格をみつけることだけが目的でしたら，もっとすばやくみつける方法があります。

　まず**表2-1**のように，消費者たちを，便益がいちばん大きい消費者aから順に，消費者b，消費者cと右へ進むにつれて便益が小さくなっていくように並べます。企業のほうは，費用がいちばん低い企業Aから順に，企業B，企業Cと右へ進むにつれて費用が高くなっていくように並べます。

　消費者は便益が高い順，企業は費用が低い順に並べられたら，いちばん左の消費者aの便益と企業Aの費用を比べます。便益が費用より大きければ，次の消費者と企業に目を向けます。便益が費用と同じまたは費用より小さければ，そこでストップです。**表2-1**では，消費者aの便益35円は企業Aの費用10円より大きいですから，次の消費者bと企業Bに目を向けます。消費者bの便益25円も企業Bの費用20円を上回りますので，次の消費者cと企業Cに目を向けます。消費者cの便益15円は企業Cの費用30円より小さいので，

ここでストップです。その手前の消費者 b の便益 25 円と企業 B の費用 20 円の間が，競争均衡価格です。

CHECKPOINT 8

- □ 市場に参加する全員が価格受容者である市場を完全競争市場といいます。
- □ 完全競争市場では供給と需要が一致する水準で価格が落ち着きます。その価格を競争均衡価格といいます。

需要曲線と供給曲線

　上の相場の形成の説明は，少しややこしかったかもしれません。ある価格を想定して，そのもとで何人が買いたいか，何人が売りたいかを表 2-1 から計算して，需要と供給が一致するか否かを確認するという作業を繰り返しました。この作業は，以下のように表 2-1 の内容をグラフで表現し直すと，もう少し楽になります。

個別需要曲線の導出

　まず消費者たちからグラフにしましょう。消費者 a は，得られる便益が 35 円ですので，35 円より低い価格なら 1 個買いたいですが，35 円より高い価格なら買おうとしません。価格がちょうど 35 円なら，買っても買わなくても純便益は 0 円ですので，買っても買わなくてもよいですし，もし 1 個を分割して売ってもらえるなら，1 個の何分の 1 かだけ買ってもよいでしょう（このとき，便益も何分の 1 になると想定しています。たとえば 2 分の 1〔半分〕だけ買って消費する場合には，35 円の半分の 17.5 円の便益が得られる一方，支払う金額も 35 円の半分の 17.5 円となり，純便益＝便益 17.5 円－支払額 17.5 円＝0 円で，買わない場合と同じです）。

　したがって，価格に応じて消費者 a が何個買おうとするかは，図 2-2 のような階段状のグラフで表すことができます。グラフの縦軸は価格，横軸は個数を示しています。たとえば，40 円のとき消費者 a は何個買おうとするでしょう

か。それを知るには，縦軸の40円のところに水平線を引いて，グラフと交差する点をみつけます。縦軸上，すなわち0個のところで交差しています。これは，40円なら消費者aは0個買おうとすることを意味します。実際，消費者aが得られる便益は35円ですので，40円では買おうとしません。価格が30円の

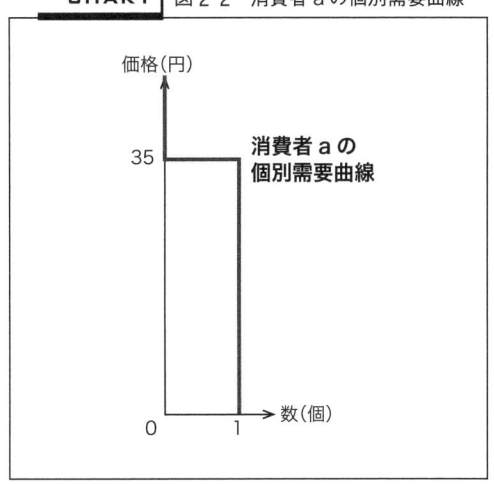

CHART 図2-2　消費者aの個別需要曲線

ときには，縦軸の30円のところに水平線を引けば，グラフと交差するのは1個のところですから，消費者aは1個買おうとします。実際，この価格で買えば純便益＝便益35円－価格30円＝5円が得られます。価格が35円のときには，縦軸の35円のところに水平線を引くと，グラフの水平の部分（0個から1個にかけて）と重なります。これは，上で述べたとおり，価格がちょうど便益に等しいときには，消費者aは1個買うこともあれば買わないこともあれば何分の1個だけ買うこともあることを意味します。すなわち，0個から1個までのどの個数もありえます。

このように，**図2-2**のグラフは，価格に応じて消費者aが何個買おうとするか（需要）を教えてくれます。したがって，このグラフを消費者aの需要曲線と呼びます。上では，市場全体での買いたい数の合計を「需要」と呼びました。個々の消費者が買おうとする数を，その市場にいる消費者全体での買いたい数と区別したいときには，個々の消費者の需要を**個別需要**，市場全体での需要を**市場需要**と呼びます。この言葉を用いて消費者aの需要曲線を丁寧に呼ぶなら，「消費者aの**個別需要曲線**」となります。とくに区別しなくても個別需要と市場需要のどちらを意味しているのかが明らかなときには，いちいち「個別」とか「市場」とかを付けるのは面倒ですので，何も付けずに単に「需要」と呼んでかまいません。ここでは，あとで市場需要が出てきますので，「個別需要」と呼んでおくことにします。

同様に，消費者bと消費者cの個別需要曲線は**図2-3**のように描けます。消

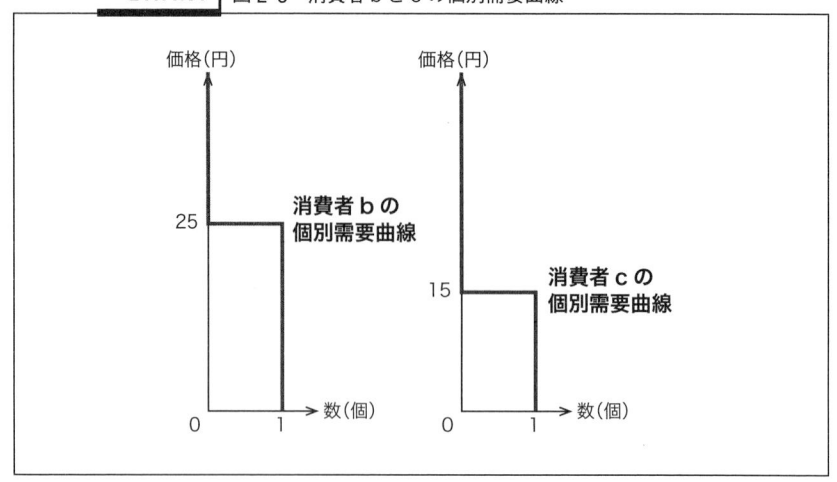

CHART 図2-3 消費者 b と c の個別需要曲線

費者 b は買って消費すると 25 円の便益が得られますので，25 円の高さのところでグラフが水平になっています。消費者 c は買って消費すると 15 円の便益が得られますので，15 円の高さのところでグラフが水平になっています。

市場需要曲線の導出

3 人の消費者の個別需要曲線が描けたら，それらを水平方向に足し合わせて，**図 2-4** のような**市場需要曲線**を描きます。「水平方向に足し合わせる」とは，3 本の個別需要曲線を次のように合体させることを意味します。原則は，「まず価格を見る」ことです。**図 2-2, 2-3** の 3 人の個別需要曲線を眺めてください。35 円より高い価格のときには，どの個別需要曲線も縦軸と重なっています。したがって，3 本を水平方向に足し合わせた市場需要曲線も，35 円より高い価格のときには縦軸と重なります。

そこから価格を下げていくと，35 円のところで消費者 a の個別需要曲線が 0 個から 1 個にかけて水平になる一方，消費者 b と消費者 c の個別需要曲線は縦軸と重なったままです。したがって，それら 3 本を水平方向に足し合わせると，市場需要曲線は 35 円のところで 0 個から 1 個にかけて水平になります。

35 円から 25 円の間の価格では，消費者 a の個別需要曲線が 1 個のところで垂直である一方，消費者 b と消費者 c の個別需要曲線は縦軸と重なったままですので，市場需要曲線は 1 個のところで垂直になります。

価格が 25 円のところでは，消費者 a の個別需要曲線は 1 個のところで垂直，

42 ● CHAPTER 2 経済学ではどう考える？

CHART 図2-4 市場需要曲線

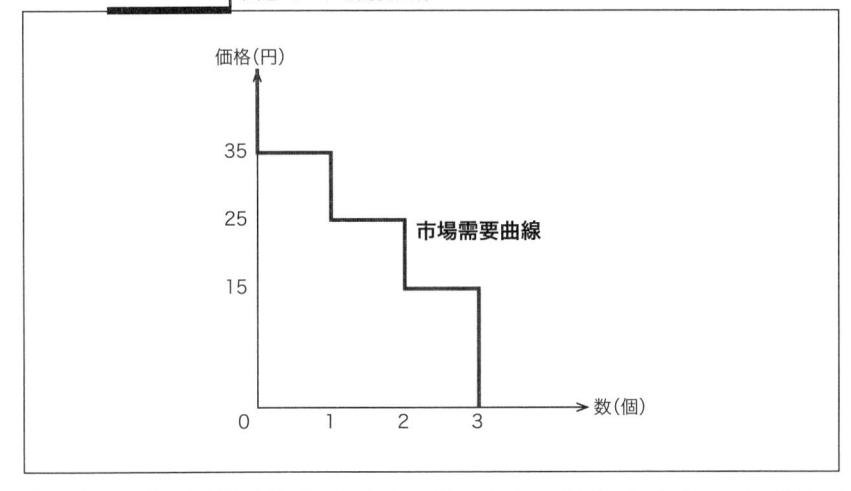

消費者bの個別需要曲線は0個から1個にかけて水平，消費者cの個別需要曲線は縦軸と重なったままです。したがって，それらを水平方向に足し合わせた市場需要曲線は，1個から2個にかけて水平になります。

25円から15円の間の価格では，消費者aと消費者bの個別需要曲線が1個のところで垂直である一方，消費者cの個別需要曲線は縦軸と重なったままですので，市場需要曲線は2個のところで垂直になります。

価格が15円のところでは，消費者aと消費者bの個別需要曲線は1個のところで垂直である一方，消費者cの個別需要曲線は0個から1個にかけて水平になります。したがって，市場需要曲線は2個から3個にかけて水平になります。

最後に，価格が15円より低くなると，3人とも個別需要曲線は1個のところで垂直ですので，市場需要曲線は3個のところで垂直になります。市場需要曲線は，価格が各水準のときに消費者全体として何個買いたいかを教えてくれます。

個別供給曲線と市場供給曲線の導出

企業についても，同様の手続きに従って，まずは各企業の**個別供給曲線**を描いてから，それらを水平方向に足し合わせて**市場供給曲線**を描きます。消費者のときよりも短い説明にとどめますが，描き方は次のとおりです。企業Aは，費用が10円ですので，価格が10円より低ければ0個，高ければ1個，ちょう

CHART 図2-5　各企業の個別供給曲線と市場供給曲線

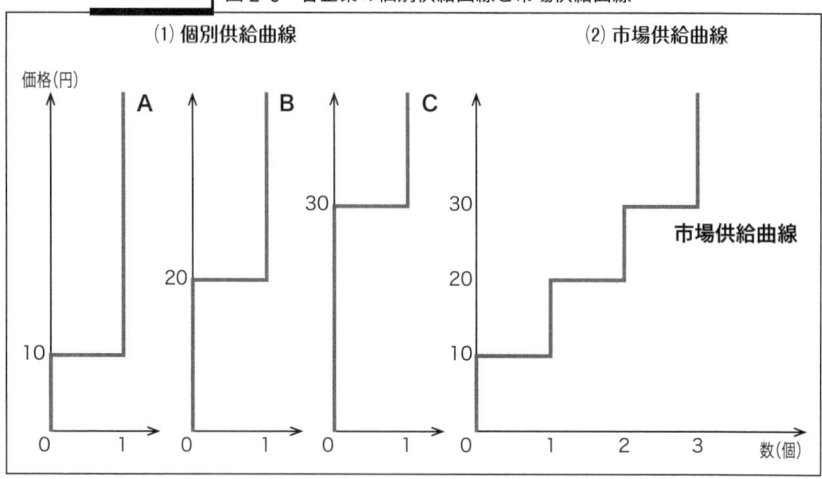

(1) 個別供給曲線　　　　　(2) 市場供給曲線

ど10円なら0個から1個までの間の何個かを売ろうとします。したがって，企業Aが各価格のもとで何個売ろうとするかを表す「企業Aの個別供給曲線」は，**図2-5**(1)**左**のように，価格が10円より低いところでは縦軸と重なり，10円のところで0個から1個にかけて水平になり，10円より高いところでは1個のところで垂直になります。同様に，企業Bの個別供給曲線は**図2-5**(1)**中央**のように20円の高さで，企業Cの個別供給曲線は**図2-5**(1)**右**のように30円の高さで水平になります。これらを水平方向に足し合わせると，**図2-5**(2)のような市場供給曲線が描けます。市場供給曲線を描く場合には，市場需要曲線を描いたときとは逆に，価格を低い水準からだんだんと高くしていったほうが描きやすいでしょう（価格が高まるにつれて供給が0個からだんだんと増えていきますので）。

市場需要曲線と市場供給曲線を重ね合わせる

■**価格と数量の決定**　　市場需要曲線と市場供給曲線が描けたら，それらを**図2-6**のように重ね合わせます。たとえば価格が40円なら，40円のところに水平線を引くと，市場需要曲線とは0個，市場供給曲線とは3個のところで交差します。これは市場供給のほうが市場需要より多いこと（超過供給）を意味しますので，価格が下がります。逆に，価格が5円なら，市場需要曲線とは3個，市場供給曲線とは0個のところで交差しますので，超過需要となり価格が上がります。市場需要と市場供給が一致して価格が落ち着くのは，市場需要曲線と

| CHART | 図2-6　市場需要曲線と市場供給曲線

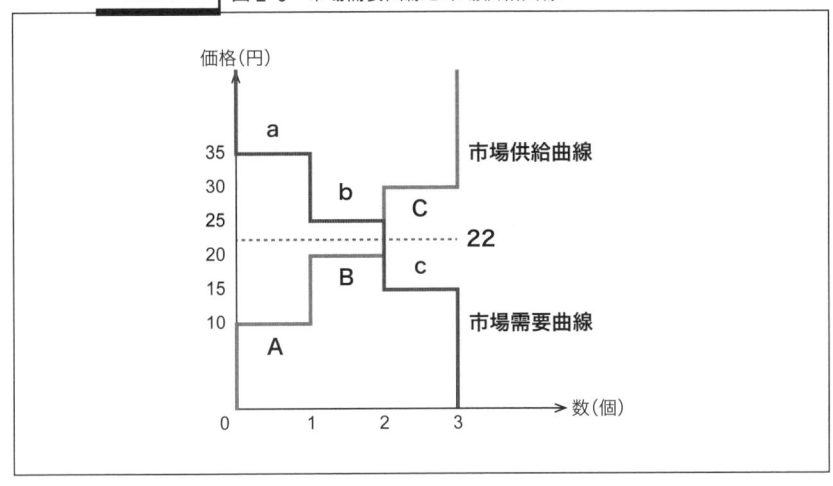

市場供給曲線が交差するところ，すなわち価格が20円と25円の間のときで，売買される個数は2個です。実際，交差するところよりも便益が高い消費者（aとb）と費用が低い企業（AとB）が売買する一方，便益が低い消費者cと費用が高い企業Cは売買しません。

■**純便益と利潤の決定**　図2-6からは，さらに各消費者と各企業がどれだけの純便益と利潤を得たかも計算できます。たとえば，22円という価格が付いたとしましょう。まず22円のところに水平線を引きます。すると，市場需要曲線の高さ35円の水平の部分と価格22円の水平線に挟まれた幅1個の長方形の面積は13円です。これは，消費者aが得た純便益13円（＝便益35円－価格22円）を表します。同様に，市場需要曲線の高さ25円の水平の部分と価格22円の水平線に挟まれた幅1個の長方形の面積3円は，消費者bが得た純便益を表します。市場需要曲線，価格22円の水平線，縦軸に囲まれた面積計16円は，消費者aと消費者bが得た純便益の合計を表します。この消費者全体として得た純便益の合計は，**消費者余剰**と呼ばれます。

　一方，企業の利潤については，価格22円の水平線の下側を見ます。価格22円の水平線と市場供給曲線の高さ10円の水平の部分に挟まれた幅1個の長方形の面積12円は，企業Aが得た利潤12円（＝価格22円－費用10円）を表します。価格22円の水平線と市場供給曲線の高さ20円の水平の部分に挟まれた幅1個の長方形の面積2円は，企業Bが得た利潤を表します。市場供給曲線，価

格22円の水平線，縦軸に囲まれた面積計14円は，企業Aと企業Bが得た利潤の合計を表します。この企業全体として得た利潤の合計は，**生産者余剰**と呼ばれます。

　消費者余剰と生産者余剰を足し合わせたものが社会的余剰です。いまのモデルでは，消費者余剰16円＋生産者余剰14円＝社会的余剰30円となり，社会的余剰は最大化されています。

CHECKPOINT 9

- □ それぞれの個別需要（供給）曲線を水平に足し合わせて，市場需要（供給）曲線を描きます。
- □ 市場需要曲線と市場供給曲線を重ね合わせて，競争均衡価格，取引数量，消費者余剰，生産者余剰，社会的余剰を導出します。

7　経済学と心理学

「冷静な」消費者

　上の取引では，各消費者は価格を見て，自分が得をする（価格が自分の便益を下回る）なら買う，得をしない（価格が自分の便益を上回る）なら買わないという「冷静な」意思決定を行っていました。このように，経済学は人間の意識的な思考や行動に焦点を当てます。確かに，ほとんどの消費者は，商品に付けられた値札と財布の中に残された現金をにらみながら，何を何個買うのが自分（家族）にとって得なのかを真剣に考えていることでしょう。同じ商品が1円でも安く売られているなら，隣町のスーパーまで自転車を走らせる人もいるかもしれません。

「揺れ動く」消費者

　しかし，ときには「なぜあんなものを買ってしまったんだ」と家に帰ってから後悔するような衝動買いをすることもあります。バーゲンでほかの人たちが

飛びついていた商品に自分もつられて飛びついたのかもしれませんし，陳列棚に飾られていたその商品がお店ではとても魅力的に見えたのかもしれません。そのような人間の無意識的な感情や行動は，**心理学**によって分析されています。

特効薬と自然治癒

　経済学と心理学では人間のどの側面に焦点を当てるかが異なるため，社会において発生している問題に対してもアプローチの仕方が異なります。経済学では，何か問題が発生している場合には，それを解決する仕組みを「意識的に」作って対処します。一方，心理学は，その問題が「自然に」解決される仕組みが存在しないかを探します。病気にたとえるなら，特効薬を開発するのが経済学，人間の持っている治癒能力をみつけてそれを活かそうとするのが心理学ということができるでしょう。まずは自然治癒を目指し，それが難しそうなら特効薬を投与するという順番で病気を治すのがよさそうです。

温室効果ガスの排出量を削減するには

　たとえば，地球温暖化を防止するために，温室効果ガスの排出量を削減したいという問題を考えましょう。心理学では，地球温暖化問題に対する人々の意識をいかに変えるかを考えます。人間には「良心」があるのか。あるとすれば，どうしたらそれを刺激して温室効果ガス排出量の少ない生活をしてもらうことができるか。人々に対してどのように地球温暖化問題の深刻さを訴えかけるのが効果的かを考えます。さらに，仮に意識が変わらないとしても，人々が排出量の少ない生活を（あれこれ考えなくても）自然とするように誘導することができないかを考えます。

　一方，経済学は，地球温暖化問題に対する人々の意識は変わらないものとして，それでも人々に温室効果ガス排出量を削減させる方法はないだろうかと考えます。地球が温暖化することを気にかけない人でも，自分がお金をとられることは「意識する」でしょう。そこで，温室効果ガスを発生させる商品に環境税を課します。すると，税のぶんだけ税込価格が高くなりますので，人々はその商品の購入量を減らします。心の中では税をとられるから購入量を減らすわけですが，行動だけ見るとあたかも地球温暖化問題を気にかけているかのように人々はその商品の購入量を減らすのです（環境税の効果は第3章でモデル分析を

> **Column ❶　行動経済学**
>
> 　経済学と心理学が人間の異なる側面に焦点を当てていることを述べましたが，最近では，心理学の要素を経済学に取り入れて人間の行動や政策の効果を分析する分野（**行動経済学**と呼ばれます）が発展しています。
>
> 　買い物を例にとりましょう。従来の経済学が想定する消費者は，無数にある財・サービスについて，それぞれ何単位消費すると自分はどれだけの便益が得られるのかを把握しており，各財・サービスの価格を見ながら，予算内でできるだけ大きな便益が得られるように，何を何個ずつ買うかを決めます。このような消費者像は，実際の消費者と極端に異なっているわけではないでしょう。また，このような「冷静な」消費者であれば何を何個ずつ買うかを考えておけば，実際の消費者の消費行動をそれと比較して，どこが同じでどこが異なるかを議論できますので，実際の消費者の消費行動に対する理解を増すことができます。
>
> 　しかし，たとえば安い商品を買おうとして店に入ったものの，もう少しお金を出せばより質の高い商品を手に入れられることに頭を悩ませ，結局，質の高い商品を買って店を出てきてしまったという経験をお持ちの人も多いでしょう。このように，店に入る前に決めていた気持ちが，店に入ったあと揺らいで別の商品を買ってしまうような消費者を想定するなら，店側はどのような商品を並

します）。

　別の例として，会社においてどうしたら社員たちが頑張って働いてくれるかという問題を考えるときも，心理学では，仕事が好きになってやる気が出るような職場環境作りを考えるのに対して，経済学では（仮に仕事が好きではなくても頑張ってくれるように）給与や昇進の仕組みをデザインすることを考えます。

　このように，心理学では，無意識的に違う行動をとるように誘ったり，もしくは人々の好みを変化させたりすることによって，人々の行動の変化をもたらそうとします。一方，経済学では，人々の無意識的な行動は対象とせず，好みも変化しないものとして，それでも人々の行動が変化するようなルール，制度，政策を考えるのです。第3章以降で展開される「公共」の議論も，このような経済学の視点や考え方にもとづいています。そのことを頭に入れておけば，理解も容易になるはずです。

べてどのような価格を付けておくと儲かるでしょうか。そのような問いを立ててモデルを構築し導出された売り方は，実際の店の売り方をうまく説明するかもしれません。同様に，株価が下がるとわかっていてもいま持っている株式を手放せなかったり，明日からダイエットしようと思っていても次の日が来ると先延ばしにしたり，身体を壊してしまうほど残業をしてしまったりするなど，人には「弱さ」があります。そのような「人間らしい」側面も考慮した研究が経済学のさまざまな分野で行われています。

また，他人との関わりのある場面での意思決定や行動の研究でも，心理学の要素が取り入れられています。従来の経済学が想定する人物は，自分の便益だけに関心がありますが，私たちは，他人が喜べば自分もうれしいと感じたり（利他性），相手が自分に何かしてくれるなら自分も相手に何かを返そうと感じたり（互恵性），不平等な状況に不快感を覚えたり（不平等回避）する傾向があります。

そのような人間のさまざまな側面を取り入れた議論に関心を持った人も，まずは従来の経済学の「シンプルな」論理を身に付けてください。そうしてはじめて，心理学の要素を取り入れることの意義やおもしろさが理解できるようになります。

CHECKPOINT 10

☐ 経済学は，人間の意識的な思考や行動に焦点を当てます。何か問題が発生している場合には，それを解決する仕組みを「意識的に」作って対処します。

☐ 心理学は，人間の無意識的な感情や行動に焦点を当てます。何か問題が発生している場合には，それが「自然に」解決される仕組みが存在しないかを探します。

EXERCISE ● 練習問題

2-1 表 2-1（27 ページ）のモデルの応用を考えます。企業は 3 社のままですが，

この財に人気が出たため，消費者が6人に増えたとします。新たに現れた消費者たちの便益は，消費者 d が 35 円，消費者 e が 25 円，消費者 f が 15 円です。消費者が増えたことにより，競争均衡価格はどのように変化しますか。

2-2 問題2-1とは逆に，消費者は3人のまま，企業が6社に増えたとします。新たに現れた企業たちの生産費用は，企業 D が 10 円，企業 E が 20 円，企業 F が 30 円です。企業が増えたことにより，競争均衡価格はどのように変化しますか。

CHAPTER 第3章

市場に任せられないときもある？
市場の失敗とその対応

INTRODUCTION

　放っておいても社会的余剰が最大になる市場であれば，政府が介入する必要はありません。しかし，社会的余剰が最大になるためには，その市場がいくつかの条件を満たしていることが必要です。この章では，それらの条件を1つずつ取り上げて，それぞれの条件が満たされないときになぜ社会的余剰が最大にならないのか，そのとき政府はどのように対処したらよいのかを学びます。この章を通じて，みなさんの頭の中に，政府が市場に介入すべきか否かの判断基準が形成されるでしょう。

1 完全競争市場であるための条件

第2章では，完全競争市場において消費者や企業が自分の純便益や利潤を最大にしようと売買の意思決定をする結果，社会的余剰が最大になることを見ました。完全競争市場では，

① 各人は価格受容者として相場を見ながら売買の意思決定をする，

としました。しかし，ある市場が「完全競争市場」と呼ばれるためには，実はこの条件だけでは不十分です。第2章では触れませんでしたが，それ以外にも次の条件が満たされている必要があります。

② 財・サービスの消費または生産に伴う外部性が存在しない。
③ 財・サービスに関する情報の非対称性が存在しない。

これらのうち1つでも満たされていないと，その市場から生まれる社会的余剰は最大になりません。

2 完全競争市場であるための条件が満たされない場合

「価格受容者」の条件が満たされない場合

①の「価格受容者」の条件が満たされない場合には，価格に影響を与えることができる力（これを**価格支配力**と呼びます）を持つ消費者または企業が少なくとも1人（1社）存在することになります。なぜ企業が価格支配力を持つのかといえば，たとえば，その財・サービスは生産する企業ごとに**製品差別化**されていることが考えられます。製品が差別化されておらず，財がまったく同じなら，いずれかの企業が価格を高めに設定したとたんにすべての消費者が他の企

業へと逃げていくでしょう。それでは収入が得られませんので，おとなしく相場に従うしかありません。しかし，同じ種類の財であっても差別化されており，企業ごとにいくらかの違いがあるなら，その企業が生産するものをとくに好む消費者たちがいるでしょうから，他の企業より価格を少し高めに設定しても，売れる量はあまり減らないかもしれません。

　価格支配力を持つ別の理由としては，そもそもその市場には企業が1社（そのような状態を**独占**，その市場を**独占市場**，その企業を**独占企業**といいます）または少数（同様に**寡占**といいます）しか存在しないことが考えられます。独占の場合には，その企業の個別供給量がそのまま市場供給量になりますので，その企業が個別供給量を減らせば市場供給量も減って，需要と供給を均衡させる価格を上昇させることができます。寡占の場合にも，市場供給量に占める各社の個別供給量の割合が大きいため，独占企業ほどではありませんが，各企業は個別供給量を減らすことによって市場供給量を減らして価格を上昇させることができます。たとえば，ある市場に企業が2社存在して，互いに同じ量だけ供給しているなら，各社の個別供給量は市場供給量の半分を占めることになります。寡占のうち，企業が2社の状態はとくに**複占**と呼ばれます。

　なぜその市場に1社または少数しか企業が存在しないのかといえば，他の企業の参入が難しいからです。参入が難しい理由としては，政治的もしくは安全上の理由で政府が参入を規制していること，その財・サービスを生産するのに必要な技術を持っている企業が少ないこと（特許がとられていたり，とられていなくても真似するのが難しかったりするなどの理由で），新規参入企業は既存企業と比べて費用の面で不利になるような生産技術であること（生産を始めるのにまとまった費用〔**固定費用**〕が必要となるなどの理由で——そのため1社しか市場にいない状態を**自然独占**といいます。電力や鉄道がその例です）などが考えられます。

「外部性の不在」の条件が満たされない場合

　②の**外部性**とは，ある人の行動が市場を介すことなく他の人たちに何らかの便益または費用をもたらすことをいいます。とくに，便益をもたらすときには**外部経済**（または**正の外部性**），費用をもたらすときには**外部不経済**（または**負の外部性**）といいます。

　たとえば，あなたの隣の家の住人が花火を買ってきて，庭で楽しんでいる

（消費している）としましょう。これを見てあなたも花火を楽しむなら外部経済，うるさいと思うなら外部不経済になります。このように，誰かにとっては外部経済でも，他の誰かにとっては外部不経済になることもあります。誰にとっても外部不経済である例としては，生産の際に工場から大気中や河川などに排出される汚染物質が挙げられます。

　財・サービスの消費または生産に伴って外部性が発生する場合，その財・サービスの市場で生まれる社会的余剰を計算するときには，外部性による便益または費用を含めて社会的余剰を計算し，それが最大になっているか否かで効率的か否かを判定します。この場合，外部性自体を直接コントロールするほかに，その財・サービスの消費または生産をコントロールすることによって間接的にも外部性をコントロールすることができます。上の例では，汚染物質の排出基準を定めて工場に遵守させるという方法もありますし，それが難しければその財・サービスの生産量に上限を設けたり，その財・サービスに税を課して売れにくくしたりして，汚染物質の排出量を抑えるという方法もあります。

「情報の対称性」の条件が満たされない場合

　③の**情報の非対称性**とは，財・サービスに関して一部の人たちが知っていて他の人たちが知らない情報が存在することをいいます。財・サービスの質について，企業の側は自分で生産していますのでよく知っているものの，消費者の側は知らないまま買うか否かの選択を迫られることはよくあります。

　たとえば，ある財について，消費者たちは質が良ければ高いお金を払ってでも買いたいものの，質が悪いのならそれほどお金を払いたくないと考えているとしましょう。同時に，消費者たちにはその財の質がわからないとしましょう。質がわかっていない場合，質が悪いものを買わされる可能性がありますので，そこまで高いお金を払おうとは思いません。一方，質の良いものを生産している企業は，高いお金を払ってもらえるなら売りたいけれど，そこまで高いお金を払ってもらえないなら売りたくないと考えているとしましょう。このような状況では，質の良さがわかっていれば成立したはずの売買が成立せず，したがって余剰が生まれることなく終わってしまいます。このように，情報の非対称性があるために売買が成立しないという問題は，**逆選択**と呼ばれます。結局，この市場では質の悪いものだけが低い価格で売買されることとなります。

市場の失敗

　以上の条件①，②，③のいずれかが満たされない場合には，市場が完全競争ではなく，社会的余剰が最大になりません。また，そもそも市場が存在しない場合にも，存在すれば生まれたはずの社会的余剰が生まれることなく終わりますので，社会的余剰が最大になりません。

　そもそも市場が存在しないのは，主に次の2つの場合です。第1に，技術的もしくは倫理的な理由で市場が作れない場合です。たとえば，あなたの隣の部屋の住人の生活音がうるさいとき，うるさくする権利を売買する市場をそこに設けることは難しいでしょう（隣の住人の行動が市場を介すことなくあなたに費用をもたらしますので，これも外部不経済です。②の外部不経済との違いは，ここでは財・サービスの消費や生産に伴うことなく直接的に発生する点です）。

　第2に，儲からないのでどの企業も生産しようとしない場合です。次の2つの性質のうちいずれかを満たす財・サービスは，生産しても儲かりません。1つは，生産を始めるのに必要な固定費用が莫大であることです。そのような財・サービスは，生産開始後に頑張って利潤を上げても，生産を始めるために投入した莫大な固定費用を回収することができません。たとえば，何百kmにわたって土地を買収して高速道路を建設した場合，そのあと通行料収入が得られるものの，最初に投入した巨額の費用をすべて回収するのは難しそうです。もう1つは，お金を払わない人が消費するのを阻止することができないことです。そのような財・サービスは「**排除性**がない」といわれます。たとえば，（高速道路ではなく）一般の道路はどこからでも入れてしまいます。歩いている人をみつけていちいち通行料をとるのは難しいでしょう。したがって，一般の道路を作って商売をしようとする企業は現れません。排除性については第4章で詳しく説明します。

　市場があるものの①，②，③のうちいずれかの条件が満たされていなかったり，そもそも市場が存在しなかったりして，社会的余剰が最大になっていないとき，「**市場の失敗**が発生している」といいます。以下では，①が満たされない例としてカルテル，②が満たされない例として大気汚染，③が満たされない例として中古車，そもそも市場が存在しない場合の例として騒音と高速道路について，順に見ていきます。

CHECKPOINT 11

□ 市場が存在するものの価格受容者，外部性の不在，情報の対称性のうちいずれかの条件が満たされていなかったり，そもそも市場が存在しなかったりして，社会的余剰が最大にならないことを市場の失敗といいます。

3 カルテル

▶ 独占禁止法の意義

第2章の**表2-1**（27ページ）および**図2-6**（45ページ）を見てください。その消費者3人と企業3社のモデルを再び用いて，ここでは価格受容者の条件が満たされないときに発生する市場の失敗とその対策を分析します。

共謀して価格を吊り上げると？

企業たちが価格受容者ではなく，共謀して価格を吊り上げることができるなら，この市場で何が起こるでしょうか。第2章のとおり，企業たちの利潤の合計である生産者余剰は，22円という価格が付いた場合には14円でした。20円から25円の間であれば，どの価格がついても需要と供給が一致して競争均衡価格になります。仮に企業側に有利な25円という価格が付くなら，企業Aと企業Bの利潤が3円ずつ増えますので，生産者余剰は20円になります。

ここで，企業3社が共謀して，価格を34円に吊り上げたとしましょう。競争による値下がりを避けるため，企業たちが共謀して価格を高い水準に維持することを**カルテル**といいます。**図3-1**のように34円のところに水平線を引くと，需要は1個であることがわかります。35円の便益が得られる消費者aは34円でも買おうとしますが，25円の便益しか得られない消費者bは買うのをやめます。企業3社は，34円で売れるならどの企業も売りたいところですが，需要が1個しかありませんので1個しか売ることができません。生産者余剰をできるだけ大きくするにはできるだけ安く生産したほうがよいですから，いちばん安く生産できる企業Aが費用10円をかけて生産して売って，得られた利

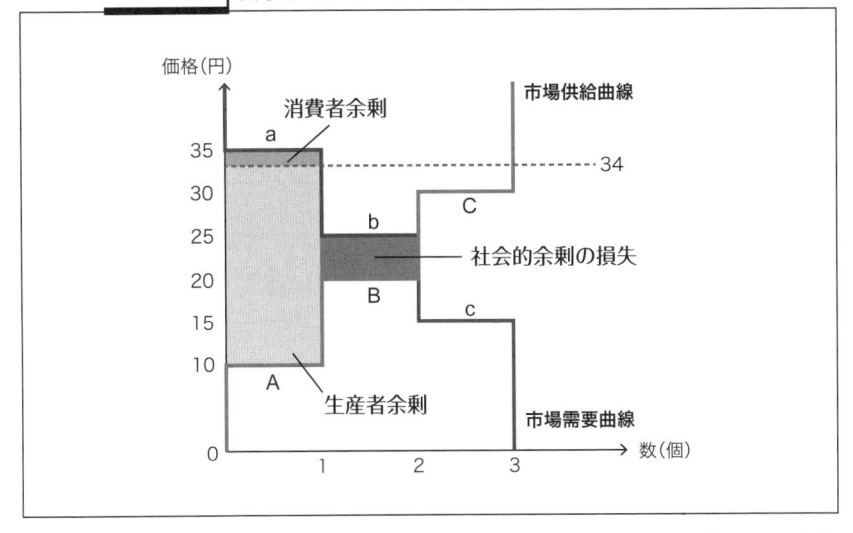

| CHART | 図3-1　カルテルによる余剰の変化

潤を3社で分け合うことを考えます。いくらずつ分け合うかは3社による交渉で決まりますが，どのように分け合うにせよ，生産者余剰は価格34円−費用10円＝24円となります。上の25円で2個売れる場合の生産者余剰20円よりも4円大きくなりました。消費者bにも買ってもらおうとすると価格を25円まで下げなければなりませんが，消費者bをあきらめて消費者aだけに売ろうとするなら，消費者aの便益35円まで価格を吊り上げることができるわけです（34円でなく35円まで吊り上げても，消費者aはギリギリ買ってくれます）。そして，販売量が1個減ったものの価格が大きく吊り上がったため，生産者余剰が増えたのです。

カルテルを禁止する理由

価格が吊り上げられると，消費者たちは高い価格で買わされることになります。そこで，消費者の利益（消費者余剰）を守るためにカルテルを禁止することが必要だと思われます。実際，カルテルは独占禁止法という法律で禁止されています。しかし，消費者余剰の減少分を生産者余剰の増加分が上回るなら，企業にたくさん儲けてもらったうえで，政府が法人税をたくさん取って消費者たちに還元するというやり方も正当化されるかもしれません。「消費者たちを守る」というだけでは，カルテルを禁止する理由として少し弱そうです。

経済学は，社会的余剰に注目します。価格が34円に吊り上げられたときの

社会的余剰は，上の生産者余剰24円に消費者余剰1円（＝消費者aの純便益＝消費者aの便益35円−価格34円）を加えた25円となります。これは，完全競争市場で実現した社会的余剰30円より5円だけ少なくなっています。なぜなら，消費者bと企業Bの取引が行われなくなってしまったため，余剰5円（＝消費者bの便益25円−企業Bの費用20円）が失われたからです（**図3-1**のもっとも濃いグレー部分の面積）。社会的余剰のうち失われたぶんを**社会的余剰の損失**と呼びます。社会的余剰の損失を防いで社会的余剰をできるだけ大きくするという観点から，カルテルは禁止すべきであるといえます。

「消費者がかわいそう」という公平性の観点からだけでなく，社会的余剰最大化という効率性の観点からもカルテルはよくないといわれれば，「カルテルを禁止せよ」という主張の説得力が増します。このように，社会的余剰が最大にならないことこそ，カルテルを禁止する独占禁止法の経済学的な意義なのです。シンプルなモデルで独占禁止法の意義まで説明できてしまうというのは，けっこうな驚きだと思いますが，いかがでしょうか。

CHECKPOINT 12

- [ ] 競争による値下がりを避けるため，企業たちが共謀して価格を高い水準に維持することをカルテルといいます。
- [ ] 独占禁止法によるカルテルの禁止は，公平性の観点からだけでなく，効率性の観点からも正当化されます。

4 大気汚染

▶ 生産に伴う外部不経済

次に，財・サービスの生産に伴う外部性が存在する例として大気汚染を取り上げて，どのようにして社会的余剰の損失が生まれるか，およびそれに対するいくつかの政策の効果を検討します。そのための準備として，はじめに，これまで用いてきたシンプルなモデル（消費者が3人，企業が3社で，各人は1個しか売買したがらない）に少しだけ味つけしたモデル（消費者が3人，企業が3社で，各人は2個まで売買したい）に作り替える作業をします。

CHART 表3-1 2個まで消費・生産できるモデル

	消費者 a		消費者 b		消費者 c	
	1個目 35円	2個目 5円	1個目 25円	2個目 22円	1個目 15円	2個目 10円
	企業 A		企業 B		企業 C	
	1個目 10円	2個目 15円	1個目 20円	2個目 50円	1個目 30円	2個目 40円

2個まで売買したいモデル

　第2章の表2-1を表3-1に変更します。表2-1との唯一の違いは，消費者も企業も，2個目の消費または生産が可能になった点です。消費者aは，1個目の消費から35円，2個目の消費から5円の便益が得られます。1個目に比べると，2個目から得られる便益はかなり小さくなっています。これは，たとえばおなかが空いているときに1個目のおにぎりを食べるとかなりの満足が得られ，2個目を食べるとさらに満足が得られますが，1個目でおなかがある程度満たされますので，1個目に比べれば2個目の満足度は低下することを表しています。したがって，消費者aは価格が35円を下回ると1個，5円を下回るとさらにもう1個買おうとします（個別需要）。消費者bと消費者cも，消費者aほどではないですが，1個目に比べると2個目の便益は小さくなっています（どのくらい小さくなっていくかは人それぞれでしょう）。

　「2個目の便益」のように，消費をもう1つ追加したときに得られる追加的な便益は，**限界便益**と呼ばれます。経済学では，「追加」というのを「限界」と表現するのです。それが消費量の増加に伴って次第に減っていくことを**限界便益逓減**といいます。多くの人にとって，多くの財やサービスの限界便益は逓減していくことでしょう。

　一方，企業Aは1個目を作るのに10円，2個目を作るのに15円かかります。

2個目を作る費用は，1個目に比べると高くなっています。追加的にもう1個作るときに追加的にかかる費用は，**限界費用**と呼ばれます。それが生産量の増加に伴って次第に増えていくことを**限界費用逓増**といいます。企業Bと企業Cも限界費用が逓増しています。限界費用が逓増するか逓減するか一定かは，生産する財の種類や企業が持っている技術に依存することでしょう。ここでは限界費用逓増を仮定してモデルを構築しています。

第2章と同じ手順で市場需要曲線と市場供給曲線を導出すると，図3-2のように描けます。ここでは1人当たり2個まで売買したいので，市場需要曲線も市場供給曲線も水平部分が6カ所あることに注意してください。市場需要曲線と市場供給曲線が価格20円から22円のところで交わっていることから，20円から22円の間の価格はいずれも競争均衡価格になることがわかります。以上で準備が整いました。

大気汚染をモデルに含める

図3-2を見てください。競争均衡価格は20円から22円の間で，1個目の便益が35円の消費者aが1個，1個目の便益が25円で2個目の便益が22円の消費者bが2個買います。企業のほうは，1個目の費用が10円で2個目の費用が15円の企業Aが2個，1個目の費用が20円の企業Bが1個売ります。実現される社会的余剰は市場需要曲線，市場供給曲線，縦軸に囲まれた部分の面積で，便益の和（35円＋25円＋22円）－費用の和（10円＋15円＋20円）＝37円です。

■**大気汚染を伴う場合**　ここで，この財は生産に際して大気汚染を伴い，1個生産されるごとに5円ぶんの被害が社会に発生するとしましょう。大気汚染の被害は社会にとっての費用ですので，外部不経済です。1個生産されるごとに5円の外部不経済が社会に発生することを考慮して，外部不経済を含めた社会的余剰を最大にする方法を考えましょう。

外部不経済を含めたとき，この財は何個生産されて売買されると社会的余剰が最大になるでしょうか。この財が追加的にもう1個生産されると，社会全体には次の2種類の限界費用が発生します。1つは，その1個を生産する企業が，その1個を生産するための費用を負担しなければならないことです。もう1つ

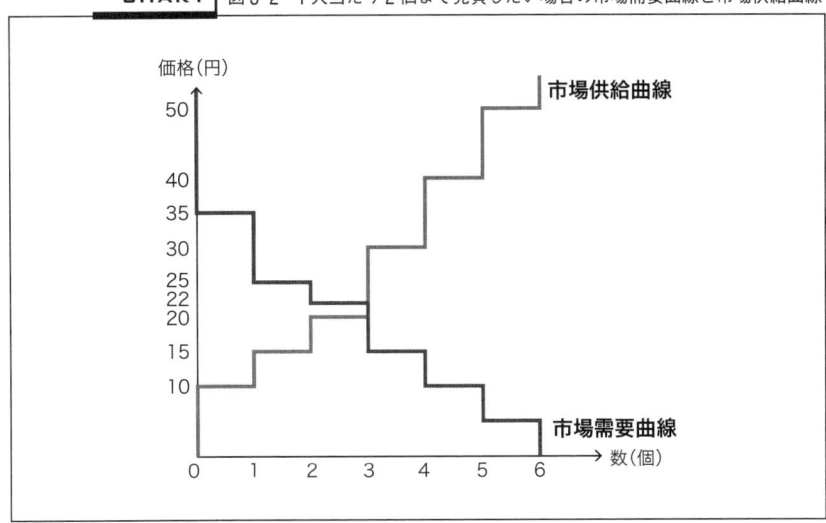

CHART 図3-2 1人当たり2個まで売買したい場合の市場需要曲線と市場供給曲線

は，社会全体としてこうむる大気汚染の外部不経済が，1個生産されるたびに5円ぶん大きくなることです。企業たちが負担する生産の限界費用だけを考えるなら，それは市場供給曲線の高さで表されていますので，市場供給曲線だけを見ればよいですが，社会全体としては，市場供給曲線で表される生産の限界費用に5円の外部不経済を上乗せしなければなりません。すなわち，その財が追加的にもう1個生産されることによって社会全体にのしかかる限界費用は，市場供給曲線より5円だけ高いことになります。

■社会的限界費用曲線　　そこで，**図3-3**のように，市場供給曲線より5円だけ高いところに曲線を描き加えましょう。これは，社会全体としてかかる限界費用を表していますので，**社会的限界費用曲線**と呼ばれます。この社会的限界費用曲線と市場需要曲線（その階段の高さは，消費者たちが追加的にもう1個消費することから得られる追加的な便益〔限界便益〕を表しています）を比べて，社会的限界費用曲線が市場需要曲線より高くなる直前まで売買すれば，外部不経済まで含めた社会的余剰が最大になります。**図3-3**を見ると，社会的限界費用曲線が市場需要曲線より高くなるのは3個目ですので，外部不経済まで含めた社会的余剰最大化の観点からは2個売買されるのが望ましいといえます。2個目までは，外部不経済を含めても，消費者が追加的に得る便益が社会全体に追加される費用を上回っていますので，生産して売買することによってプラスの余剰が生ま

4　大気汚染　● 61

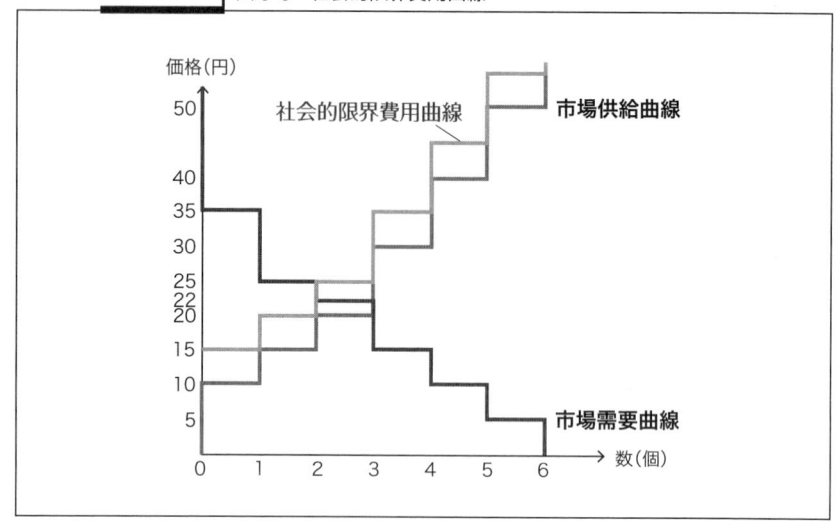

CHART 図3-3 社会的限界費用曲線

れます。3個目は，外部不経済が存在しないなら生産されて売買されるのが望ましいのですが，外部不経済が加わると売買されるのは望ましくないことになります。

3つの介入の仕方

第2章で見た外部性のないケースでは，完全競争市場で消費者と企業がそれぞれ価格を見ながら自分の純便益や利潤が最大になるように売買の意思決定をすれば，おのずと社会的余剰が最大になりました。しかし，大気汚染による外部不経済が存在するときに第2章と同じように売買の意思決定をし，3個売買されてしまうと，外部不経済まで含めた社会的余剰は最大になりません。消費者と企業に任せていては社会的余剰が最大にならない場合には，政府が市場に介入して何らかの策を講じることが正当化されますし，国民の多くからも求められます。では，どのように介入したらよいでしょうか。次の3つの介入の仕方を考えましょう。

■**呼びかける**　1つは，企業たちに「この財は生産の際に大気を汚染しますので，生産量を抑えてください」と呼びかけることです。または，消費者たちに「この財はなるべく買わないようにしましょう」と呼びかけてもかまいません。呼びかけによって企業や消費者が自主的に取引量を減らしてくれるなら，

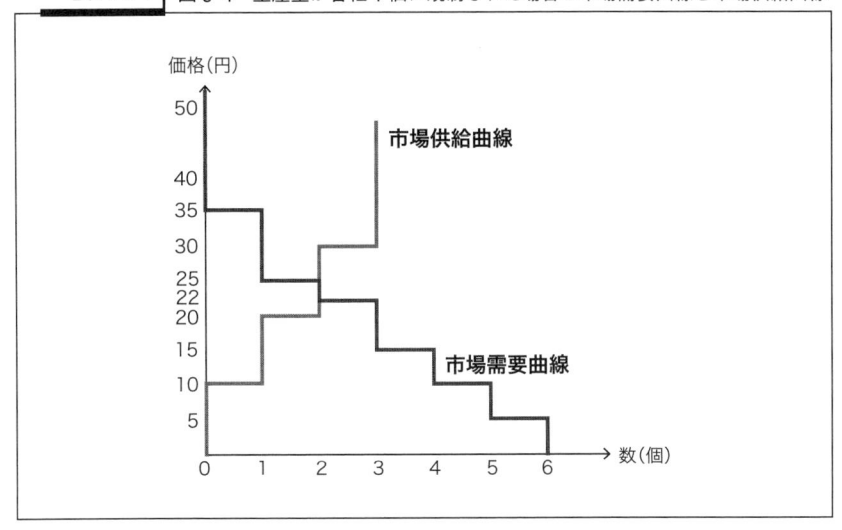

CHART 図3-4 生産量が各社1個に規制された場合の市場需要曲線と市場供給曲線

それで問題は解決します。第2章の最後で触れたとおり，どのように呼びかければ人々の良心を動かすことができるかという問題は，心理学で研究されています。

■**規制する**　もし誰も呼びかけに応えないのなら，もしくはそれだけでは取引量の減少が不十分であるなら，2つ目の介入の仕方として「生産できるのは各社1個までとする」という規制を設けることが考えられます。各社1個しか生産できない場合には，市場供給曲線は**図3-4**のように変形されます。この市場供給曲線は，各社の1個目の生産費用（企業Aが10円，企業Bが20円，企業Cが30円）を水平部分として並べて描かれています。価格がどんなに高くても3個以上は供給されませんので，市場供給曲線は3個よりも右側に伸びていくことはなく，3個のところで垂直になります。この規制後の市場供給曲線は，2個のところで市場需要曲線と交差します。すなわち，この規制によって，実現される取引量を2個に抑えることができます。このとき，競争均衡価格は22円から25円の間に上昇しています（この規制がないときは，**図3-2**のとおり20円から22円の間でした）。

これで話が終わりなら簡単なのですが，実はこの「各社1個ずつ」という生産量規制には弱点があります。それは，大気汚染による外部不経済を含めた社会的余剰が最大になっていないことです。2個生産されて売買されますが，そ

4 大気汚染 ● 63

の内訳を見ると，企業Aと企業Bが1個ずつ生産しています。企業Aは生産費用が10円，企業Bは20円です。同じ個数を生産するのであれば，できるだけ安く生産したほうが社会的余剰は大きくなります。もし企業Bに代わって企業Aがもう1個生産したなら，企業Aの2個目の生産費用は15円ですから，企業Bが20円かけて生産するより5円だけ費用が節約できたはずです。

　そこで，各社1個ずつではなく，次のように政府が企業たちに指示を出すことが考えられます。「企業Aは2個生産してください。他の企業は生産を禁じます」。しかし，この指示を出すためには，企業Aの1個目の費用と2個目の費用が他のどの企業よりも低いことを政府が知っていなければなりません。知っていてはじめて，2個生産するのであれば企業Aに2個とも生産させるのが費用総額を最小化することがわかりますので，そのような指示を出せるのです。とはいえ，どの企業が何個目をどれだけの費用で生産できるのかを把握するには，かなりの労力が必要とされます。企業が3社しかないならまだ可能かもしれませんが，現実には無数の企業が存在しますし，直接「どのくらいの費用で生産できますか」と質問しても，「安く生産できます」と嘘をいって政府からの生産指示を得ようとするかもしれません。各企業の生産費用を政府が知らなくても（したがって，どの企業に生産指示を出したらよいのかがわからなくても），企業たちが自主的に意思決定を行う結果として企業Aが2個生産するように誘うことはできないものでしょうか。

■**環境税**　そこで登場するのが**環境税**です。大気汚染による外部不経済の大きさは1個生産されるごとに5円ですので，企業に対して1個売るごとに5円の環境税を課します。このように，取引量に従って払う額が決まる税を**従量税**といいます。ここでは扱いませんが，私たちになじみのある消費税は，価格に従って払う額が決まっています。税率が8%なら，100円ぶん買うと8円払わされますが，100円の財を1個買ったのか50円の財を2個買ったのかは関係ありません。このような税は**従価税**と呼ばれます（税について，詳しくは第9章で議論します）。

　1個売るごとに5円の環境税を払わされるとなると，各企業は，生産費用より5円以上高い価格でないと売ろうとしません。そのため，価格に応じて企業たちが何個売ろうとするかを表す市場供給曲線も，図3-5のように5円だけ上

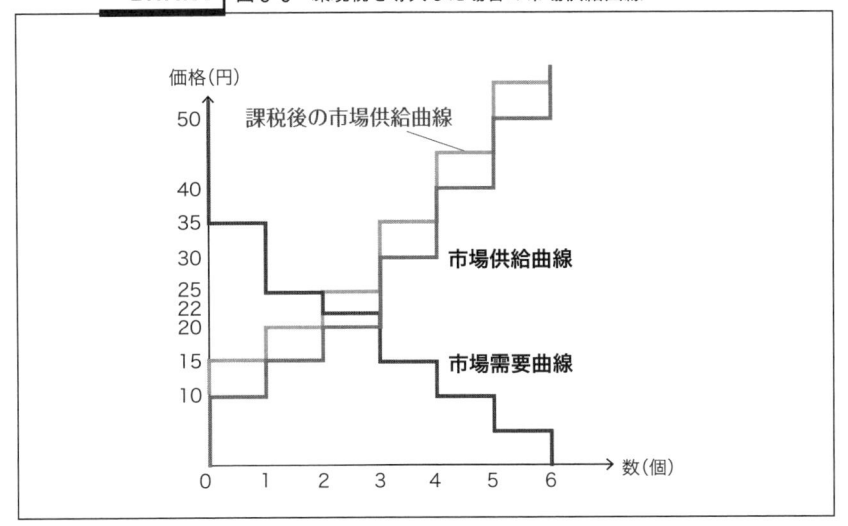

CHART 図3-5 環境税を導入した場合の市場供給曲線

へ平行移動します。移動後の市場供給曲線は市場需要曲線と2個のところで交差しますので，生産量は2個に抑えられます。また，そのとき22円から25円の間の価格が付きます。

この価格で実際に生産して売るのは，1個目も2個目も生産費用がこの価格より5円以上安い企業Aだけです。企業Bは，1個目を生産するのに20円かかりますので，さらに5円の環境税も払わされるとなると利潤がマイナスになってしまいます。

このようにして，環境税は生産量を2個に抑えるだけでなく，いちばん安く生産できる企業Aに2個生産してもらうことにも成功します。外部不経済に対処するために課される税は，その分析を行った経済学者の名前をとって，**ピグー税**と呼ばれます。

各企業は，価格と自社の生産費用を見ながら何個生産するかを決めます。すなわち，各企業の自主的な意思決定には，各企業の生産費用の情報が反映されているのです。そして，生産費用の低い企業ほど，大きな利潤が得られますので，積極的に生産したがります。環境税は，「何個生産してもよいけれど，生産するごとに税を払ってください」というルールだけ設けて，実際に何個生産するかは各企業に選ばせます。そのため，生産費用の低い企業から順に生産してもらうことができるのです。各企業の生産費用を知らない政府が「各社1個まで」と決めてしまうと，上で見たとおり，2個目を15円で生産できる企業A

4 大気汚染 ● 65

を差し置いて，20円かかる企業Bに生産させてしまうことが起こりうるのです。

自社の利潤だけに関心がある企業は，1個生産するごとに5円の外部不経済が発生することは気にしませんが，1個生産して売るごとに5円の環境税を払わされることは気にします。5円の外部不経済を気にして積極的には売ろうとしなくなることと，5円の環境税を気にして積極的には売ろうとしなくなることは，その動機は異なりますが，行動だけ見るとどちらも同じです。環境税は，払わなければならないお金を気にさせることによって，あたかも大気汚染を気にしているかのような行動を企業にとらせようとする政策であるといえます。実際，図3-3と図3-5を見比べると，課税後の市場供給曲線（企業がこうむる税込みの費用を表します）は社会的限界費用曲線（社会がこうむる外部不経済を含めた費用を表します）とまったく同じ位置にあることがわかります。

「呼びかける」という穏やかな政策と「規制する」という厳しい政策の間に位置づけられるのが環境税です。呼びかけるだけでは不十分で，規制しようとしてもどの企業に何個生産させたらよいかがわからないとき，力を発揮します。環境税は，第1章で述べた「インセンティブを利用して人々の行動を『誘う』政策」の典型です。

税は払う人だけが負担しているわけではない

上では，環境税が企業に課されました。企業による生産活動によって大気汚染が発生するのだから，企業に課すのは一理あります。しかし，企業に課したからといって消費者たちが何も負担しないわけではありません。課税前と課税後を比べると，市場で実現される競争均衡価格が上昇しています。市場で実現される価格の上昇を通じて，直接には課税されなかった消費者たちにも負担が回ってくるのです。実質的に誰が税を負担することになるのかという問題は，**租税の帰着**問題と呼ばれます。この問題は第9章で詳しく議論します。

CHECKPOINT 13

- ☐ 「呼びかける」という穏やかな政策と「規制する」という厳しい政策の間に位置づけられるのが,「インセンティブを利用して人々の行動を誘う」政策です。
- ☐ 外部不経済に対処するために課される税は,ピグー税と呼ばれます。環境税はその一例です。

5 中古車

▶ 悪貨は良貨を駆逐する

　情報の非対称性による市場の失敗の例としてよく挙げられるのが中古車です。中古車は,売り手はもとの所有者ですから,その中古車がこれまでどのくらい丁寧に扱われてきたかを知っています。一方,買い手のほうは,見ただけでその中古車のこれまでの扱われ方を見抜くのは難しいでしょう。このような情報の非対称性が存在するとき,どのように市場の失敗が起こるのか,そしてどのような対策をとればよいのかを見ていきましょう。

中古車市場のモデル

　次のモデルを考えます。中古車には高品質と低品質の2つの品質だけがあるとします。どの売り手にとっても,高品質の中古車は80万円,低品質の中古車は40万円の価値があります。各売り手は中古車を1台持っていて,その品質を知っています。高品質の中古車を持つ売り手が50人,低品質の中古車を持つ売り手が50人います。

　一方,1台だけ買いたいと思っている買い手たちが100人います。どの買い手も,高品質の中古車からは100万円,低品質の中古車からは50万円の便益を得ます。買い手たちは,1台1台の品質を知ることはできませんが,高品質の中古車を持つ売り手と低品質の中古車を持つ売り手が50人ずついること,および売り手にとって高品質の中古車は80万円,低品質の中古車は40万円の価値があることは知っています。

情報の非対称性が存在しない場合

　情報の非対称性が存在することの影響を知るために，情報の非対称性が存在しない場合（情報が対称的な場合）には何が起こるのかを先に見ておきます。売り手も買い手も品質を知っていますので，高品質の中古車と低品質の中古車は別の財として扱われ，それぞれの市場で売買が行われます。

　買い手たちは，高品質の中古車と低品質の中古車の価格を見て，より大きな純便益が得られるほうを買おうとします。ここで，もし高品質の中古車のほうが純便益が大きいなら，買い手100人全員が高品質の中古車を買おうとします。しかし，高品質の中古車を持つ売り手は50人しかいませんので，超過需要となり，高品質の中古車の価格は上昇します。このとき，低品質の中古車のほうは誰も買い手がいませんので，超過供給となり，価格が低下します。このように，高品質の中古車と低品質の中古車で純便益に差があるなら，一方が超過需要，他方が超過供給となってしまいます。したがって，2つの市場で同時に需要と供給を均衡させる価格の組合せは，どちらを買っても純便益が同じになるように決まります。

　そのような価格の組合せは，高品質が90万円，低品質が40万円という組合せ（どちらを買っても純便益は10万円。利潤は高品質の売り手が10万円，低品質の売り手が0円）から，1円刻みでどちらの価格も上げていって，100万円と50万円という組合せ（どちらを買っても純便益は0円。利潤は高品質の売り手が20万円，低品質の売り手が10万円）まで多数存在します（売り手たちはそれぞれ高品質または低品質のどちらか一方しか持っていませんので，2つの市場を行き来できません。したがって，高品質を売るときと低品質を売るときとで利潤が異なっていてもかまいません）。それらのどの組合せも実現する可能性があります。どの価格が実現するにせよ，すべての売り手と買い手が売買できて，高品質の市場から1000万円（＝（便益100万円－費用80万円）×50台），低品質の市場から500万円（＝（便益50万円－費用40万円）×50台），あわせて1500万円の社会的余剰が生まれます。

情報の非対称性が存在する場合

　情報の非対称性が存在する場合，買い手は品質がわかりませんが，高品質の中古車が50台，低品質の中古車が50台あることを知っていますので，中古車

CHART 図3-6 情報の非対称性がある場合の均衡

価格(万円)

供給曲線

需要曲線

50
40

社会的余剰

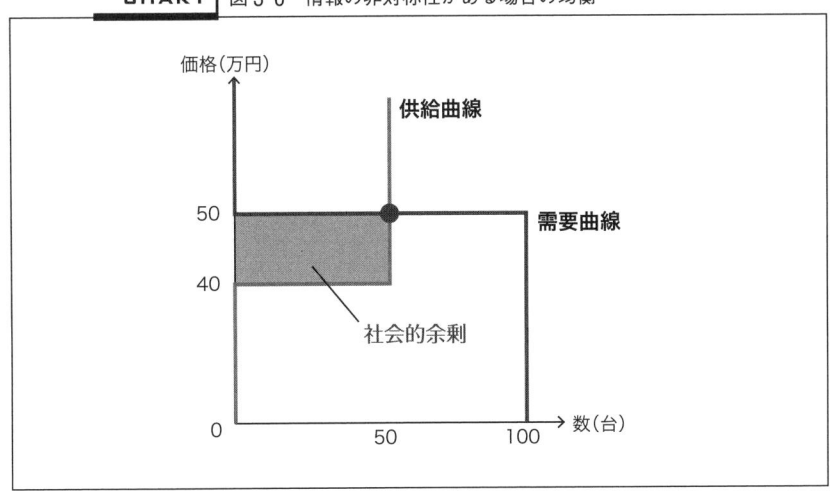

0　　　　50　　　　100　数(台)

を1台買えば確率1/2で高品質，確率1/2で低品質であると見積もります。したがって，買い手にとって品質のわからない中古車の価値は，期待値をとって，1/2×100万円＋1/2×50万円＝75万円と見積もります。すなわち，品質がわからなくても75万円までであれば払ってもよいと思うわけです。しかし，高品質の中古車は売り手にとって80万円の価値がありますので，75万円では売ろうとしません。したがって，高品質の中古車を持つ売り手たちは，この中古車市場からいなくなります。品質がわからないために高品質のものがなくなって低品質のものだけがはびこることは，しばしば「悪貨は良貨を駆逐する」とたとえられます。この言葉は「グレシャムの法則」と呼ばれるもので，硬貨1枚1枚に含まれる金や銀の量が異なると，人々は含有量の多いものを懐にしまって，少ないものをどんどん使おうとしますので，出回る硬貨はすべて含有量の少ないものになってしまうという経験則にもとづいています。

　買い手たちも，高品質の中古車が売り手にとって80万円の価値があることを知っていますので，75万円なら売ろうとしないこともわかります。すなわち，市場には低品質の中古車しか出回らないこともわかります。それなら，買い手たちは50万円までしか払おうとはしません。このとき，市場には低品質の中古車を持つ売り手50人と50万円までしか払おうとはしない買い手100人がいますので，需要曲線と供給曲線が図3-6のように描かれます。したがって，50万円という価格が付いて50台売買され，社会的余剰が500万円（＝(便

益 50 万円－費用 40 万円）×50 台）だけ生まれます。高品質の中古車が売買されなくなったため，情報が対称的である場合よりも社会的余剰が小さくなってしまいました。

情報の非対称性への対処の仕方

　高品質の中古車も売買されるようにするには，どうしたらよいでしょうか。1 つは，高品質の中古車を持つ売り手が自主的に対策をとることで解決される場合があります。「高品質ですよ」と口でいっても信じてもらえないかもしれませんので（何の費用もかけずにメッセージを送ることを**チープトーク**といいます），買い手に細かな情報を提供したり，試乗してもらったり，故障したら無料で修理することを約束したりすることが考えられます。情報を提供しなかったり試乗させなかったりすることは，低品質であることの証拠とみなされるかもしれません。また，無料で修理することは，買い手を安心させるだけでなく，いざ修理するとなると売り手は費用を負担しなければなりませんので，それを約束することは故障しにくいことの証拠となります（費用をかけてメッセージを送ることを**シグナリング**といいます）。

　自主的な対策では不十分であれば，政府が対策をとります。品質を見分ける技術を持った人に政府認定の資格を与えて，高品質であることをその人に保証してもらえるようにすること，品質を認定する専門機関を作って，そこで認められたらそこのシールを貼ることができるようにすること，買ってからでも一定の期間であれば返品することができるようにすること（クーリングオフ）などが行われています。

CHECKPOINT 14

- □ 情報の非対称性が存在すると，情報を持たない側は取引に慎重になり，取引量が減って社会的余剰が小さくなってしまいます。
- □ 高品質の財・サービスを扱う企業は，高品質であることを消費者に対して自主的に伝えようとします。それで不十分であれば，政府が品質を保証するための対策をとります。

6 騒　音

▶ コースの定理

隣の部屋の住人がうるさい

　技術的もしくは倫理的な理由で市場が作れない例として，あなたの隣の部屋の住人の生活音がうるさいという状況を考えましょう。もし「静かにしてもらう」というサービスの市場が存在するなら，隣の住人からそのサービスを買えばよいでしょう。しかし，静かにしてもらうというサービスは，売り手と買い手が限られます。北海道に住んでいる人が沖縄に住んでいる人に静かにしてもらっても効果はありません。いまの例では，買い手はあなた，売り手は隣の住人に限られます。すなわち，ここでの「静かにしてもらうサービス」は製品差別化されていて，あなたが買いたい「静かにしてもらうサービス」は，「あなたの隣の部屋で静かにするサービス」のはずです。その市場に参加する可能性があるのは，あなたと隣の住人だけです。そのような参加者の限られた市場がいちいち作られるのは難しいでしょう。仮に作られたとしても，隣の住人は「それほどうるさくしているつもりはないので，静かにする必要はない」といって，その市場に参加しないかもしれません。あなたも，「迷惑している自分がなぜお金を払って買わないといけないのか」と不愉快に思い，参加しないかもしれません。うるさくしてもよいのか，それとも静かにしなければならないのかがはっきりしていないために，あなたと隣の住人のどちらがお金を払うべき買い手になるのかがわからないのです。

権利を設ける

■**うるさくする権利**　うるさくしてもよいのか，それとも静かにしなければならないのかをはっきりさせるために，たとえば「うるさくする権利」を隣の住人に与えるとしましょう。すると，静かにしてもらうためには，あなたはこの権利を隣の住人から買い取らなければなりません。

　ここで，うるさくされることによってあなたがこうむる費用は 1 万円，うる

さくすることから隣の住人が得る便益は 5000 円であるとしましょう。うるさい状態で生まれる社会的余剰は − 5000 円（＝隣の住人の便益 5000 円 − あなたの費用 1 万円），静かな状態で生まれる社会的余剰は 0 円（＝隣の住人の便益 0 円 − あなたの費用 0 円）ですので，社会的余剰最大化の観点から，静かな状態が望ましいといえます。

このとき，あなたと隣の住人が「うるさくする権利」の売買にのぞめば，あなたは 1 万円以下の価格であれば買いたいですし，隣の住人は 5000 円以上の価格であれば売ろうとするでしょうから，1 万円と 5000 円の間の価格で売買が成立し，静かな状態が実現されます。たとえば 7000 円で売買が成立すれば，あなたはうるさくされるよりも 3000 円（＝負担せずに済んだ費用 1 万円 − 支払った額 7000 円）だけ費用を小さくできる一方，隣の住人はうるさくするよりも 2000 円（＝受け取った額 7000 円 − あきらめた便益 5000 円）だけ得をします。

■**静かにしてもらう権利**　逆に，「静かにしてもらう権利」があなたに与えられるとしましょう。隣の住人は，うるさくしたいならあなたからその権利を買い取らなければなりません。この場合には，あなたは 1 万円以上でないと売ろうとしない一方，隣の住人は 5000 円以下でないと買おうとしませんので，売買は成立しません。したがって，静かな状態が実現されます。

■**コースの定理**　このように，「うるさくする権利」が隣の住人に与えられる場合と「静かにしてもらう権利」があなたに与えられる場合のどちらでも，静かな状態が実現されて社会的余剰が最大になります。一般に，外部性が存在しても，外部性を発生させる権利もしくは発生させない権利のいずれかが，外部性を発生させている人にあるのか外部性をこうむっている人にあるのかさえ定めておけば，その権利の売買を通じて社会的余剰が最大になります。このことは，これを示した経済学者の名前をとって，**コースの定理**と呼ばれます。

さまざまな外部性についてそれぞれ誰に権利があるのかは，法律である程度定められています。とはいえ，万人が法律を熟知しているわけではありませんし，小さなもめごとであればわざわざ法律を持ち出そうとはしません。また，法律でもカバーし切れていなかったり曖昧だったりするケースも存在するでしょう。仮に権利の所在が明確であっても，権利をいくらで売買するかを交渉

するのは気まずかったり面倒だったりします。売買に伴うこのような費用は，**取引費用**と呼ばれます。取引費用が存在するために放置される外部性の問題も多いように思われます。

> **CHECKPOINT 15**
> ☐ 外部性が存在しても，誰に権利があるのかさえ定めておけば，その権利の売買を通じて社会的余剰が最大になります。このことはコースの定理と呼ばれます。
> ☐ さまざまな外部性について，それぞれ誰に権利があるのかは必ずしも明確ではなく，また権利の売買はしばしば取引費用を伴うため，解決されない外部性の問題も多いように思われます。

7 高速道路

　通常の市場では，企業が「自分が儲かるから」という理由で自主的に財の生産を行います。逆にいえば，その財を生産しても儲からないなら，どの企業も生産しようとはせず，市場が作られることはありません。

　企業にとっては儲からないけれど，消費者余剰まで含めると社会的余剰がプラスになる場合には，政府が生産します。高速道路はその一例です。企業が高速道路を作って通行料収入で儲けようとしても，高速道路を作るのに莫大な固定費用（土地の買収費用や道路の建設費用など）がかかりますので，採算がとれません。一方で，消費者たち（一般車両だけではなく商用車や運搬用トラックのドライバーたちも含みます）にとっては，もし高速道路がまったくなかったなら，少し遠いところへ行くだけでもかなりの時間と労力を要してしまうでしょう。

高速道路のモデル

　たとえば，ある区間に高速道路を作るのに 2200 万円かかるとしましょう。費用が安すぎるように感じられるでしょうが，これまでのモデルと同様に，できるだけシンプルに議論するための仮定です。さらに，ひとたび作ったら，車が何台通っても費用（道路の管理・補修や料金所の運営など）はかからないとしま

しょう(そのような財・サービスは「競合性がない」といいます。競合性については第4章で詳しく学びます)。

一方,この高速道路を1回通ると,

- 1500円の便益が得られる人が1万人,
- 1000円の便益が得られる人が1万人,
- 500円の便益が得られる人が1万人,

います。ただし,車1台に1人が乗り,各人は1回しか通らないとします。各消費者は1個だけ買いたいとした第2章のモデルと同様に,計算を簡単にするための仮定です。

この高速道路を作って通行料収入で儲けようとする企業は現れるでしょうか。この問いに答えるためには,まずは高速道路を作ったあと通行料をいくらに設定するかから考えなければなりません。作ったあとどれだけの通行料収入が得られるのかがわからないことには,そもそも作るべきか否かの判断ができないからです。

このように,時間の順序としては「作る」が先で「通行料収入を得る」があとですが,考える順番としては「通行料収入がいくらになるか」が先で「作るか否か」があとになります。時間の流れではあとのことからスタートして,現在に向かってさかのぼって考えることを**後ろ向き帰納法**(**バックワード・インダクション**)といいます。これは**ゲーム理論**という分野(第4章92ページのColumn ❸参照)で使われている用語ですが,私たちにとって目新しいものではなく,普段から(そこまで強く意識していないにせよ)用いられている考え方です。たとえば,就職活動をするときにも,その会社に就職したらどのような仕事をすることになるのかを調べてから(いわゆる企業研究),その会社に応募するか否かを決めるでしょう。以下では,後ろ向き帰納法に従って,通行料をいくらにするかから考えていきましょう。ただし,話を簡単にするため,この区間の高速道路サービスを供給する企業はほかになく,また政府に規制されることもなく,高速道路を作った企業が通行料を自由に決められるとします。

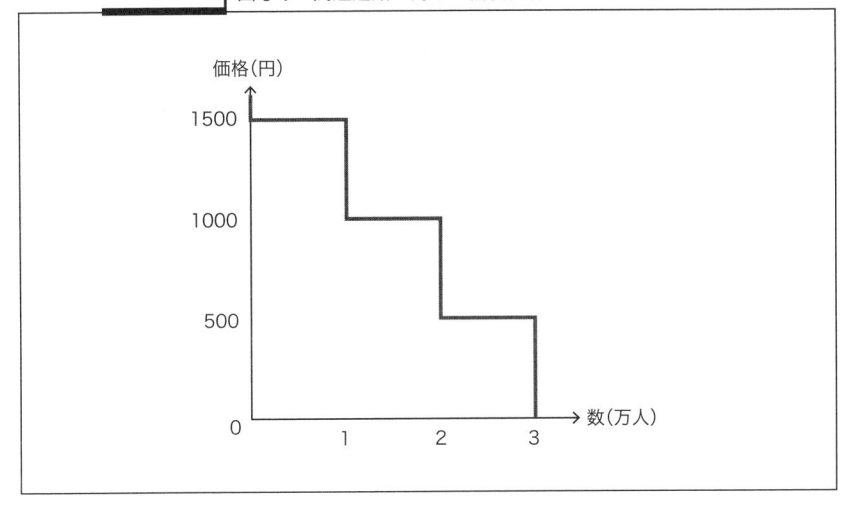

CHART 図3-7 高速道路に対する需要曲線

[グラフ: 縦軸 価格(円) 1500, 1000, 500。横軸 数(万人) 1, 2, 3。階段状の需要曲線]

この高速道路を作ったら儲かるか？

すでに2200万円かけて高速道路を作ったとします。この2200万円は、作ってしまったあととなっては取り返しようがありません。回収不可能な費用は**サンクコスト**と呼ばれます。サンクコストを嘆いても取り返しようがないのですから、それは無視して、これから先のどうにかなること、すなわち通行料をいくらに設定するかを考えます。

図3-7は、高速道路に対する上の3万人の人たちの需要曲線です。1500円の便益を得る1万人だけをターゲットとするなら、通行料を1500円にするのが通行料収入を最大にします。このとき、1500円×1万人＝1500万円の収入が得られます。2万人に利用してもらおうとするなら、1000円の便益が得られる1万人にも利用してもらえるように、通行料を1000円まで下げなければなりません。このとき、1000円×2万人＝2000万円の収入が得られます。3万人に利用してもらおうとするなら、500円の便益が得られる1万人にも利用してもらえるように、通行料を500円まで下げなければなりません。このとき、500円×3万人＝1500万円の収入が得られます。以上より、高速道路を作ったあと得られる通行料収入は、最大でも2000万円であることがわかります。通行料収入が建設費2200万円を下回りますので、赤字が出てしまいます。したがって、この高速道路を作ろうとする企業は現れません。

消費者余剰まで考えると

　利潤を最大にしようとする企業にとっては，通行料収入（生産者余剰）が建設費を上回ることが必要です。しかし，高速道路が作られることによって社会に生まれる余剰は，生産者余剰だけではありません。高速道路を利用する人たちも便益（消費者余剰）を得るからです。高速道路を作ったあと，生産者余剰と消費者余剰の合計（社会的余剰）を最大にしようとするなら，通行料は500円以下に設定して，500円の便益が得られる1万人にも利用してもらうのがよいでしょう。たとえば，通行料を400円に設定すると，3万人が利用して，400円×3万人＝1200万円の通行料収入が得られます。これだけでは建設費をまかなえませんが，加えて消費者余剰が，

$$(1500円-400円)\times 1万人+(1000円-400円)\times 1万人\\+(500円-400円)\times 1万人\\=1100万円+600万円+100万円\\=1800万円$$

だけ生まれます。消費者余剰と通行料収入を合計した社会的余剰は3000万円となり，建設費2200万円を上回りますので，社会的余剰最大化の観点からはこの高速道路を作ったほうがよいことになります。

　このように，

$$生産者余剰＜固定費用＜社会的余剰$$

という大小関係が成り立つ財・サービスの場合には，社会的余剰最大化の観点から供給したほうがよいものの，企業は供給しませんので，政府が生産することによって対処します。

■**将来世代にも建設費の一部を負担してもらう？**　高速道路のように，ひとたび作ってしまえば数十年にわたって使える財を生産する場合には，いま生きている人たちがどれだけの便益を得るかだけでなく，これから生まれてくる人たちも将来高速道路を利用して便益を得るであろうことも考慮しなければなりません。将来世代も便益を得るのであれば，その対価として，将来世代にも建設費

の一部を負担してもらうことが正当化できそうです。こうした世代間の費用負担の分かち合いの是非については，第10章で議論します。

> **CHECKPOINT 16**
> ☐ 固定費用が大きく企業は採算がとれないものの，社会的余剰最大化の観点から生産したほうがよい財・サービスは，政府が生産します。
> ☐ 公共施設を作るか否かを考えるときには，後ろ向き帰納法に従って検討します。

8　なめらかな需要曲線と供給曲線

　この章の最後に，需要曲線と供給曲線の描き方について，第4章以降のための準備をしておきます。同じ3人ずつの消費者と企業でも，各人が2個まで売買したい図3-2では，各人が1個だけ売買したい図3-1よりも，市場需要曲線も市場供給曲線も段差が細かくなって少しなめらかになりました。消費者や企業の数がもっと増えて，各人が売買したい個数ももっと増えれば，段差がさらに増えて曲線はもっとなめらかになります。さらに，各人が0.4個とか28.776個のように財を細かく分割して売買できるなら（たとえば，ひき肉を125gだけ売買できるなど），段差はつぶれてしまい，図3-8(1)のような段差のない市場需要曲線と市場供給曲線が描かれます。経済学のテキストや各種資格試験の問題でよく見るなめらかな曲線です（書き手にとって段差のある曲線を描くのは面倒ですし，読み手にとってもなめらかなほうがすっきりしていて見やすいので，段差を省略するという意図もあります）。

　図3-1の余剰をこのなめらかな曲線の場合で描き換えてみると，図3-8(2)のようになります。2つの図を見比べて下さい。第4章から，このなめらかな市場需要曲線と市場供給曲線が登場します。

CHART 図 3-8 消費者や企業の数と売買したい個数がもっと増えた場合

(1) なめらかな市場需要曲線と市場供給曲線

(2) 余剰の表され方

EXERCISE ● 練習問題

3-1 第4節では，大気汚染などの外部不経済を伴う財・サービスに対しては，政府がピグー税を課すことによって取引量を減らし，外部不経済を含めた社会的余剰を最大にできることを学びました。逆に，外部経済を伴う財・サービスの場合には，政府が生産や消費に対して補助金を与えることによって取引量を増やし，外部経済を含めた社会的余剰を最大にすることができます。実際に，そのような理由で補助金が与えられている財・サービスの例を挙げなさい。

3-2 表 3-1（59 ページ）の2個まで売買したいモデルを用いた議論の中に，第2章の表 2-1（27 ページ）の各人が1個だけ売買したいモデルでは説明できないことが含まれています（だからこそ，わざわざモデルを作り替えました）。それは何でしょうか。

CHAPTER

第4章

「みんなのもの」は不足する？

公共財と政府の役割

INTRODUCTION

　この章では，第3章までとは異なる性質を持つ財・サービスを扱います。第3章までは，次の2つの性質を満たす財・サービスを想定していました。1つは，お金を払わない人が消費するのを阻止することができるという性質です。もう1つは，誰かがそれを消費すれば，他の人はそれを消費できないという性質です。これらの性質の一方でも満たさない財・サービスは，市場で自由に取引させても望ましい取引量が実現されません。社会的に望ましい取引量を実現するには，政府はどのように対処すればよいかについて解説します。

1 さまざまな財の種類

排除性と競合性

　第2章と第3章では，市場で取引される財・サービスとして，リンゴや歯ブラシ，美容室で髪を切ってもらったりタクシーに乗せてもらったりするなどといった状況を想定していました。第2章と第3章ではあまり触れませんでしたが，これらの財・サービスは次の2つの性質を持っています。

　1つは，お金を払わない人が消費するのを阻止することができるという性質です。この性質は（第3章で触れられたとおり）**排除性**と呼ばれます。リンゴや歯ブラシはお店に並んでいて，お金を払わなければそれらを持ち帰ることができません。また，お金を払わなければ髪を切ってもらえませんし，タクシーにも乗せてもらえません。

　もう1つは，誰かがそれを消費すれば，他の人はそれを消費できないという性質です。この性質は**競合性**と呼ばれます。誰かがリンゴを食べてしまえば他の人はそのリンゴを食べられませんし，誰かが歯ブラシを買って帰ってしまえば，他の人がその歯ブラシを使うことはできません。また，美容室で誰かが髪を切ってもらっている間は同じ美容師さんに髪を切ってもらうことはできませんし，タクシーを止めようとして手を挙げたものの先客が乗っていたため自分の前を通り過ぎていったということもよくあります。

　表4-1のとおり，排除性と競合性の両方を持つ財・サービスは**私的財**と呼ばれます。何も断りがない限り，私たちが一般にイメージする財・サービスとは私的財のことでしょう。

　これらの性質の一方または両方が満たされない場合には，その財・サービスの自由な取引を認めても，社会的余剰は最大になりません。たとえば，財・サービスが排除性を持たないなら，お金を払わない人も自由に消費できてしまいますので，誰もお金を払って買おうとはしないでしょう。お金を払ってもらえないのであれば，企業もそのような財・サービスを生産して販売しようとはしませんので，その財・サービスを誰も消費することができません。すなわち，

CHART 表 4-1 排除性と競合性による財の性質の分類

		競合性	
		あり	なし
排除性	あり	私的財	クラブ財
	なし	共有地	公共財

その財・サービスが生産されたなら生まれたであろう社会的余剰が生まれずに終わってしまいます。したがって，そのような財・サービスのうち，供給されれば十分に大きな社会的余剰が生まれるものは，政府が何らかの形で市場に介入することによって供給を実現します。

共有地

　排除性を持たない財・サービスのうち，競合性を持つものは**共有地**と呼ばれます。この名称は，牧草地の話に由来します。特定の誰かの私有地ではない共有の牧草地（共有地）は，どの家も自由に家畜を放して草を食べさせることができますので，排除性を持ちません。また，どこかの家の家畜が草を食べてしまったら，他の家の家畜はその草を食べられませんので，競合性を持ちます。そのような共有地と同じ性質を持つ財・サービスという意味で「共有地」と名づけているのです。

　共有地の例として，漁業資源が挙げられます。海を泳ぐ魚は，獲ろうと思えばどの船も海に出て獲ることができます。そして，ひとたび獲ってしまえば，その魚は海からいなくなりますので，他の船はその魚を獲って消費することができません。

　共有地のうち，多くの人が自由に消費すると枯渇してしまいそうな財・サービスの場合には，政府が消費に制限をかけるための対策を講じます。漁業資源はその例です。漁業技術が未発達の時代には，海に船を出してもそれほど多くの魚は獲れなかったことでしょう。言い方を替えると，たくさん獲るには非常に大きな費用がかかってしまうという技術的制約が，排除性の役割を果たしていたと考えられます。そういう時代には，漁業資源の枯渇の心配がありません

1　さまざまな財の種類　●　81

ので，誰でも自由に魚を獲ってよいとして，たくさん消費して高い便益を得てもらうのが社会的余剰最大化の観点から望ましかったことでしょう。しかし，漁業技術が発達した現代では，大型漁船でたくさんの魚を獲ってくることができます。そういう現代に誰でも自由に魚を獲ってよいのなら，漁業の技術がある人は自分で，ない人も技術のある人に頼んで，みんなが競って魚を獲る結果，漁業資源が枯渇してしまいます。

そこで，漁業資源の排除性を人為的に生み出すために，魚を獲りたい人は政府から許可を得なければならないというルールを設けます。多くの場合，各漁港の漁業協同組合が漁業権を付与されています。漁業協同組合の人たちは，漁業資源が枯渇してしまったら漁師としての職を失いますので，枯渇しないように水揚げ量を抑えたり稚魚を放したりしながら漁業をするでしょう。排除性がないなら，そのようにして魚を増やしても他の人たちに獲られてしまいますが，漁業権が自分たちにあるなら，増えた魚は自分たちのものになりますので，魚を増やす努力をするインセンティブが生まれます。一方，漁業権を持たない人たちは，自由に魚を獲ることができませんので，漁業権を持つ人たちが獲ってきた魚をお金を払って入手しようとします。こうして魚の市場が形成されて，私的財と同様に取引されることが可能になります。

クラブ財

一方，排除性を持つものの競合性は持たない財・サービスは，**クラブ財**と呼ばれます。お金を払ってクラブに入れば消費させてもらえるものの，入らない人は消費させてもらえない財・サービスというイメージです。たとえば，パソコンにインストールして使うウィルス対策のソフトは，インストールの際にシリアル番号の入力と利用者登録を要求することで排除性を持たせていますが，誰か1人がソフトを使い始めたからといって他の人たちが使えなくなることはありませんので，競合性は持ちません。ソフトウェアを開発するには費用がかかりますが（固定費用），ひとたび完成すれば，あとはコピーするだけですから，追加の費用（限界費用）はほとんどかかることなく，たくさんの人が同時に使用することができます。第3章で取り上げた高速道路も，料金所を設けることで排除性を持たせていますが，他の車が走っていても自分が走れなくなることはありませんので，渋滞しない限りは競合性がないとみなせます。

■クラブ財は何が問題なのか　クラブ財の場合には何が問題なのでしょうか。クラブ財は競合性がないので、誰かが消費しても他の人が消費できなくなるということはありません。したがって、その財をひとたび生産したら、すべての消費者に消費させることが社会的余剰を最大にします。そのためには、価格をゼロに設定する必要があります。しかし、無料で供給すると固定費用のぶんだけ企業は損をしてしまいますので、ほかに理由がない限り、企業は価格をゼロにはしません。実際、クラブ財には排除性がありますので、正の価格を提示して、その価格を支払わない人には消費させないことが可能です。その結果、提示された価格よりも低い便益しか得られない人たちは消費することができず、社会的余剰が最大にならないのです。

■テレビ放送　このとき政府はどう対処したらよいでしょうか。たとえば、テレビ放送を考えてみましょう。テレビ放送は、番組制作には費用がかかりますが、ひとたび番組を制作してしまえば、観る人が増えたからといって他の人たちが観られなくなることはありません（競合性なし）。また、スクランブル（画像を乱してよく見えなくする処理）をかけて、視聴料を払っている人だけスクランブルを解除して観られるようにすることができます（排除性あり）。したがって、クラブ財といえます。

■幅広い層に支持されているチャンネル　あるチャンネルは、とても楽しみに観ている視聴者から、それほど熱心ではないものの何か番組を放送していれば観てそれなりの便益が得られる視聴者まで、幅広い層に支持されているとしましょう。そのようなチャンネルの需要曲線は、図 4-1 のような右下がりで横に長く伸びた形で表されます。需要曲線は、各視聴者が得る便益を高い順に左から並べて描かれますので、右下がりで横に長く伸びていることは、このチャンネルの番組を観ると正の便益が得られる人がたくさんいること、およびその便益の高さは（需要曲線の左端のいちばん高い人から右端のいちばん低い人まで）視聴者によってさまざまであることを表します。

　このとき、視聴料を p の高さに設定すると、もっとも濃いグレーの面積だけ社会的余剰の損失が生じます。「とても楽しみに観ている視聴者」（x より左の人たち）は視聴料 p をとられても観続けますが、「それほど熱心ではないもの

1　さまざまな財の種類　● 83

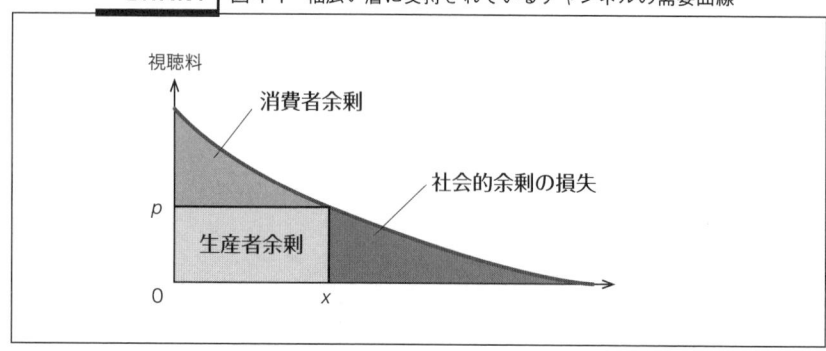

CHART 図 4-1　幅広い層に支持されているチャンネルの需要曲線

[図：縦軸「視聴料」、横軸。需要曲線の下に「消費者余剰」、価格 p の下に「生産者余剰」、x より右の領域に「社会的余剰の損失」が描かれている]

の何か番組を放送していれば観てそれなりの便益が得られる視聴者」（x より右の人たち）は観るのをやめてしまうからです。

　このようなチャンネルは，視聴料を無料にするというルールを政府が設けることによって社会的余剰を最大にできます。たとえば，NHK の放送を受信できる人は全員視聴料（受信料）を払うというルール（放送法および日本放送協会放送受信規約）が設けられています。「全員視聴料を払う」というルールは，「全員無料」というルールと同じ効果を持ちます。観るか観ないかの意思決定によって視聴料を払うか払わないかが決まるのであれば，視聴料ほどの便益が得られない人たちは観なくなりますが，いずれにせよ払わなければならないのであれば，無料の場合と同様に，少しでも便益が得られるなら観ようとするからです。

■**熱心なファンだけが関心を持つチャンネル**　　別のチャンネルは，一部に熱心なファンがいるものの，他の人たちはほとんど関心がないとしましょう。そのようなチャンネルの需要曲線は，**図 4-2** のような階段状の形で表されます（**図 4-1** との違いがわかりやすいように，極端に描きました）。熱心なファンが x 人いて，このチャンネルを観るとそれぞれ b の高さの便益が得られますが，他の人たち（x より右の人たち）は観ても便益はゼロです。このようなチャンネルは，視聴料を p の高さに設定しても，社会的余剰の損失が発生せず，社会的余剰は最大になったままです。熱心なファンは視聴料 p をとられても観続けますし，そうでない人たちは視聴料にかかわらず観ませんので，需要量が変わらないからです。BS や CS の有料チャンネルがこれに相当するといえるでしょう。このようなチャンネルは，無料にせずに民間に任せても社会的余剰が最大になります。

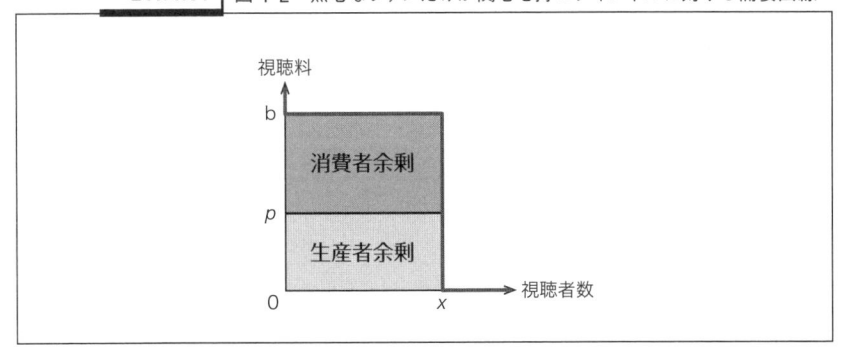

CHART 図4-2 熱心なファンだけが関心を持つチャンネルに対する需要曲線

```
視聴料
  ↑
  │
b ┼──────────┐
  │ 消費者余剰 │
  │          │
p ┼──────────┤
  │ 生産者余剰 │
0 └──────────┴─→ 視聴者数
             x
```

■**民間放送の地上波チャンネル**　民間の放送局が自主的に無料化することによって社会的余剰が最大になる場合があります。民間放送の地上波チャンネルがその例です。地上波チャンネルは，コマーシャルを放送することによって，さまざまな企業から広告収入を得ています。視聴を有料化すると，視聴料が入りますが，無料のときに比べて視聴者が減りますので，そのチャンネルの広告媒体としての価値が下がり，広告収入が減ってしまいます。どの企業も，コマーシャルを流して自社の製品を宣伝しようとするとき，視聴者の多いチャンネルであれば高いお金を払ってでも流したいですが，視聴者が少ないチャンネルに大金を払おうとは思わないからです。

そこで，視聴の有料化による視聴料収入の発生と視聴者減による広告収入の減少を比較して，有料化するか無料のままとするかを決めます。民間放送のチャンネルは複数あり，各企業はどのチャンネルでコマーシャルを流すかを選べますので，あるチャンネルで視聴者が減ると，コマーシャルの依頼が他のチャンネルに流れてしまい，そのチャンネルの広告収入は大幅に減少することが見込まれます。そのため，地上波チャンネルはスクランブルがかけられることなく，無料で放送されているのです。このように，収入を得る手段がほかにあって，そちらから得られる収入を大きくするには無料にしておくことが得策である場合には，クラブ財であっても自主的に無料で供給され，社会的余剰が最大になります。

公共財

排除性も競合性も持たない財・サービスは，**公共財**と呼ばれます。たとえば，消防というサービスを考えましょう。火事になってもお金を払わない人の家だ

け消火しないというわけにはいきませんので，排除性を持ちません。また，家の数が多少増えても，異なる場所で同時に火事が起こる確率は低いので，他の家の人たちが消火してもらえなくなるということもないでしょう（家の数が倍増すれば，いくらかの競合性が生まれそうですが）。

　公共財は，競合性を持ちませんので，漁業資源のように漁業権を一部の人たちに付与して排除性を持たせて過剰な消費を防ぐ必要はなく，消費したい人すべてに消費してもらうのが社会的余剰最大化の観点から望ましいといえます。そもそも，消防の場合，人の生死に関わりますし，周りの家に燃え移るのを防がないといけませんので，排除性を持たせるのは難しいでしょう。

■消防団　　公共財は，どのように供給するのが望ましいでしょうか。消防の例で考えていきましょう。各自治体には消防団があります。消防団員の人たちは，それぞれほかに本業を持ちながら消防活動を行っています。非常勤の特別職地方公務員という身分が与えられ，報酬を年当たり数万円，出動手当を1回ごとに数千円受け取っていますが（金額は自治体ごとに異なります），金額の小ささを考えると，ボランティアとみなすほうが実態を表しているように思われます。

■消防署　　ボランティアによってすべての消防活動が行われるのであれば，自治体は何もする必要がありません。しかし，消防団員たちには本業がありますので，24時間体制で火災に備えるのは難しいでしょう。消防団員の減少と高齢化も問題になっています。そこで，各自治体は消防署を設けて，消防を専門の仕事とする人たちを常勤の地方公務員として雇用します。

　次節以降では，この例をもとに公共財の供給について詳しくみていきます。

CHECKPOINT 17

- □ 排除性と競合性の有無によって，財の性質は私的財，共有地，クラブ財，公共財に分類できます。
- □ 共有地，クラブ財，公共財は，市場で自由に取引させても望ましい取引量が実現されないことがほとんどです。

2 公共財の自発的供給の難しさ

　消防の例のように、公共財は人々の自発的な参加によって供給されるとともに、自治体によっても供給されます。しかし、消防団員の減少が問題になっているように、人々の自発的な参加によってすべて供給されるのはなかなか難しそうですし、実際に難しいことがこれまでの研究で確認されています。

フリーライディング

■公共財の自発的供給モデル　人々が自発的に自分の時間を公共財の供給のために投入するかという問題は、次のようなモデルで表現されます。

　単純化のため、自治体に4人の住民（住民1、住民2、住民3、住民4）がいるとします。住民 i（$i=1, 2, 3, 4$）は、休みの日の24時間を、余暇の時間（趣味を楽しんだり家族と団らんしたりする時間）x_i と、消防活動の時間 y_i に割り振る意思決定をします。余暇の時間は、1時間につき1の便益を住民 i だけにもたらすとします。したがって、住民 i が余暇に x_i 時間を割り振れば、住民 i は $1 \times x_i = x_i$ の便益が得られます。一方、消防活動の時間は、1時間につき0.5の便益を4人全員にもたらすとします。消防活動は、それを行う本人にとっては余暇の時間を過ごすよりも便益が低いですが、火事が防がれたりすばやく消火できたりしますので、4人全員に便益をもたらすというわけです。したがって、各住民が消防活動に y_i 時間を割り振れば、1人ひとりは $0.5(y_1+y_2+y_3+y_4)$ の便益を得ます。

以上より，住民 i が余暇と消防活動から得る便益の合計は，

$$x_i + 0.5(y_1 + y_2 + y_3 + y_4)$$

と表されます。住民 i は，これを最大にするように x_i と y_i の時間を選びたいのですが，時間が24時間しかありませんので，

$$x_i + y_i = 24$$

を満たすように選ばなければなりません。

■**住民1の意思決定**　住民1の意思決定を考えてみましょう。i に1を代入すると，便益の合計は，

$$x_1 + 0.5(y_1 + y_2 + y_3 + y_4) \tag{1}$$

時間の制限は，

$$x_1 + y_1 = 24$$

となります。(1)式にある変数のうち，住民1が決められるのは x_1 と y_1 だけです。y_2, y_3, y_4 は住民2，3，4によって決められますので，住民1にはどうすることもできません。住民1は，どのような x_1 と y_1 を選ぶでしょうか。

仮に，4人全員が24時間すべてを消防活動に割り振るとしましょう。このとき，$x_1 = x_2 = x_3 = x_4 = 0$，$y_1 = y_2 = y_3 = y_4 = 24$ ですから，各住民の便益は，

$$0 + 0.5(24 + 24 + 24 + 24) = 48$$

となります。ここで，住民1だけが消防活動を1時間減らして余暇に充てると，住民1の便益は，

$$1 + 0.5(23 + 24 + 24 + 24) = 1 + 47.5 = 48.5$$

となります。消防活動を1時間減らすので0.5だけ便益が下がりますが，その1時間を余暇に充てますので1だけ便益が高まります。差し引き0.5だけ便益が高まることになります。

このように，1時間を消防活動から余暇に回すたびに0.5ずつ便益が高まり

ますので，自分の便益を最大にしようとするなら，住民1は24時間すべてを余暇に充てるのがよいことになります。実際にそうすることで，住民1の便益は，

$$24 + 0.5(0 + 24 + 24 + 24) = 24 + 36 = 60$$

に高まります。住民1は，他の住民たちの消防活動から36の便益を得つつ，自分は消防活動をせずに余暇から24の便益を得るのです。このように，自分では努力せずに他人の努力に乗っかって得をすることを**フリーライディング**（**ただ乗り**），そのようにふるまう人を**フリーライダー**といいます。

パレート効率性

4人全員が住民1と同じように考えるなら，誰も消防活動を行おうとはしません。その結果，$x_1 = x_2 = x_3 = x_4 = 24$，$y_1 = y_2 = y_3 = y_4 = 0$ が選ばれて，各住民の便益は，

$$24 + 0.5(0 + 0 + 0 + 0) = 24$$

となります。4人全員が24時間すべてを消防活動に割り振れば各住民は48の便益が得られるのに，どの住民もフリーライドする結果，各住民の便益が24に半減してしまいました。このとき，4人全員が24時間すべてを消防活動に割り振ったとき実現される状態は，4人全員が24時間すべてを余暇に割り振ったとき実現される状態に対して，**パレート優位**であるといいます。一般には，ある状態から，1人も便益を小さくすることなく誰かの便益が大きくなる状態に移ることができるとき，移ったあとの状態はもとの状態に対してパレート優位であるといいます。逆に，もとの状態は移ったあとの状態に対して**パレート劣位**であるといいます。そして，もとの状態からどのようにしてもパレート優位な状態に移ることができないとき，もとの状態は**パレート効率的**（または**パレート最適**）であるといいます。パレートとは，そのような効率性の概念を考え出した経済学者の名前です。

パレート効率性は，「ほかの誰の便益も下げることなく誰かの便益を高めることができるのなら，高めてやったらよいではないか」という発想から導き出される効率性の基準です。逆にいえば，「ほかの誰の便益も下げることなく誰

> **Column ❷　パレート効率性と社会的余剰最大化**
>
> 　パレート効率性と社会的余剰最大化という 2 つの望ましさの基準の間の関係を確認しておきましょう。社会的余剰は，各人が得た便益の和として計算されます（さらに費用がかかる場合には，各人が負担した費用の和を便益の和から差し引きます）。その計算では，便益の大きさを数字で表して，それを人々の間で足し合わせています。足し合わせるということは，ある人の便益と別の人の便益が，同じ単位で測れることを前提としています。このような前提を置くとき，「便益は**基数的**である」といいます。
>
> 　第 2 章でもそうしましたが，多く用いられている単位は金額です。A さんが 100 円の便益，B さんが 200 円の便益を得たなら，2 人あわせて 300 円の便益が発生したと計算します。もし A さんの便益が 200 円に増える一方，B さんの便益が 100 円に減ったなら，2 人あわせて 300 円のままですので，各人の便益が変化する前と社会的余剰は変わりません。言い換えると，増えた A さんの 100 円の便益と減った B さんの 100 円の便益は同じ価値を持っているのです。
>
> 　しかし，「便益」には，金銭的な得だけでなく，その人が感じる喜びや満足も含まれています。A さんが感じる 100 円ぶんの喜びと B さんが感じる 100 円ぶんの喜びは，同じとみなすことができるでしょうか。同じ「100」という数字で表現されても，人によって感じる喜びの程度が異なるなら，単純に 2 人足し合わせて 200 円ぶんの喜びが発生したと計算することはできません。さらには，A さんだけを考えても，200 円ぶんの喜びを感じるときは，100 円ぶんの喜びを感じるときの 2 倍の便益を得ているとみなすことはできるのでしょうか。「先ほどと比べて何倍の喜びを感じましたか」と質問されたら，あなたは正確に答えることができるでしょうか。先ほどより喜びが大きいか小さいかは答えられそうですが，「何倍か」と問われると返事をするのが難しそうです。このように，便

かの便益を高めることができるのにそうしていないのなら，その状態は望ましくない」と判定されます。多くの人が納得できる望ましさの基準だと思います。それゆえに，経済学をはじめとして，さまざまな社会科学の分野でこの基準を用いた議論が行われています。

■**公平性の概念は含まれていない**　注意していただきたいのは，パレート効率性には公平性の概念が含まれていないことです。例として，1000 円を 2 人で分けるという問題を考えましょう。2 人ともたくさんもらえるほどうれしい

益について，個人の中での大小関係は測ることができるものの，どの程度大きいかとか他人と同じ大きさかなどは測ることができないという前提を置くとき，「便益は**序数的**である」といいます。

さまざまな便益の大きさを数字の大きさで表すことができるなら，どちらの便益のほうが大きいかという大小関係も自動的に表されます。たとえば，Aさんの便益は状態aのとき1，状態bのとき2であると表現することができれば，そこにはAさんにとって状態bのほうが状態aより便益が大きいという大小関係も自動的に表現されていることになります。逆の見方をすれば，便益を基数的に表す場合には，便益の大小関係だけでなくどの程度大きいかも知らなければなりませんので，序数的に表す場合より多くの情報が必要となります。したがって，便益は基数的であるという前提を置いたときに示せることは，便益は序数的であるという前提を置いたときにも示すことができます。

社会的余剰の計算は，便益は基数的であるとの前提にもとづいています。一方，パレート効率性は，便益は序数的であるとの前提だけで定義して議論することができます。パレート効率的かどうかを判定するためには，ほかの誰の便益も小さくすることなく少なくとも1人の便益を高めることができるかという，便益の大小関係だけわかればよいからです。したがって，社会的余剰が最大になっていれば，その状態はパレート効率的です。逆に，パレート効率的だからといって，その状態が社会的余剰を最大にしているかはわかりません。それを確かめるためには，便益の大小関係だけでなく，どれだけ大きいかという程度に関する情報も必要だからです。

第5章で説明する「コンドルセ勝者」についての議論も，便益は序数的であるとの前提だけを置いていますので，第5章を読むときにこの**Column**を思い出してください。

（高い便益が得られる）のであれば，2人の受け取る金額の合計が1000円である限り，どのような分け方もパレート効率的であることになります。たとえば，500円ずつ分け合ったとすれば，一方を600円に増やそうとすると，他方を400円に減らさなければなりません。ほかの誰の便益も下げることなく誰かの便益を高めることができませんので，500円ずつ分け合うのはパレート効率的です。同時に，一方が1000円すべてをもらって他方が0円という分け方もパレート効率的です。0円の人を100円に増やそうとすると，1000円の人の取り分が900円に下がってしまうからです。

> **Column ❸　ゲーム理論の均衡概念**
>
> 　各住民が消防と余暇に何時間ずつ割り振るかという第 2 節で説明したモデルでは，他の住民たちがどのように割り振ろうとも，各住民にとって 24 時間すべてを余暇に割り振るのが，自分の便益を最大にするという意味で最適でした。このように，自分の便益を最大にする行動が他の人たちの行動に依存せずにただ 1 つ存在するとき，その行動をゲーム理論では**支配戦略**と呼びます（「支配」とは，「他の行動に勝っている」という意味合いです）。**ゲーム理論**とは，互いの行動が互いの利益に影響を及ぼし合う関係（**戦略的相互依存関係**と呼ばれます）を「ゲーム」として表現し，その中で人や組織がどのような行動をとり，どのような状態に落ち着くかを分析するための理論です。経済学をはじめとするさまざまな学術分野で用いられています。
>
> 　支配戦略が存在するなら，他の人たちの行動に関わらず，その行動をとると他の行動をとるより必ず大きな便益が得られます。したがって，とりうる行動の中にどの人にとっても支配戦略が存在するなら，全員がそれをとった状態で落ち着き，誰も行動を変えようとはしません。これまでの章で見たとおり，落ち着く状態は「均衡」と呼ばれますので，全員が支配戦略を選んで誰もそれを変えようとしない状態を**支配戦略均衡**と呼びます。支配戦略均衡は，第 7 章 177 ページの地域間競争の話でも出てきます。
>
> 　同様に，他の人たちの行動に関わらず，ある行動をとると他の行動をとるよ

　1000 円と 0 円という分け方もパレート効率的であると判定されてしまうことに不満を覚える人もいるかもしれません。そういう人は，どのような分け方が望ましいかという問題を考えるとき，公平性に関わる別の基準を持ってきて，パレート効率性とともにその公平性の基準も満たす分け方をみつければよいでしょう。ただし，何をもって公平とするかは人それぞれかもしれません。所得再分配の議論でも，高所得の人たちからどれだけ税をとって低所得の人たちに移転するのが望ましいかという問題は，論者によって意見がさまざまです。パレート効率性という概念は，人それぞれの価値観に依存する公平性という視点をあえて入れないことによって，多くの人に受け入れられる基準となったのです。

り大きな便益が得られるか，悪くても同じ大きさの便益が得られる場合，その行動は**弱支配戦略**と呼ばれます。「悪くても同じ大きさの便益が得られる」という部分が付け加わっているため，弱支配戦略をとると「他の行動をとるより便益が小さくなることはない」とはいえますが，「他の行動をとるより便益が必ず大きくなる」とはいえません。必ず大きくなるとは言い切れないという意味で「弱」という字が添えられています。弱支配戦略は，第6章140ページの選挙における候補者間競争の話で出てきます。

　以上の支配戦略は，「他の人たちの行動に関わらず」という条件が付いています。しかし，たとえばジャンケンでは，相手がグーを出すなら自分はパー，相手がチョキを出すなら自分はグー，相手がパーを出すなら自分はチョキを出すと勝てるという具合に，自分の最適な行動は相手の行動によって変化します。ある地域への出店を考える場合にも，ライバル企業が出店しないなら我が社は出店したほうがよいものの，ライバル企業が出店するなら我が社は出店をやめておいたほうがよいなど，相手の出方次第でこちらのとるべき行動も変わることでしょう。そのような場面では支配戦略が存在しませんので，意思決定が複雑になります。一般に，他の人たちの行動はもとのままであるとして，自分1人だけ行動を変えても得をしないため誰も行動を変えようとはしない状態を，**ナッシュ均衡**といいます。ナッシュとは，そのような均衡の概念を考えてゲーム理論の発展に貢献した経済学者の名前です。

実験室でフリーライディングを観察する

　上のモデルのように，各住民が自分の便益を最大にする行動とパレート効率的な結果を実現する行動が一致しない状況は ***n* 人囚人のジレンマ**（または，社会的ジレンマ）と呼ばれ，経済学だけでなく社会心理学などの分野でも研究が盛んに行われています。研究には，上のようなモデル分析もあれば，モデルで表された状況を実験室に再現して，実験参加者たち（大学生が多いですが，ほかにもさまざまな年齢，職業の人たちが参加しています）に意思決定をしてもらい，実際の人間がどのような選択をするかを観察するという方法もあります。

　経済を実験室で実験することは不可能に思えるかもしれませんが，実は1930年代には個人の選択に関する実験，1940年代には市場取引の実験が実施されています。その後，実験経済学と呼ばれる分野にまで発展し，その基礎の

確立に貢献したとして，2002 年にバーノン・スミスがノーベル経済学賞を受賞しました。

ただし，実験室で実際に 24 時間かけて消防活動をすることはできませんので，ほとんどの実験では，たとえば「240 円をプロジェクト A とプロジェクト B に割り振って投資してください。プロジェクト A に投資された金額は，そのままあなたに戻ってきます。プロジェクト B に投資された金額は，0.5 倍になって 4 人全員に戻ってきます」といったように，お金を割り振る意思決定の問題に置き換えています。そして，実際に戻ってきた金額が，実験参加のアルバイト代となります。

このような意思決定を 10 回繰り返すと，最初は手元にあるお金のうち半分くらいを公共財の供給のために出すものの，回が進むにつれて減っていき，最後は 15〜25％程度しか出さなくなることが観察されています。すなわち，フリーライディングが深刻になっていくのです。

このようなフリーライディングは，小さな共同体や自治体では，フリーライダーを他の人たちが罰する（注意をしたり嫌がらせをしたり？）ことによってこれまで防がれてきたと思われます。そこで，公共財の供給のために各人がどれだけお金を出したかが観察できて，かつ誰にでも罰を与えてよい（実験の運営者にいくらかお金を払えばその相手が得た金額を減らすことができる）という機会を実験に加えると，罰せられることを恐れてフリーライディングが減ることも観察されています。しかし，自分を罰した人に仕返しできる（罰し返す）機会を追加すると，仕返しを恐れて罰しにくくなる結果，フリーライディングが増えてしまうことも観察されています。フリーライディングを防ぐのはなかなか難しいのです。

CHECKPOINT 18

- □ 自分では努力せずに他人の努力に乗っかって得をすることをフリーライディング（ただ乗り），そのようにふるまう人をフリーライダーといいます。
- □ もとの状態からどのようにしてもパレート優位な状態に移ることができないとき，もとの状態はパレート効率的であるといいます。
- □ 公共財を人々の自発的な努力によって供給しようとすると，フリーライディングの問題が生じて，パレート劣位な状態が実現されてしまいます。

3 公共財の最適供給量

　上で見たとおり，4人の住民のうち誰かが1時間を消防活動に充てると，その住民にとっては0.5の便益にしかなりませんが，4人あわせれば2の便益になります。したがって，自分の便益だけを考えると，余暇を1時間減らして1の便益を失ってまで消防活動を行おうとは思いませんが，4人全体のことを考えれば，その1時間を消防活動に割り振るのが望ましいことになります。このことは自分の持っているすべての時間に当てはまりますので，すべての住民が24時間すべてを消防活動に割り振るのが望ましいことになります。「望ましい」というのは，パレート効率性の観点からだけでなく，ここでは社会的余剰（4人の便益の和）の最大化の観点からも望ましいことに注意してください。

限界変形率

　各住民にとっては24時間すべてを余暇に割り振るのがよいものの，4人全体にとっては消防活動に割り振るのが望ましいことは，経済学のいくつかの概念を用いると次のように説明できます。上のモデルでは，消防活動の時間を全体で追加的に1時間増やすためには，誰かが余暇の時間を1時間減らさなければなりません。言い方を換えると，消防活動という公共財の生産量を追加的に1単位（上のモデルでは単位を「時間」としています）増やすためには，余暇という私的財（余暇は，時間を与えられた人だけがその時間だけ楽しむことができるので私的財です）の生産量を1単位減らさなければなりません。ある財の生産量を追加的に1単位増やすために減らさなければならない他の財の生産量は，ある財の他の財に対する**限界変形率**と呼ばれます。限界変形率の「限界」は，第3章で触れたとおり，ある財の生産量を「追加的に」1単位増やすことを意味します。「変形」は，生産するものを他の財からある財に「変える」という意味合いです。いま考えている消防の問題では，消防活動の余暇に対する限界変形率は1であるという言い方ができます。限界変形率は，消防活動を追加的に1時間増やすことの費用の大きさを，減らさなければならない余暇の時間によって測ったものといえます。

限界代替率

便益についても同様に，消防活動を追加的に1時間増やすことによって得られる便益の大きさを，それと引き換えに減らしてもよい余暇の時間によって測ることができます。どの住民も，消防活動を誰かが追加的に1時間増やしてくれるなら，便益が0.5だけ増えます。同時に，自分の余暇を追加的に0.5時間減らされると，便益が0.5だけ減ります。便益が0.5だけ増えて，同時に0.5だけ減りますので，差し引きするともとの水準と変わりません。すなわち，どの住民も，消防活動を誰かが追加的に1時間増やしてくれるなら，余暇を0.5時間減らされても（もとの便益の水準と変わらないので）かまわないと思っていることになります。このとき，消防活動の余暇に対する**限界代替率**は0.5であるという言い方をします。限界代替率の「代替」は，余暇を消防活動に「代える，替える」という意味合いです。

限界変形率と限界代替率のいずれも，減らす余暇の時間を尺度としていますので，それらを比べることが意味を持ちます。一般に，比較は尺度が同じでないと意味を持たないことに注意して下さい（**Column ❷**にも同様の議論が出ています）。たとえば，1mと2kgのどちらが大きいかと問われても，長さの尺度で表されたものと重さの尺度で表されたものですから，比べることができません。1mと2mのように尺度が同じであれば，それらを比べて「1mより2mのほうが長い」ということに意味があります。

限界変形率と限界代替率を比べる

前述のように，消防活動の余暇に対する限界代替率が0.5であることは，消防活動を1時間増やしてもらえるなら余暇を0.5時間減らされてもよいと各住民が思っていることを意味します。一方，限界変形率が1であることは，消防活動を1時間増やすためには余暇を1時間減らさなければならないことを意味します。余暇を0.5時間なら減らしてもよいと思っているのに，1時間も減らさなければならないのであれば，誰も自分が消防活動を追加的に1時間増やそうとは思いません。このように，各住民が自分だけの便益を考えて自分の時間の割り振り方を決めると，どの住民も自分の24時間をすべて余暇に費やし，誰も消防活動を行わないというパレート効率的ではない結果に陥ってしまうの

です。以上の説明を短くまとめると，「どの住民にとっても消防活動の余暇に対する限界代替率が限界変形率を下回るので，誰も消防活動に時間を使おうとはしない」と表現できます。

　ここで，誰かが消防活動を行うと，それはその住民にとってだけではなく，4人全員に0.5の便益をもたらすことを思い出してください。したがって，誰かが消防活動を1時間増やしてくれるなら，4人全員が自分の余暇を0.5時間減らしてもよいと思うことになります。すなわち，4人あわせれば余暇を2時間（＝0.5時間×4人）減らしてよいということになります。一方，誰かが消防活動を1時間増やすとき，減らさなければならない余暇はその人1人の1時間です。したがって，4人あわせて考えれば，その1時間を消防活動に使ったほうが望ましいことになります。このことは誰のどの1時間についても当てはまりますので，4人全員が24時間すべてを消防活動に充てるのが望ましいことになります。以上の説明を短くまとめると，「住民たちの限界代替率の和が限界変形率を上回るので，全員のすべての時間を消防活動に充てるのが望ましい」と表現できます。

　以上のように，公共財の場合には，各人の限界代替率と限界変形率を比べるのではなく，すべての人の限界代替率の和と限界変形率を比べて望ましい供給量をみつけなければなりません。すべての人の限界代替率を足し合わせるのは，公共財はすべての人たちに便益をもたらすからです。一方，私的財の場合には，それを消費する1人にしか便益をもたらしませんので，その1人の限界代替率と限界変形率を比べて，その財をもう1単位生産して消費すべきかやめておくべきかを判断します。

サミュエルソン条件

　上の消防のモデルでは，各住民が消防活動に何時間充てていようとも，限界代替率は0.5，限界変形率は1で常に一定でした。その結果，

$$\text{各住民の限界代替率}(0.5) < \text{限界変形率}(1)$$

という大小関係が常に成り立ちますので，各住民は消防活動に時間を使いたがらない一方，

CHART 図4-3 限界代替率と限界変形率の関係

```
 2 ─────────────────────── 4人の限界代替率の和

 1 ─────────────────────── 限界変形率

0.5 ─────────────────────── 各住民の限界代替率

 0 ────────────────────→ 消防活動の時間の合計
```

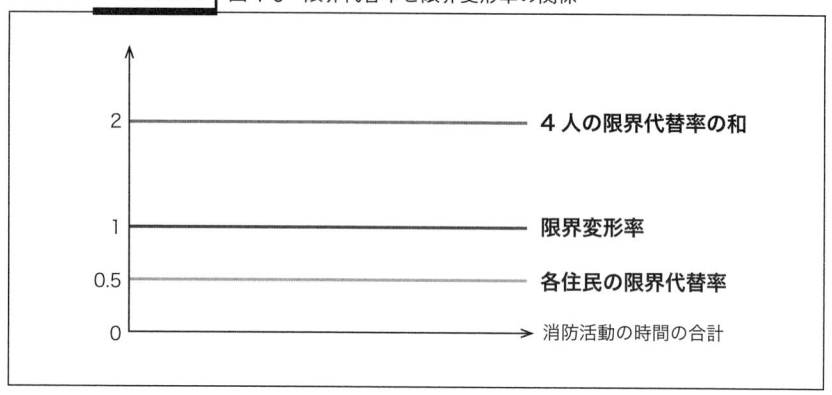

4人の限界代替率の和(2)＞限界変形率(1)

という大小関係が常に成り立ちますので，4人全体としてはすべての時間を消防活動に充てるのが望ましいことになります。

　4人の限界代替率の和，限界変形率，各住民の限界代替率の関係をグラフで表すと，**図4-3**のように描けます。限界変形率のグラフを基準として，それより限界代替率のグラフが下に位置する限りは，各住民は消防活動に充てる時間を減らそうとしますので，ここでは0時間となります。そして，限界変形率のグラフより4人の限界代替率の和を表すグラフが上に位置する限りは，消防活動に充てる時間を増やしたほうが4人全体としてはよいので，望ましいのはすべての時間を消防活動に充てることです。

■**限界代替率が逓減する場合**　上のような極端な結論が得られた理由は，消防活動に充てられた時間に関係なく，

各住民の限界代替率＜限界変形率＜4人の限界代替率の和

という大小関係が常に成り立つというモデルの設定にあります。しかし，消防活動の余暇に対する限界代替率が0.5のまま一定という仮定は，現実的ではないかもしれません。確かに，消防活動の時間は，増えれば増えるほど安心です。したがって，消防活動の時間数を増やしてもらうたびに，それと引き換えに各住民は余暇時間をいくらか減らしてもよいと思うでしょう。とはいえ，引き換えに減らしてもよいと思う余暇の時間は，消防活動の時間とともに変化してい

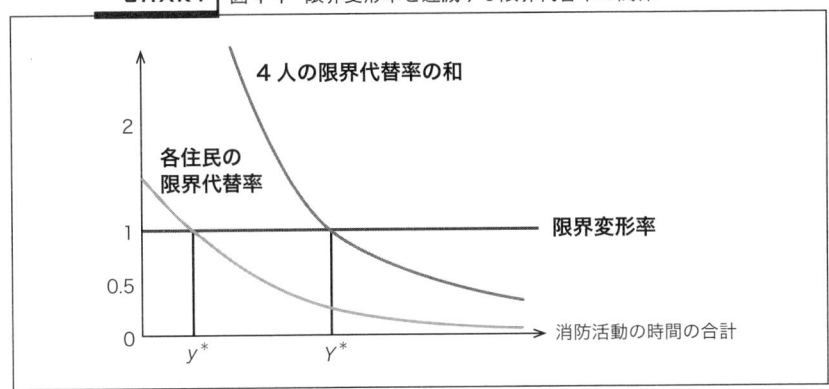

CHART 図4-4 限界変形率と逓減する限界代替率の関係

くものと思われます。たとえば，消防活動に充てられる時間が少ないときには，増やしてもらえると安心が大きく増しますので，それと引き換えなら余暇時間を大幅に減らしてもよいと思うかもしれません。ところが，消防活動の時間が増えるにつれて，だんだんとそのありがたみが低下していき，消防活動の時間があまりにも多くなると，そこまでしてもらってももうそれほど消防の効果は高まらないのではないか，という疑念も生まれてくるでしょう。そのため，消防活動の時間を増やしてもらうのと引き換えに減らしてもよいと思う余暇時間（消防活動の余暇に対する限界代替率）は，消防活動の時間が増えるにつれてだんだんと減っていくのが自然に思われます。

限界代替率がだんだんと小さくなっていく場合には，**図4-3**の各住民の限界代替率のグラフと4人の限界代替率の和のグラフは，**図4-4**のように修正されます。各住民の限界代替率のグラフが右下がりですので，それを4人ぶん足し合わせた4人の限界代替率の和のグラフも右下がりです。どちらのグラフも，住民4人の消防活動の時間の合計 $y_1+y_2+y_3+y_4$ が0に近い範囲では限界変形率のグラフより上，$y_1+y_2+y_3+y_4$ が大きい範囲では限界変形率のグラフより下に位置しますので，どこかで限界変形率のグラフと交差します。また，4人の限界代替率の和のグラフのほうが各住民の限界代替率のグラフよりも上に位置しますので，限界変形率のグラフとの交点は4人の限界代替率の和のグラフのほうが右に位置します。

はじめに，限界変形率を各住民の限界代替率と比べましょう。住民4人の消防活動の時間の合計 $y_1+y_2+y_3+y_4$ が y^* より小さいときには，各住民の限界代替率が限界変形率を上回っています。すなわち，消防活動を追加的に1時間増

3 公共財の最適供給量 ● 99

やしたときにそれと引き換えに減らしてもよいと思う余暇時間が，消防活動を追加的に1時間増やすために減らさなければならない余暇時間を上回っていますので，各住民は消防活動に充てる時間を増やそうとします。住民4人の消防活動の時間の合計が短いので，自分の余暇を減らしてでも消防活動の時間を増やして安心を高めたいという気持ちが強いと解釈できます。y^*より大きいときには，図4-3と同様に，各住民の限界代替率が限界変形率を下回っていますので，各住民は消防活動に充てる時間を減らそうとします。消防活動がある程度行われているので，自分の余暇を減らしてまで消防活動の時間を増やしたいとは思わないと解釈できます。その結果，住民4人で合計y^*時間が消防活動に割り振られます。

次に，限界変形率を4人の限界代替率の和と比べましょう。住民4人の消防活動の時間の合計$y_1 + y_2 + y_3 + y_4$がY^*より小さいときには，図4-3と同様に，4人の限界代替率の和が限界変形率を上回っています。すなわち，消防活動を追加的に1時間増やしたときにそれと引き換えに減らしてもよいと思う余暇時間の4人の合計が，消防活動を追加的に1時間増やすために減らさなければならない余暇時間を上回っていますので，消防活動の時間を増やすことが4人全体として望ましいといえます。Y^*より大きいときには，4人の限界代替率の和が限界変形率を下回っていますので，消防活動の時間を減らしたほうが4人全体として望ましいといえます。そこまで消防活動を行っても，失われる余暇を補えるほどの便益が4人足し合わせても生まれないのです。したがって，4人全体として最適な消防活動の時間は，4人あわせてY^*時間であることになります。一般に，公共財のパレート効率的な供給量は，

全員の限界代替率の和＝限界変形率

を満たす水準に決まります。この条件式は，それを導出した経済学者の名前をとって，**サミュエルソン条件**と呼ばれます。

■**端点解と内点解**　図4-3のように限界代替率が一定のときには，各住民によって選ばれる消防活動の時間の合計は0時間，4人全体として望ましい消防活動の時間の合計は24時間×4人＝96時間という極端な結果が得られましたが（選べる範囲の端っこが答えとなる場合を**端点解**といいます），ここではそれぞれ

y^*, Y^* というほどよい時間数が導出されました (選べる範囲の端っこ以外が答えとなる場合を**内点解**といいます)。そのような違いはあるものの,「各住民が自分の便益だけを考えて消防活動の時間を選ぶと, その合計は 4 人全体として望ましい消防活動の時間よりも短かくなってしまう」という結論は変わりません。

CHECKPOINT 19

- □ ある財の生産量を追加的に 1 単位増やすために減らさなければならない他の財の生産量は, ある財の他の財に対する限界変形率と呼ばれます。
- □ ある財の消費量を追加的に 1 単位増やしてもらえるなら減らしてもよいと思う他の財の消費量は, ある財の他の財に対する限界代替率と呼ばれます。
- □ ある財を公共財 (消防), 他の財を公共財の生産に必要なもの (余暇) として, 限界変形率と住民全員の限界代替率の和が等しくなる水準まで公共財が供給されると, パレート効率的な状態が実現されます。この条件をサミュエルソン条件といいます。

4 公共財を政府が供給するときの問題点

政府と人々の間の情報の非対称性

上のとおり, フリーライディングを防ぐのが難しく, 公共財が自発的には供給されない場合には, 政府が供給します。しかし, 第 3 章までの議論にも当てはまりますが, 政府がパレート効率的な公共財供給量 Y^* を選ぶためには, 公共財供給量に応じて人々の限界代替率の和および限界変形率がどのように変化するかを知らなければなりません。限界変形率は公共財を供給するための技術 (消防活動を 1 時間供給するために犠牲にしなければならない余暇は 1 時間であること) という目に見える情報ですので, 政府も入手するのが容易です。しかし, 限界代替率の和は人々の好み (消防活動を 1 時間供給してもらえるなら余暇を何時間減らしてもよいと感じるか) という目に見えない情報ですので, 政府にとって入手するのが困難です。1 人ひとりに「あなたは公共財が 1 単位増えるとどのくらいうれしいですか」と質問して回っても,「無限大にうれしいです」と嘘をいうかもしれません。公共財の供給のための費用を政府が負担してくれるなら, 公共財が多く供給されるほどうれしいため, 大げさに申告しようとするからです。

| **メカニズム・デザイン** |

　人々に公共財の好みを正直に申告させてパレート効率的な供給量を実現するにはどのような仕組み（メカニズム）を作ればよいかという問題は、**メカニズム・デザイン**と呼ばれる経済学の一分野で研究されています。各人の申告内容に応じて公共財供給量とその人の負担額が決まるようなメカニズムの中から、正直に申告するのが誰にとっても得になるものをみつけ出すのです。理論的にみつけ出されたメカニズムがうまく機能するかを実験室で検証する研究も行われていますが、公共財の自発的供給問題を解決する手段としては実用化に至っていません。現状では、1人ひとりから公共財に対する正直な好みを申告させることまではせずに、政治家や官僚が人々の声を聞きながら便益と費用を計算して、公共財を供給するか否かを決めているといえます。

　一方で、学生が進学する学校を選んだり医学部生が就職する病院を選んだりするための学生・医学部生と学校・病院を結びつける仕組み作りには、メカニズム・デザインの理論が応用されて実用化に至っており、**マーケット・デザイン**と呼ばれる一分野が形成されています。

CHECKPOINT 20

- □ 政府がパレート効率的な公共財供給量を選ぶためには、公共財供給量に応じて人々の限界代替率の和および限界変形率がどのように変化するかを知らなければなりません。
- □ 限界代替率の和は人々の好みという目に見えない情報ですので、政府にとって入手するのが困難です。ここでも情報の非対称性の問題が生じています。

5　地方公共財

　ある公共財から便益を得られる人たちの範囲が一部の地域に限られる場合、そのような公共財をとくに**地方公共財**と呼びます。公共財のうち、国防のように国全体に便益をもたらす公共財はむしろ少なく、多くは地方公共財に分類されます。上の消防の例も、その消防団が見回る範囲から外れた地区での火事ま

で防ぐことはできませんので，地方公共財に分類されます。ほかにも（混雑が生じない限り）公園や道路などが例に挙げられます。これらは，近くに住んでいる人たちには大きな便益をもたらしますが，遠くに住んでいる人たちは利用しにくいでしょう（交通費をかけて遠くから訪れる人たちもいるかもしれませんので，他の地域にまったく便益をもたらさないわけではありませんが）。

　地方公共財という概念をわざわざ持ち出す必要があるか否かは，私たちが社会のどこに着目して分析をしたいかに依存します。公共財の基本的な性質を学ぼうとする際には，わざわざ地方公共財という概念は出さずに，1つの地域に着目して，その中で公共財が最適な水準まで供給されるか否かを考えるのが明快です。あたかもその地域しかこの世の中には存在しない（その地域が社会全体である）とみなしてしまえばよいのです。一方，地域と地域が互いにどのような影響を及ぼし合うかを分析したい場合には，すべての地域に便益をもたらす公共財と，各地域でしか便益をもたらさない地方公共財を区別する必要があります。地域間の相互依存関係は，第7章でも別の観点から議論されます。

国が決めるか地方が決めるか？

　一国全体に便益をもたらす公共財の場合，供給量の決定権をいずれか1つの地域に与えると，他の地域のことは考えずに，その地域の住民たちが望む供給量を選ぶでしょう。それでは，一国全体としての社会的余剰が最大になりません。したがって，公共財の供給量は政府がすべての地域を見ながら決めるべきです。

　一方，地域の中でしか便益をもたらさない地方公共財の場合には，政府がどの地域も同じ水準に供給量を決めてしまうと，すべての地域がまったく同じ好みを持っていない限り，多すぎると感じる地域や少なすぎると感じる地域が出てきてしまうでしょう。したがって，地方公共財の供給量の決定権は各地域に与えて，地域ごとに決めてもらうのがよいでしょう。このことは**分権化定理**と呼ばれます。第3節で議論した消防も，すべての地域が満たすべき最低限の条件を政府が定めたら，それ以上どれだけ消防活動を行うかは，地域の実情を見ながら各地域の消防団が決めたらよいでしょう。

引っ越せばよい？

　地域ごとに好みが異なっているなら，全国一律よりも地域ごとに地方公共財の供給量が選ばれるのが望ましいですが，1つの地域の中でも住民たちの好みが異なっている場合には，「自分にとっては隣の地域の供給量のほうがうれしいのに」と不満を抱く住民も出てくるでしょう。そのとき，すでに持ち家を買ってしまっていたり，せっかく慣れたその地域での生活を変えたくなかったりすると，地方公共財に不満があってもその地域に住み続けるしかありません。一方，容易に引っ越すことができたり，これからどの地域に部屋を借りるか，もしくは家を建てるかを考えたりするなら，自分にとって望ましい量の地方公共財を供給している地域を選んで住むことでしょう。そのように地方公共財の供給量を見ながら居住地を選択することは，政策を見ながら候補者や政党を選んで投票する様子と似ていますので，**足による投票**と呼ばれます。足による投票が行われると，住民たちは自分の便益が大きくなる地域へと移動しますので，地域間の移動ができない場合に比べてパレート優位な状態が実現されます。

　居住地を自由に選べると，各地域にはその地域における地方公共財供給量の水準を好む人たちが集まって住むようになります。各地域が同じ好みを持った人たちで構成されるなら，好みの対立によるもめごとが起こらないので，その地域での政策の決定は容易そうです。しかし，現実にはそれほど簡単に移住できるわけではありません。上述のとおり持ち家があったり住環境を変えたくなかったりすることに加えて，勤労世代にとっては仕事の問題が重要です。その地域の会社に就職したら，そう簡単には離れられません。また，どうしても地域内で好みが対立する事項もあります。たとえば，ゴミ焼却場などの施設は，できれば自分の家から離れた場所に建ててほしいと多くの住民が思うかもしれません。その場合，どこに建てても誰かが不満を持つことになるでしょう（住宅地から離れた広大な土地がその地域内にあれば，全会一致でそこに建てることに決まりそうですが）。次章から始まる第2部では，みんなの間で好みが異なるとき，さまざまな選び方のルールのもとでどのような政策が選ばれるかを考えます。

CHECKPOINT 21

- □ 一国全体に便益をもたらす公共財は，政府がすべての地域を見ながら決めるのに対して，地方公共財は，政府が全国一律に供給量を決めてしまうのでなく，各地域がそれぞれ決めることで，パレート効率的な状態が実現されます。これを分権化定理といいます。
- □ 地方公共財の供給量を見ながら居住地を選択することは，足による投票と呼ばれます。足による投票が行われると，地域間の移動ができない場合に比べてパレート優位な状態が実現されます。

EXERCISE ● 練習問題

4-1 以下に挙げた財・サービスは，私的財，共有地，クラブ財，公共財の4つのうちどの種類に分類されるかを答えなさい。ただし，4つのうちの1つにぴったり当てはまる財・サービス，条件によってはいずれか1つにぴったり当てはまる財・サービス，1つに当てはめるのは難しく，2つの種類の間に位置づけられる財・サービスもあることに注意してください。

| 国防 | 警察 | 民間の警備会社による警備サービス | 救急車 |
| 駐車場 | 電車の優先座席 | 灯台 | きれいな景色 | 映画作品 |

4-2 第2節と第3節では，4人の住民がそれぞれ休日の24時間を余暇の時間 x_i（私的財）と消防活動の時間 y_i（公共財）に割り振るという問題を扱いました。その中で，図 4-4（99 ページ）では，消防活動の余暇に対する限界代替率が逓減する場合について，グラフを描いて議論しました。ここでは，数値例を考えましょう。どの住民の限界代替率も，

$$2 - \frac{1}{8}(y_1 + y_2 + y_3 + y_4)$$

という式で表されるとします。すなわち，4人の消防活動の合計時間 $y_1 + y_2 + y_3 + y_4$ が長くなるほど，限界代替率が小さくなっていきます（ただし，消防活動の時間が合計で 16 時間を超えたときには，限界代替率は 0 であるとします）。一方，消防活動の余暇に対する限界変形率は，消防活動の合計時間に関わらず，常に 1 のままです。各住民が自分の便益だけを考えるときに実現する消防活動の合計時間と，4人全体として望ましい消防活動の合計時間を求めなさい。

第 2 部

政府の役割と失敗

CHAPTER 5 みんなで決めるということ――民主主義と社会的意思決定
6 私たちの声は届かない?――間接民主制と選挙制度
7 政府は誰のもの?――政治家・官僚・利益団体

CHAPTER

第 5 章

みんなで決めるということ
民主主義と社会的意思決定

INTRODUCTION

市場の失敗に対してどのような策を講じればよいかがわかっていたとしても，政府は必ずしもふさわしい策を講じないかもしれません。なぜなら，政府もまたそれぞれの私的な利害を持った政治家たちの集まりですし，官僚や利益団体など政治家以外の人や組織も，政策の決定に影響を与えようとするからです。第 2 部では，そのような中で社会的に望ましい政策が選ばれるのはなかなか難しいこと，および政策がどのように歪められやすいのかを学びます。この章では，みんなで多数決によって何かを選ぼうとすると，社会的余剰が最大にならない選択肢が容易に選ばれうることを説明します。みんなで何かを選ぶことの難しさを理解します。

1 政治過程の分析

　従来の公共経済学は，これまでの章で議論したように，政府は社会的余剰の最大化を目指す1つの主体であるとして，市場の失敗にどのように対処したらよいかを分析してきました。それはいまでも公共経済学のメインテーマですが，それと同時に，「政府は社会的余剰の最大化を目指す1つの主体である」という前提を緩める研究が登場し，発展してきました。確かに，政府を担当する与党は，たくさんの政治家たちによって構成されています。各政治家は，自分の選挙区の有権者や自分を支持してくれる企業などの期待に応えようとしますし，自分自身も私的な利害関係や出世への野心を持っていることでしょう。また，議会で法案を通そうとすると，野党との議論を経て過半数の議員の賛成を得なければなりませんので，与党単独で過半数の議席を確保できていない場合には，野党の一部からも賛成が得られるように，法案の中身を修正しなければならないことがあります。そのような中で，果たして社会的余剰を最大にする政策は選ばれるのでしょうか（選ばれない場合を**政府の失敗**といいます）。そのような問題意識から，政策を決めるための政治過程にも研究の関心が向けられるようになりました。

　経済学による政治過程の研究は，広義の公共経済学に含まれますが，**政治経済学**とも呼ばれ，1つの学術分野と呼べる独自の発展を遂げています。中でも，公共選択論と呼ばれる分野は，政治学者とも連携して，実際の政治制度のもとで人々がどのように振る舞い，どのような結果が実現されているかを丹念に観察しようとします。社会選択論と呼ばれる分野では，数理モデルを駆使して，理論的に考えうるあらゆる政治制度の中からもっとも望ましいものをみつけ出そうとします。とくに，さまざまな選択肢に対する有権者たちの好み（経済学では**選好**という言葉を用います）に応じて，社会としてどの選択肢に何番目の優先順位を与えるか（この与え方を**社会的選択ルール**といいます）という選好の集計の問題は，社会選択論において多くの研究蓄積があります。第2部では，経済学の視点からさまざまな政治過程に迫ります。

CHECKPOINT 22

- □ 政治過程に原因があって社会的余剰を最大にする政策が選ばれないことを，政府の失敗といいます。
- □ 経済学による政治過程の研究は，広義の公共経済学に含まれますが，政治経済学と呼ばれる1つの学術分野として発展しています。

2 政治学と経済学

　政治過程は，伝統的には**政治学**が研究対象としてきました。経済学による政治過程の分析は，政治学による政治過程の分析と何が異なるのでしょうか。

　政治過程の重要な例として，選挙を取り上げましょう。**選挙**は，政治家として権力を振るう者たちを選ぶための手続きの1つであり，**民主制**（みんなで政治を行う仕組み）を採用する国々で採用されています。**権力**とは，他人に何かを強いる力のことです。私たちが強いられていることの例として，納税が挙げられます。政治家たちが法律を改正して税率を上げたら，国民はそれに従ってこれまでより多くの税金を納めなければなりません。納めないと脱税の罪に問われてしまいます。

　なぜ政治家たちは国民に対して権力を振るうことが許されるのでしょうか。それは，「政治家たちが権力を持つことは理に適っている」と国民が納得しているからです。理に適っていると納得するための根拠を**正当性**といいます。権力に正当性があるからこそ，それを振るわれることを国民は受け入れるのです。

政治学で選挙を見ると

　政治学における選挙研究では，権力の行使が受け入れられるのに十分な正当性を，各回の選挙が当選した政治家たちに与えることができたかに着目します。国民が納得する選挙を通じて政治家たちが選ばれるなら，国民はその政治家たちが権力を振るうことにも納得するでしょう。すなわち，その政治家たちが持つ権力に正当性が与えられるのです。

　国民が納得する選挙とは，どのような条件を満たす選挙でしょうか。条件はたくさんありそうですが，たとえば，①多くの有権者たちに支持された候補者

CHART 表 5-1 3人の有権者の便益

	有権者1	有権者2	有権者3	便益の和
候補者A	1	1	0	2
候補者B	0	0	3	3

が当選すること，②不正がないこと，③**投票率**（有権者のうち投票に行った人の割合）が低くないこと，などが挙げられます。支持されていない候補者が当選したり，不正があったり，投票に行く人がとても少なかったりしたら，当選した政治家たちが権力を振るうことを国民は受け入れにくいでしょう。

経済学で選挙を見ると

一方，第4章までで見てきたとおり，経済学は社会的余剰が最大になっているかに着目します。上の3つの条件に，経済学的な意義を与えていきましょう。

■**多くの有権者たちに支持された候補者が当選すること**　多くの有権者たちに支持された候補者が当選するなら，多くの有権者たちが便益を得ます。したがって，便益の和が大きくなって，社会的余剰も大きくなりそうです。

ただし，多くの有権者たちが便益を得ることが，便益の和を最大にするとは限りません。たとえば，**表5-1**のように，候補者が2人，有権者が3人いて，候補者Aが当選すると有権者1と有権者2は便益1，有権者3は便益0を得る一方，候補者Bが当選すると有権者1と有権者2は便益0，有権者3は便益3を得るとしましょう。有権者3人のうち2人（有権者1と有権者2）が候補者Aを好みますので，多数決であれば候補者Aが当選します。しかし，生まれる便益の和は，候補者Aが当選すると2，候補者Bが当選すると3です。1人1票の投票では，各有権者の票にその有権者がどちらの候補者を好むかが反映されますが，どの程度好むかは反映されません。すなわち，有権者3が候補者Bに投票したという事実からは，有権者3は候補者Aよりも候補者Bのほうを好むということはわかりますが，候補者Bの当選から3という大きな便益が得られることはわからないのです。

好む程度まで票に反映させることができれば，便益の和（したがって社会的余

剰）をより大きくすることができます。そこで，「定期的に開催される委員会において，議案への賛否を問う投票を繰り返すような場合」という制限が付きますが，新しい投票のルール（storable votes：和名が定まっていませんが，ここでは**貯蓄可能投票**と呼んでおきます）が最近の研究によって考えられています。各委員に複数の票を渡しておいて，実施される複数の投票のうちどの投票で何票使うかを自由に選んでよいとするルールです。各委員は，議案が可決されても否決されても便益があまり変わらない投票では票を使わずに貯めておいて，可否によって便益が大きく異なる議案の投票のときにそれらを一挙に投じることができます。上の例では，有権者3がそれまでに貯めておいたたくさんの票をその選挙で使うことにより，候補者Bの当選と便益の和の最大化が実現されます。

　もっとも，制限が付いているとおり，貯蓄可能投票を実際の選挙に応用するのは難しいと思われます。第1に，意思決定や票の管理が複数の選挙にまたがってしまい，複雑です。そもそも将来どのような選挙が行われるのかが予測できなければ，票を貯めておいたほうがよいのか，いま使ってしまったほうがよいのかが判断できません。次の選挙のために自分が何票残しておくかは，他の有権者たちが何票残しておきそうかにも影響されます（最後の選挙で票が残っているのが自分だけなら，自分の思いどおりの結果を実現することができます）。第2に，有権者たちは，必ずしも意図的にではなく，単に選挙に無関心であるために票を使わないこともあるでしょう。そのようにして持ち越された複数の票が次の選挙で一挙に投じられるなら，その選挙結果の正当性が問われそうですし，社会的余剰を最大にする選挙結果が実現されるのかが不安視されそうです。ほかのさまざまな投票のルールについてもこのあと議論しますが，いずれも長所と短所が併存しています。

■**不正がないこと**　不正は，陰に隠れて何らかの正しくないことが行われますので，それに費やされるお金も時間も労力も，社会にとって資源の浪費であると考えられます。また，不正があると，有権者たちに支持されない候補者が当選してしまう確率が高まるかもしれません。前者は費用を高め，後者は便益を低めますので，社会的余剰が小さくなってしまいます。

　このように，不正自体は望ましいものではありません。しかし，不正が間接的に社会的余剰を大きくするのに役立つことがあります。不正の発覚が悪い政

> **Column ❹ 票の売買の是非**
>
> 　**表 5-1** の例において，もし票の売買が認められるなら，有権者 3 は価格が 3 までならお金を払ってでも候補者 B を当選させたい（買いたい）一方，有権者 1 と有権者 2 は 1 だけお金がもらえれば候補者 A をあきらめて候補者 B を当選させてもよい（売りたい）ため，有権者 3 は有権者 1 と有権者 2 のいずれか一方から 1 以上 3 以下の価格で票を買って，その票と自分の票の計 2 票によって候補者 B を当選させることができます。実際，株式会社の株主総会では，株式の保有数に比例して票（議決権）が与えられますので，その企業の経営を自分の思いどおりにしたい株主は，他の株主たちから株式を買い集めて，その企業の株式発行総数の 50％超を保有しようとします。
>
> 　**表 5-1** の便益のみによって構築されるモデルの枠組みの中では，便益の和を最大化するという目的にとって，票の売買を認めることが 1 つの手段として機能します。しかし，実際の選挙において票の売買を認めるべきか否かを考えるときには，**表 5-1** には含められていない他の要素にも目を向けなければなりません。たとえば，票の売買を認めると，候補者たちは政策を訴えるのではなく，お金で票を買い集めようとするでしょう。その結果，政策とは無関係に，いちばんお金を配った候補者が当選するでしょう。そのようにして当選した政治家が国民に対して権力を振るうとしたら，正当性の観点から問題がありそうです。また，社会的余剰最大化の観点からも問題があります。候補者から有権者たちに配られたお金は，候補者から有権者たちに移動しただけですので，社会的余剰の大きさには影響しません。一方で，当選者は政策が評価されたわけではありませんので，選挙後の政策の決定と遂行において有権者たちは思わぬ不利益をこうむり，便益が損なわれるかもしれません。本文で議論された貯蓄可能投票は，票の売買を伴わないという条件のもとで社会的余剰を最大にする方法として考え出されたともいえます。

治家をみつけ出すための情報として働くケースです。たとえば，政治家には良い政治家と悪い政治家の 2 つのタイプがいるものの，見た目では有権者たちは区別できないとします。また，不正を働くといくらかの確率で発覚するとします。もしどちらのタイプの政治家も不正を働かないなら，有権者たちは良い政治家と悪い政治家を区別できません。しかし，悪い政治家だけが不正を働くのであれば，不正の発覚はその政治家が悪い政治家であることを教えてくれますので，有権者たちは次の選挙でその政治家を落選させることができます。「不

正により生じる現在の費用の増加や便益の減少」を「悪い政治家を落選させることによる将来の費用の減少や便益の増加」が上回るなら（なかなか上回りそうにないですが），ある程度の不正はむしろ望ましいとの結論が得られます。

■**投票率が低くないこと**　投票率が低くないことは，次の3つの点で便益を大きくすると考えられます。第1に，多くの有権者たちが投票に行くことは，少数の有権者にしか支持されていない候補者の当選を阻止して，多数の有権者たちから支持される候補者の当選をより確かなものにすることでしょう。また，その国の将来にとってどの候補者が望ましいのかが判断しにくいとき，多くの有権者がそれぞれ得た情報にもとづいて投票してくれれば，望ましい候補者を当選させることができる確率が高まるでしょう。第2に，投票に行くこと自体から「政治に参加できた」「国民としての責務を果たせた」などの心理的な便益が得られるかもしれません。第3に，1人ひとりの有権者が投票に行くことが，**間接民主制**（有権者たちに選ばれた政治家たちが政治を行う仕組み）の維持に貢献するかもしれません（外部経済）。

　一方で，各有権者は，投票に行くために時間や労力を費やすことに加えて，投票に行かなかったならできたであろう仕事や趣味ができなくなります（機会費用）。こうした**投票の費用**が上の3つの便益を上回ってしまうのなら（なかなか上回りそうにないですが），投票率はできるだけ低いほうが社会的余剰も大きくなるという結論が得られます（第6章では，投票の機会費用と年代別投票率の関係について議論します）。

提言をしようとするときの注意

　正当性の観点から不正や低投票率の良い側面を見出すことは難しそうですが，社会的余剰最大化の観点からは上のとおり可能です。ただし，あくまでも「良い側面もある」という指摘にとどまることに注意してください。ほとんどのケースでは，同時に悪い側面もあって，そちらの影響のほうが大きく，実際の選挙に対する提言としては「不正や低投票率が避けられるように対策を打つべきである」との結論に至るでしょう。重要なのは，私たちが社会的余剰最大化という観点から選挙を眺めることによって，その観点を知らなければ気づかなかったかもしれない不正や低投票率の一側面に気づくことができたということ

です。選挙に関わるさまざまな事柄に対する私たちの理解が深まったといえます。

CHECKPOINT 23

- □ 政治学における選挙研究では，選挙で当選した政治家たちが十分な正当性を得ているかに着目します。
- □ 経済学における選挙研究では，選挙を通じて社会的余剰が最大化されているかに着目します。

3 みんなで何かを選ぶことの難しさ

表 5-1 の例で示されたとおり，1 人 1 票の多数決では，社会的余剰が最大にならない選択肢が選ばれることがあります。第 4 章まで，「社会的余剰を最大にするには，政府は……という政策を実施すればよい」という議論をしてきました。しかし政策が，社会的余剰の最大化を目指す政府によって選ばれるのでなく，自分の便益を最大にしたい人たちによる多数決で選ばれるのであれば，それは容易ではないことがわかります。以下では，その「容易ではないこと」を掘り下げて議論していきます。

望ましい選択肢の基準

社会的余剰最大化という基準に代わって，もう少し満たされやすそうな望ましさの基準を考えてみましょう。表 5-1 の例において，候補者 A が当選することは，社会的余剰を最大にはしないものの，有権者たちの過半数に喜ばれるという意味では望ましい結果といえます。そこで，他のどの選択肢と比べても過半数の人たちから好まれる選択肢が選ばれることを望ましさの基準としてみましょう。そのような選択肢は，**コンドルセ勝者**と呼ばれます。コンドルセとは，そのような分析をした 18 世紀フランスの数学者の名前です。

コンドルセ法

コンドルセ勝者は，**コンドルセ法**と呼ばれるプロセスに従って選ぶことができます。はじめに，任意の 2 つの選択肢を比べて，有権者たちの過半数から好

まれるほうを勝ち残りとします。次に，勝ち残った選択肢と新しい選択肢を比べて，再び過半数から好まれるほうを勝ち残りとします。このプロセスを繰り返していって，最後に勝ち残った選択肢がコンドルセ勝者です。前掲の**表 5-1**の例では，候補者Aと候補者Bの2つしか選択肢がありませんので，それらを比べてプロセスはおしまいです。上で見たとおり，候補者Aが3人中2人（有権者1と有権者2）から好まれますのでコンドルセ勝者です。このように選択肢が2つなら，コンドルセ法でも多数決でも，コンドルセ勝者が選ばれます。

コンドルセのパラドックス

では，選択肢が3つあるとどうでしょうか。3つの選択肢A，B，Cに対して，3人の有権者1，2，3が**表 5-2**のような選好を持っているとしましょう。**表 5-1**では各候補者が当選したときに得られる便益の大きさを記していましたが，ここでは各選択肢を何番目に好きかだけ記しています。というのも，**表 5-1**を用いた議論のように便益の和が最大になる選択肢が選ばれるかを考えるのであれば，便益の大きさに関する情報が必要ですが，いま考えるのはコンドルセ勝者が選ばれるかですので，どちらの選択肢のほうが好まれるかという情報があれば十分だからです。

はじめに，コンドルセ法を用いるとどの選択肢が選ばれるかを確認しましょう。どの2つの選択肢から始めてもかまいませんが，まずはAとBを比べてみましょう。有権者1と有権者3がA，有権者2がBを好みますので，Aが過半数から好まれます。そこで，次にAとCを比べます。有権者1がA，有権者2と有権者3がCを好みますので，Cが過半数から好まれます。そこでさらに，CとBを比べると，有権者1と有権者2がB，有権者3がCを好みますので，Bが過半数から好まれます。しかし，すでに確認したとおり，BとAを比べると，Aが過半数から好まれます。このように，各有権者の選好は「XよりYが好きでYよりZが好きならXよりZが好き」という性質（これを**推移性**といいます）を満たすものの，全体としては「BよりAが好まれてAよりCが好まれるならBよりCが好まれる」とはならない（推移性を満たさない）ことを，**コンドルセのパラドックス**といいます。有権者たちが**表 5-2**のような選好を持っている場合には，コンドルセ勝者が存在しませんので，コンドルセ法を用いるとコンドルセのパラドックスが生じてしまい，どの選択肢も選べずに

CHART 表5-2 3つの選択肢に対する有権者の選好の順位

	有権者1	有権者2	有権者3
1番目	A	B	C
2番目	B	C	A
3番目	C	A	B

終わってしまいます。

絶対多数決と相対多数決

　表5-2の例において，多数決ならどの選択肢が選ばれるでしょうか。実は，多数決には絶対多数決と相対多数決の2つの種類があります。選択肢が2つのときにはこれらは違いがないため区別する必要がありませんでしたが，3つ以上のときには区別しなければなりません。

　絶対多数決では，有権者たちの過半数から好まれる選択肢が選ばれます。いちばん多くの有権者たちから好まれる選択肢でも過半数には達しない場合は，どの選択肢も選ばれることなく投票を終えます。過半数から好まれる選択肢がない場合にはどの選択肢にも決定せずに終えてしまうほど，絶対多数決は過半数から好まれることを強く重んじるルールであると解釈することができます。

　そのような問題を避けて，必ずいずれかの選択肢が選ばれるようにルールが作られているのが相対多数決です。**相対多数決**では，いちばん多くの有権者たちから好まれる選択肢が選ばれます。その選択肢を好む有権者たちの数が過半数に達するか否かは問いません。表5-2の例では，どの選択肢も1人の有権者から1番目に好まれていますので，3つの選択肢が1位に並びます。その場合には，いずれか1つがランダムに選ばれます。コンドルセ勝者が存在するならそれが確率1で選ばれてほしいですが，**表5-2**の例ではコンドルセ勝者が存在しませんので，3つの選択肢が確率1/3ずつで選ばれるのも悪くはなさそうです。

■**有権者数が増えると**　　しかし，有権者の数がもっと増えると，コンドルセ勝

CHART 表5-3 有権者が7人に増えた場合

	有権者1	有権者2	有権者3	有権者4	有権者5	有権者6	有権者7
1番目	A	A	A	B	B	C	C
2番目	B	B	B	C	C	B	B
3番目	C	C	C	A	A	A	A

者が存在しても相対多数決ではコンドルセ勝者が選ばれないという問題が生じえます。**表5-3**の例では，有権者数が7人に増えています。選択肢A，B，Cはそれぞれ有権者3人，2人，2人から1番目に好まれているので，相対多数決ではAが選ばれます。しかし，コンドルセ勝者はBです。実際，AとBを比べるとAが3人，Bが4人から好まれますので，Bが勝ち残ります。そこで，BとCを比べるとBが5人，Cが2人から好まれますので，Bが勝ち残ります。

ここでさらに問題なのは，AはBとCのどちらと比べても有権者の過半数から嫌われていることです。そのような選択肢は，**コンドルセ敗者**と呼ばれます。実際，有権者の過半数（有権者4，5，6，7）にとってAは最下位の選択肢です。相対多数決では，コンドルセ勝者が選ばれないどころか，コンドルセ敗者が選ばれてしまうのです。

ボルダ方式

相対多数決の問題点は，何人の有権者から1番目に好まれているかだけしか情報として利用されないことです。1番目でない限りは，2番目に好まれているか3番目に好まれているかは結果に影響しないのです。そこで，2番目か3番目かという情報も結果に反映されるルールとして，ボルダ方式を考えましょう。ボルダとは，そのルールを考えた18世紀フランスの数学者の名前です。

ボルダ方式では，選択肢が3つの場合，各有権者は1番目に好きな選択肢に2点，2番目に好きな選択肢に1点，3番目に好きな選択肢に0点を与えます。与えられた点数の合計がいちばん大きい選択肢が選ばれます。**表5-3**の例では，選択肢A，B，Cがそれぞれ6点，9点，6点を獲得しますので，Bが選ばれま

CHART 表5-4 ボルダ方式でコンドルセ勝者が選ばれない場合

	有権者1	有権者2	有権者3	有権者4	有権者5
1番目	A	A	B	B	B
2番目	C	C	A	A	A
3番目	B	B	C	C	C

す。コンドルセ敗者が選ばれるのを阻止して，コンドルセ勝者を選ぶことができました。

スロベニアの国民議会では，人口が少ないハンガリー系の国民とイタリア系の国民の代表枠としてそれぞれ1議席が設けられており，議員をボルダ方式で選んでいます。また，メジャー・リーグ（アメリカのプロ野球）の最優秀選手を決める記者投票では，ボルダ方式の変形版が用いられています。1番目に優秀だと思う選手に14点，2番目に優秀だと思う選手に9点，以下は1点ずつ小さくなっていく，という具合に，1番目と2番目の間に5点の差を設けています。

しかし，ボルダ方式でもコンドルセ勝者を選ぶことができない場合があります。**表5-4**の例では，有権者5人のうち3人から1番目に好まれているBがコンドルセ勝者です。相対多数決でも絶対多数決でもBが選ばれます。一方，ボルダ方式で選択肢A，B，Cの点数を計算すると，それぞれ7点，6点，2点でAが選ばれます。上で述べたとおり，ボルダ方式では各有権者から1番目に好まれているかだけでなく，2番目に好まれているか3番目に好まれているかも結果に影響します。Bは有権者1と有権者2からもっとも嫌われているため，その2人からは点数をもらえません。このことがBの合計点を低く抑えています。Aを一番目に好むのは2人だけですが，それ以外の3人からも2番目に好まれていますので1点ずつもらえます。この3点の影響が大きく，合計点でBを上回るのです。1番目に好まれることが重要である多数決と違って，ボルダ方式では1番目でなくてもそれなりに好んでもらうことが重要なのです。

3 みんなで何かを選ぶことの難しさ ● 119

CHECKPOINT 24

- □ 他のどの選択肢と比べても過半数の人たちから好まれる選択肢をコンドルセ勝者といいます。
- □ 「XよりYが好きでYよりZが好きならXよりZが好き」という性質を推移性といいます。
- □ 各有権者の選好は推移性を満たすものの，投票の結果が推移性を満たさないことをコンドルセのパラドックスといいます。
- □ 多数決でもボルダ方式でも，コンドルセ勝者が選ばれない場合があります。

4. アローの不可能性定理

　有権者たちのいろいろな選好を考えると，どのルールでもコンドルセ勝者を選べなかったり，どの選択肢にも決められずに終わってしまったりするなどの問題が生じることが見て取れました。さらに一般に，有権者たちの選好を集計して選択肢の間に社会としての順位をつけることがいかに難しいかを示した定理として，経済学者アローによる**不可能性定理**があります。不可能性定理では，3つ以上の選択肢を想定して，推移性を満たす社会的選択ルールを考えます。推移性が満たされないと，コンドルセのパラドックスのように，選択肢の間に社会としての順位をつけることができないからです。ただし，複数の選択肢が同じ順位を与えられてもかまいません。不可能性定理が明らかにしたのは，次の4つの性質を同時に満たす社会的選択ルールをみつけるのは不可能であるということです。

■選好の非限定性　　1つめは，**選好の非限定性**です。これは，選択肢に対して特定の選好を持った有権者たちの集まりを想定して社会的選択ルールを考えるのではなく，有権者たちがどのような選好を持っていても機能する社会的選択ルールを考えようということです。選好の非限定性を満たさなくてよいのであれば，選択肢の間に社会として順位をつけるのに都合のよい選好を持った人たちだけを有権者として認定し，そうでない人たちの選好は考慮しないというやり方が許されることになります。

CHART 表5-5 ボルダ方式でCに対する選好の変化が
AとBの順位関係に影響を与える場合

	有権者1	有権者2	有権者3	有権者4	有権者5
1番目	A	A	B	B	B
2番目	C	C	C	C	C
3番目	B	B	A	A	A

■**パレート性**　2つめは，**パレート性**です。これは，すべての有権者がAよりBを好むなら，社会としてもAよりBに高い順位を与えることを意味します。Aに対してBはパレート優位であるどころか，全員がAよりBを好んでいるという状況において，社会としてあえてAのほうに高い順位を与える理由をみつけるのは難しいでしょう。

■**独立性**　3つめは，**独立性**です。これは，任意の2つの選択肢の間に社会としてどのような順位を付けるか（どちらを上位としてどちらを下位とするか）は，それら2つの選択肢に対して有権者たちがどのような選好を持っているかだけに依存して決められるとし，他の選択肢には影響されないことを意味します。
　たとえば，前掲の**表5-4**の例では，ボルダ方式のもとでAとBを比べると，Aが7点，Bが6点なので，社会としてAがBより上位に位置づけられます。ここで，有権者3，4，5の選好において，**表5-5**のようにCがAより上位に位置づけられるようになったとしましょう。Cの順位がこのように変わっても（そのためAの順位が下がっても），AとBとの間の関係（どちらが上位か）はどの有権者の選好においても影響されません。しかし，Cの順位が上がったあとのAとBの点数を計算すると，Aが4点，Bが6点ですので，社会としてBがAより上位に位置づけられることになります。社会としてのAとBの順位の関係がCによって影響されますので，ボルダ方式は独立性を満たしません。

■**非独裁性**　最後に，**非独裁性**です。他の有権者たちの選好がどのように変わっても，ある特定の有権者の選好と同じ順位が社会として常に選ばれるなら，その有権者は独裁者であるとみなされます。すなわち，「他の有権者たちの選

好は，社会として選択肢の間の順位を決めるのにまったく影響しない」というわけです。非独裁性は，そのような独裁者が存在しないことをいいます。

　これら4つの性質は，いずれも民主制を採用する社会において満たされるのが望ましいと思われます。しかし，不可能性定理によると，そのような自然な性質を4つ要求しただけで，すべてを同時に満たすルールをみつけることはできなくなってしまうのです。

CHECKPOINT 25

> □ 不可能性定理は，選択肢が3つ以上のとき，推移性を満たす社会的選択ルールの中から，選好の非限定性，パレート性，独立性，非独裁性の4つを同時に満たすものをみつけるのは不可能であることを明らかにしています。

5　中位投票者定理

　不可能性定理により，4つの性質を同時に満たす社会的選択ルールをみつけることはできませんが，いずれか1つが満たされないことを許容するなら，他の3つの性質をすべて満たす社会的選択ルールをみつけ出すことができます。いちばん多く許容されているのは，選好の非限定性が満たされないことです。ありうるすべての選好を想定して社会的選択ルールを議論するのでなく，選好を限定して議論するのです。いちばん広く受け入れられて，政策の決定を伴うさまざまな分析に用いられている選好は，一次元の政策空間において単峰性を満たす選好です。

一次元の政策空間と選好の単峰性

　一次元の政策空間とは，複数ある政策（選択肢）の対立軸は1つであり，すべての選択肢を数直線上に並べられることを意味します。たとえば，町内の消防活動にどれだけの予算を充てるかという問題を考えましょう。この問題における選択肢は，0円から予算全額までの整数ですので，数直線上に並べることができます。

CHART 表5-6 消防活動に充てる予算額と有権者の便益

	0円	1000万円	2000万円	3000万円	4000万円	5000万円	6000万円
有権者1	**6**	5	4	3	2	1	0
有権者2	5	**6**	5	4	3	2	1
有権者3	4	5	**6**	5	4	3	2
有権者4	2	4	6	8	10	**12**	10
有権者5	0	2	4	6	8	10	**12**
便益の和	17	22	25	26	27	28	25

　この町内には5人の有権者がいて，各人はいくら充てるかに応じて**表5-6**のような便益が得られるとしましょう。ただし，モデルをできるだけ単純にするために，0円から6000万円までの7つの選択肢しかないとしています。また，選択肢を数直線上に並べられることを明示するため，予算額を列のほうに配置して表を作成しました（これまでの表では行に選択肢，列に有権者を配置していました）。有権者1，2，3，4，5が1番目に好む選択肢（これを**至福点**といいます。理想点や飽和点と呼ばれることもあります）は，それぞれ0円，1000万円，2000万円，5000万円，6000万円（各有権者にとっていちばん大きな便益が得られる金額）です。どの有権者も，至福点から離れれば離れるほど便益が低下しています。このとき，各有権者の選好は**単峰性**を満たすといいます。

■**グラフで表すと**　単峰性という名称が用いられている理由は，各有権者の選好をグラフで表してみるとわかります。**表5-6**をグラフで表すと，**図5-1**のようになります。横軸には消防に充てる予算額，縦軸にはそれぞれの予算額に応じて各有権者がどれだけの便益を得るかをとっています。有権者2，3，4のグラフを見ると，山のてっぺん（峰）が1つ（単）だけあります。有権者1のグラフは，山ではなく右下がりの直線です。これは，0円より少ない予算額は選択肢にないため，グラフを0円より左に伸ばすことができないからです。有権者5のグラフが右上がりの直線になっているのも，6000万円より大きな金

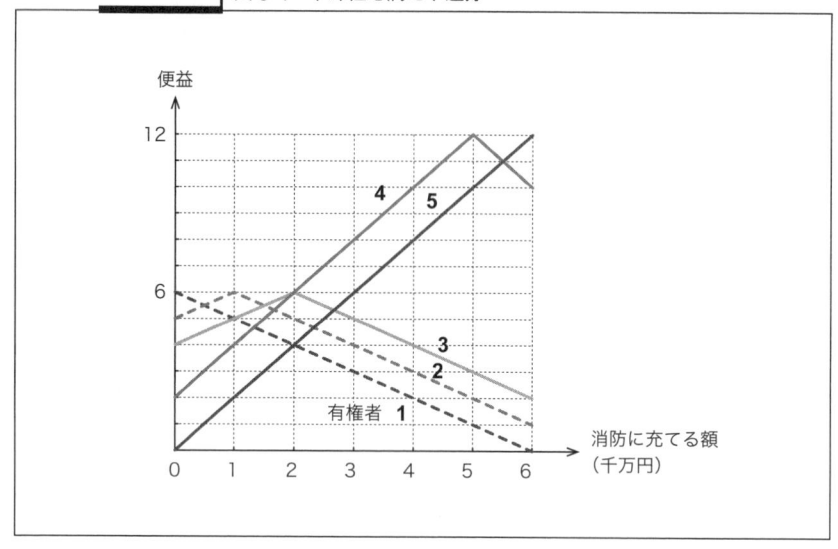

CHART 図 5-1 単峰性を満たす選好

額が図に含まれていないからです。それでも，至福点から離れれば離れるほど便益が低下していくという単峰性の定義を満たしています。山になっているか右下がりもしくは右上がりの直線になっているかにかかわらず，上にとがっている個所が1つなら単峰性を満たすのです。

真ん中で決まる

すべての有権者の選好が単峰性を満たすとき，至福点が有権者全体のちょうど真ん中（中位）に位置する有権者（**中位投票者**と呼ばれます）の至福点が，コンドルセ勝者となります。このことは**中位投票者定理**と呼ばれており，次のように示すことができます。

図5-1の例では，有権者3が中位投票者ですので，コンドルセ法に従って，有権者3の至福点2000万円を他の4人の有権者たちの至福点と1つずつ比べていきます。はじめに，2000万円を有権者1の至福点である0円と比べましょう。いうまでもなく，有権者3は自分の至福点である2000万円を0円よりも好みます。2000万円より右側に至福点がある有権者4と5も，0円より2000万円のほうが自分たちの至福点に近いので，2000万円のほうを好みます。したがって，2000万円が過半数（5人中3人以上）の有権者たちから好まれます。同様に，有権者2の至福点である1000万円と比べても，有権者3，4，5

は2000万円のほうを好みます。一方，2000万円より大きな予算額（3000，4000，5000，6000万円）と比べると，今度は2000万円より左側に至福点のある有権者1と2が2000万円のほうを好むようになります。

このように，中位投票者の至福点をそれより左（右）側に位置する選択肢と比べると，中位投票者自身に加えて，それより右（左）側に至福点があるすべての有権者たちが，中位投票者の至福点のほうを好みます。中位投票者の至福点の左右には（有権者数が奇数である限り）同じ数の有権者たちの至福点が並んでいますので，他のどの選択肢と比べても中位投票者の至福点が過半数の有権者たちから好まれることになります。

中位投票者定理と社会的余剰

政治経済学のモデル分析の多くは，一次元の政策空間と選好の単峰性を仮定して，政策が民主的に決定される場合には中位投票者の至福点が選ばれるとして議論を進めます。そして，民主的に選ばれた政策が必ずしも社会的余剰を最大にしないことを問題点として指摘します。それは，すでに111ページの**表5-1**の例で見たとおりですが，消防の予算というここの例でも確認しておきましょう。

表5-6のいちばん下の行には，5人の有権者たちの便益の和が記されています。便益の和が最大になるのは，予算額が5000万円のときです。有権者4と5は，至福点から予算額が1000万円離れるごとに2ずつ便益が低下しています。有権者1，2，3は1ずつです。このことは，有権者4と5のほうが有権者1，2，3よりも，予算額が至福点から離れることを強く嫌っていることを意味します。したがって，便益の和を最大にしようとするなら，有権者4と5の至福点のほうへ予算額を近づけたほうがよいのですが，1人1票という原則のもとでは，中位投票者である有権者3の至福点2000万円が他のどの選択肢と比べても有権者たちの過半数から好まれて選ばれるのです。

CHECKPOINT 26

- □ 至福点が有権者全体のちょうど真ん中に位置する有権者は，中位投票者と呼ばれます。
- □ 中位投票者の至福点がコンドルセ勝者であることを，中位投票者定理といいます。
- □ 民主的に選ばれた政策は，必ずしも社会的余剰を最大にしません。

6 単峰性が満たされない例

　前掲の**表5-2**の例では，コンドルセのパラドックスが生じました。実際，いずれかの有権者の選好が単峰性を満たしません。このことを確かめておきましょう。

■**グラフで表すと**　**図5-2**では，横軸にA，B，Cの順で選択肢を並べています。縦軸には，各有権者がその選択肢を何番目に好むかをとっています。**図5-2**を見ると，有権者3のグラフは真ん中がくぼんで両端が高くなっています。ただし，このことをもって即座に「単峰性が満たされない」と判断してはいけません。「A，B，C」は選択肢につけられた単なる名称ですので，横軸上で左からA，B，Cの順に並んでいる必要がないからです。消防に予算をいくら充てるかという上の例でしたら，横軸上を左から右へ進むにつれて値が大きくなっていくか，もしくは小さくなっていくかのいずれかであることが自然ですが，A，B，Cの間にはそのような大小関係はありませんので，自由に並べ直すことができます（選択肢にアルファベットの名前がついているので「A，B，C」の順に並んでいるのがもっともらしく感じられますが，たとえば「山田，佐藤，鈴木」という3人の候補者だとしたら，山田がいちばん左に並べられなければならない理由はありません）。したがって，横軸上でA，B，Cをいろいろな順に並べ直して，どの順に並べてもいずれか1人の有権者は単峰性を満たさないということが示せないと，**表5-2**の例では少なくとも1人の有権者は単峰性を満たさないと断言することができません。

CHART 図5-2 単峰性を満たすかどうかの確認

```
選好（番目）
       有権者
         1    2    3
  1
  2
  3
                      選択肢
         A    B    C
```

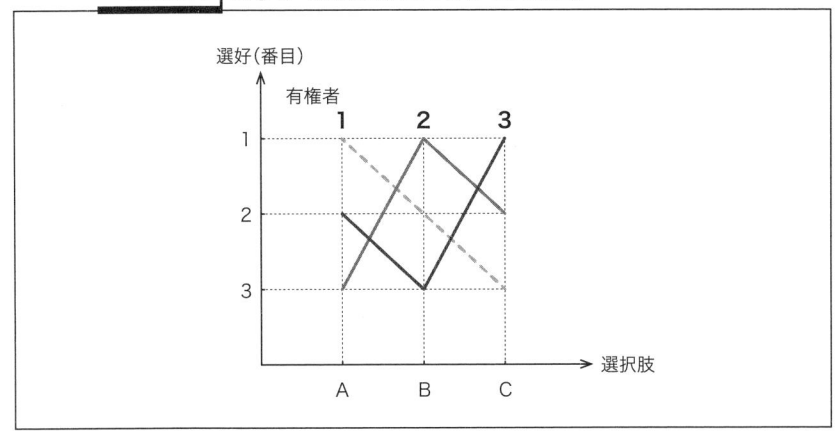

　A，B，Cという3つの選択肢の並べ方は，全部で6通りあります（左から順にABC, ACB, BAC, BCA, CAB, CBA）。そこで，**図**5-2に加えてさらに5つの図を描いてもよいのですが，図を追加しなくても，どの並べ方をしても少なくとも1人の有権者の選好は単峰性を満たさないことが示せます。

　A，B，Cをどのように並べるかという問題は，真ん中にどの選択肢を配置するかという問題に置き換えることができます。そして，真ん中の選択肢がもっとも嫌いな有権者がいたら，その有権者の選好は単峰性を満たしません。**図**5-2の有権者3のグラフに見てとれるように，グラフの真ん中がくぼむと，その両側が真ん中より上に位置しますので，峰が2つになってしまうからです。

　表5-2を見ると，どの選択肢も1人の有権者からもっとも嫌われていますので，どの選択肢を真ん中に配置しても，真ん中の選択肢がもっとも嫌いな有権者が1人いることになります。一般に，どの選択肢も少なくとも1人の有権者からもっとも嫌われているなら，少なくとも1人の有権者の選好は単峰性を満たさないといえます。中位投票者定理の前提である単峰性を満たしませんので，中位投票者の至福点がコンドルセ勝者であるということができません。実際，**表**5-2の例ではコンドルセ勝者が存在せず，コンドルセのパラドックスが生じたのです。

CHECKPOINT 27

□ すべての有権者の選好が単峰性を満たさない限り，中位投票者の至福点は必ずしもコンドルセ勝者ではありません。

> #### Column ❺ 熟議民主主義
>
> 　この章では，それぞれに異なる選好を持っている有権者たちの間で全体として1つの選択肢を選ぶことの難しさを見てきました。いくつかの投票のルールを考えましたが，社会的余剰が最大にならないだけでなく，コンドルセ勝者が選ばれなかったり，そもそもどの選択肢にも決めることができないまま終わったりもしました。しかし，みんなで何かを選ぶとき，いきなり投票を行うのはまれで，まずは話し合うことが多いのではないでしょうか。話し合いの結果，全会一致で合意に至れば，わざわざ投票をする必要はありません。合意に至らなかったときだけ，最後は投票で決めればよいでしょう。
>
> 　近年，政治学では**熟議民主主義**が注目されています（**討議民主主義**とも呼ばれます）。政治家にすべて任せるのでなく，市民の中からランダムに選ばれた人たちが集まって，さまざまな政策を議論し，意見をまとめてもらう試みです。日本でも，自治体や青年会議所が中心となって，地域活性化や少子化対策などのテーマを話し合う市民討議会が開催されています。
>
> 　熟議では，議題として挙げられる政策について，議論を通じて人々の選好が変化して意見がまとまることが期待されています。それとは対照的に，「交渉」という言葉は，選好が変わらないまま，人々の交渉力やさまざまな取引によって話が決着することを指します。第2章で触れたとおり，経済学のモデル分析では，人々の選好は変わらないものとして，政策，制度，環境などが変化したときに人々の行動がどのように変化するか，そして実現される状態がどのように変化するかを導出するのが標準的です。選好の変化を念頭に置く熟議民主主

7　戦略的投票とギバード・サタースウェイトの定理

戦略的投票

　上の投票のルールの議論では，有権者たちはそれぞれ自分が1番目に好む選択肢に常に投票すると想定していました。そのような投票の仕方は**誠実投票**と呼ばれます。別の解釈として，政府が有権者たちの選好をすべて知っていて，有権者たちの選好に応じて選択肢の間に社会としてどのような順位をつけるかを考えていたとみなすこともできます。

義は，経済学とは異なる視点を提供してくれます。

たとえば，**表 5-3**（118 ページ）の例では B がコンドルセ勝者であるにもかかわらず，相対多数決を行うと A が選ばれました。いま，熟議において，A をもっとも嫌っている有権者 4，5，6，7 が，A がいかに悪いかを有権者 1，2，3 に説明したとしましょう。その結果，3 人全員に納得してもらうことはできなかったものの，**表 5-7** のように有権者 3 の選好だけは変化して，当初は A がもっともよい（1 番目）と思っていたのがいまはもっとも悪い（3 番目）と思うようになったとしましょう。それでもコンドルセ勝者は B のままであることに注意してください。そのような熟議を経て相対多数決を行うに至ったなら，B が最多の 3 票を獲得して選ばれるというわけです。このように，熟議には投票の弱点を補う役割があるといえます。

CHART 表 5-7 選好の変化を考慮した場合（表 5-3 と比べて）

	有権者 1	有権者 2	有権者 3	有権者 4	有権者 5	有権者 6	有権者 7
1 番目	A	A	B	B	B	C	C
2 番目	B	B	C	C	C	B	B
3 番目	C	C	A	A	A	A	A

しかし，有権者たちは必ずしも 1 番目に好む選択肢に投票するとは限りませんし，第 4 章のメカニズム・デザインの話で触れたとおり，政府が有権者たちの選好を聞き出そうとしても，正直に答えてくれるとは限りません。たとえば，自分の 1 番目に好む選択肢が票を集められそうにないなら，自分の選好どおりにその選択肢に投票しても，**死票**になってしまい，結果に何も影響を与えられずに終わってしまいます。自分の便益を少しでも高めるために自分の 1 票を活かそうと考えるなら，票を集められそうにない選択肢をあきらめて，票を集められそうな選択肢の中からもっとも選ばれてほしい選択肢に投票することでしょう。そのように，自分の 1 票が結果にどのように影響するかを考えて投票することを**戦略的投票**といいます。

ギバード・サタースウェイトの定理

　自分の選好を正直に答えるのがどの有権者にとっても得になる社会的選択ルールは存在するのでしょうか。そのような社会的選択ルールが存在するとしたら，それは非独裁性を満たさないことを示したのが**ギバード・サタースウェイトの定理**です。ギバードとサタースウェイトという2人の経済学者が同じ時期に示した定理であるため，そのように呼ばれています。

　ギバード・サタースウェイトの定理では，次の状況を想定します。選択肢が3つ以上あり，各有権者はどの選択肢が何番目に好きかという選好を持っています。各有権者は，自分の選好を報告するよう求められます。ただし，嘘を報告することもできます。そして，有権者たちの報告に応じていずれか1つの選択肢が選ばれます。アローの不可能性定理では，有権者たちの選好に応じてすべての選択肢の間に社会としての順位をつけることを考えましたが，ここでは社会として1番目の選択肢だけ決めておしまいです。2番目以降の選択肢に順位をつけることをしないぶんだけ，アローの不可能性定理よりも社会として決めなければならないことが少なくて済みます。それにもかかわらず，ギバード・サタースウェイトの定理によると，次の4つの性質を同時に満たす社会的選択ルールは存在しません。

■選好の非限定性　　1つめは，**選好の非限定性**です。これはアローの不可能性定理と同じです。

■選択肢の非限定性　　2つめは，**選択肢の非限定性**です。これは，有権者たちがどのように報告してもけっして選ばれることのない選択肢は存在しないことをいいます。選択肢の非限定性が満たされない場合には，たとえばすべての有権者が選択肢Aを1番目に好んでいてもAが選ばれないということがありえます。そのような事態を避けるのがこの性質です。

■戦略的操作不可能性　　3つめは，**戦略的操作不可能性**です。嘘の報告をすることによって自分の便益を高められるとき，「戦略的に操作できる」といいます。誰も戦略的に操作することができないのが戦略的操作不可能性です。戦略

的に操作不可能なら，どの有権者にとっても自分の選好を正直に報告するのがいちばん得になります。

■**非独裁性**　最後に，**非独裁性**です。ここでは，アローの不可能性定理のところの非独裁性の説明（121ページ）のうち，「ある特定の有権者の選好と同じ順位」を「ある特定の有権者が1番目に好む選択肢」に置き換えます。

ギバード・サタースウェイトの定理によれば，選好と選択肢の両方の非限定性を満たす社会的選択ルールの中から，有権者たちに選好を正直に報告してもらえるようなルールを探すと，そのルールのもとでは必ず独裁者が存在することになります。独裁者は，自分が1番目に好きだと報告した選択肢が社会としても選ばれますので，嘘の選好を報告する必要がありません。どの選択肢が選ばれるかは独裁者の報告次第ですので，他の有権者たちはどうすることもできず，嘘の報告をしても仕方がありません。したがって，戦略的操作不可能性が満たされるのです。

CHECKPOINT 28

- □ 自分が1番目に好む選択肢に常に投票することを誠実投票といいます。
- □ 自分の1票が結果にどのように影響するかを考えて投票することを戦略的投票といいます。
- □ ギバード・サタースウェイトの定理によれば，選好と選択肢の両方の非限定性を満たす社会的選択ルールの中から，有権者たちに選好を正直に報告してもらえるようなルールを探すと，そのルールのもとでは独裁者が存在することになります。

8　デュヴェルジェの法則

選好と選択肢の両方の非限定性が満たされており，かつ非独裁性も満たされている社会的選択ルールを考えると，ギバード・サタースウェイトの定理により，有権者たちの選好の組合せの中に，少なくとも1人の有権者が戦略的に操作することができるものが存在することになります。

第3節では，**表 5-3**（118ページ）の選好を持つ7人の有権者の間で相対多数決を行うとき，各有権者が選好を正直に報告するなら（誠実投票），Aが選ばれることを見ました。相対多数決は，各有権者が報告した選好の中で1番目に好きな選択肢の情報だけを利用して，社会として選ぶ選択肢を決める社会的選択ルールの1つであるとみなすことができます。ある有権者がBを1番目，Cを2番目，Aを3番目に好きであると報告したなら，この有権者はBに投票したとみなすのです（Cが2番目，Aが3番目という情報は無視されます）。

戦略的に操作できるのは誰か？

表 5-3の有権者たちの中に，相対多数決のもとで戦略的に操作できる者がいないかを探してみましょう。たとえば，有権者6はCが1番目に好きですが，Bが1番目に好きであると嘘の報告をすれば，AとBが3票ずつで1位に並びます。いちばん多くの票を集めた選択肢が2つ以上あるときにはそのうちの1つがランダムに選ばれるとすると，有権者6は嘘の報告をすることによって，Aが確率1で選ばれるという結果を，AとBが確率1/2ずつで選ばれるという結果に変えることができます。有権者6はAよりBのほうが好きですので，後者を実現するために嘘の報告をするでしょう。

このように，自分の1番目に好きな選択肢が社会として選ばれない場合には，それをあきらめて，2番目に好きな選択肢の得票数を増やして選ばれるようにしようとするインセンティブが生じます。そのような戦略的操作を有権者たちが行うと（戦略的投票），相対多数決のもとでは2つの選択肢（いまの例ではAとB）に票が集まりやすくなります。ほかにも，有権者5が「Cが1番目に好きである」と嘘の報告をして，AとCが3票ずつで並んで確率1/2ずつで選ばれるようにするという戦略的操作も考えられます。

小選挙区制と二大政党制

1つの選択肢が選ばれる相対多数決において2つの選択肢に票が集まる傾向があることは，**デュヴェルジェの法則**と呼ばれます。政治学者デュヴェルジェは，各国の選挙制度と政党政治の関係を観察して，小選挙区では2人の候補者に票が集まり，国全体として**二大政党制**（2つの大きな政党が主となって政治を営む体制）が実現されやすいという傾向を見出しました。**小選挙区制**とは，当選

者数1の選挙区を議員定数に等しい数だけ作って，選挙区ごとに投票する制度です。有権者たちは1人1票ずつ与えられ，自分の選挙区で出馬した候補者の中から1人だけに票を投じます。そして，最多の票を得た候補者が当選します。1つの選挙区に焦点を当てれば，上で見た相対多数決と同じルールです。どのような選挙制度を採用するかによってその国の政党政治のあり方が影響されますので，どのようなルールで政治家を選ぶべきかを考えることは重要です。選挙制度については第6章で詳しく見ます。

CHECKPOINT 29

☐ 1つの選択肢が選ばれる相対多数決において2つの選択肢に票が集まる傾向があることは，デュヴェルジェの法則と呼ばれます。

EXERCISE ● 練習問題

5-1 父，母，子から成る家族が，大晦日の夜にどのテレビ番組を観るかを会議しています。番組の候補は，歌，お笑い，格闘技の3つにしぼられました。観たい番組から順に並べると，父は「格闘技，歌，お笑い」，母は「歌，お笑い，格闘技」，子は「お笑い，歌，格闘技」です。家族のなかで，中位投票者は誰ですか。また，コンドルセ法にしたがって番組を選ぶなら，この家族はどの番組を観ることになりますか。

5-2 決選投票という投票のルール（フランスの大統領選挙で用いられています）では，はじめに絶対多数決を行って，過半数の票を獲得した候補者がいたらその候補者を当選とします。過半数の票を獲得した候補者がいなかったら，上位2人の候補者の間でもう一度多数決を行って当選者を決めます。有権者は5人，候補者は3人（候補者A，候補者B，候補者C）いて，各有権者が各候補者を何番目に好きかは次の表のとおりであるとします。このとき，決選投票によってコンドルセ勝者が当選しないことを示しなさい。

	有権者1	有権者2	有権者3	有権者4	有権者5
1番目	A	A	B	C	C
2番目	B	B	A	B	B
3番目	C	C	C	A	A

8 デュヴェルジェの法則 ● 133

CHAPTER

第6章

私たちの声は届かない？

間接民主制と選挙制度

INTRODUCTION

　この章では，有権者たちがみんなで政治家を選び，政治家が政策を決めるという間接民主制のもとで生じる問題を学びます。みんなで直接何かを選ぶことすら難しいことが第5章で明らかにされましたが，間接民主制のもとではさらなる難しさが加わります。

　この章ではさらに，政治家を選ぶためのさまざまな選挙制度を紹介したうえで，日本の選挙における問題点を議論します。選挙区ごとの議員1人当たり人口の違い，都市と地方の年齢構成の違い，年齢別の投票率の違い，および国全体の少子高齢化などが，国民全員の声が一様に反映される選挙結果を生みにくくしていることを指摘します。

1 間接民主制

　第5章では，各有権者は候補者たちに対する選好（どの候補者が何番目に好きか）を持っていて，自分の好きな候補者に投票するという状況を考えました。なぜ各有権者はある候補者を他の候補者より好むのでしょうか。確かに，候補者自身の容姿や人柄に心惹かれることもあるでしょう。しかし，選挙は候補者の人気投票ではありません。有権者にとって，いちばん大事なのは最終的にどのような政策が実現されるかであり，間接民主制のもとで自分に代わって自分の好む政策を実現してくれる政治家を選ぶために投票しているのです。したがって，ある有権者が候補者Aを候補者Bより好むとすれば，それは候補者Aのほうが候補者Bよりも自分の好む政策を実現してくれそうだからということができます。

　そこで，この章では，各有権者は各政策に対して選好を持っていて，それぞれの候補者が各政策に対してどのような立場をとっているか（その政策を推し進めようとしているか中止しようとしているか）を見ながら，自分の立場に近い候補者に投票するという形で選挙を表現します。そのほうが，間接民主制という制度の意図に忠実であるといえましょう。そのうえで，間接民主制のもとで生じうる問題を考えます。さらに，実際に用いられている選挙制度を紹介し，とくに日本の選挙において問題とされている諸点を議論します。

2 間接民主制の問題点
▶ オストロゴルスキーのパラドックス

　3つの公共事業（公共事業1, 2, 3と呼びます）をそれぞれ実施するか否かを決めるという状況を考えましょう。有権者は5人いて，**表6-1**のとおり，各有権者は各公共事業の実施に対して賛成か反対かの選好を持っています。

直接民主制だと？

はじめに，3つの公共事業を1つずつ取り上げて，有権者5人の多数決によって各公共事業を実施するか否かを決めるという直接民主制を考えましょう。このとき，**表6-1**のとおり，どの公共事業も賛成2票，反対3票で否決されますので実施されません。

間接民主制だと？

次に，有権者たちは候補者に投票し，選ばれた候補者が各公共事業を実施するか否かを決めるという間接民主制を考えます。有権者たちは個々の議題について直接投票することができないため，各候補者が個々の議題にどのような考えを持っているのかを聞いて，自分の考えに近い候補者に投票します。候補者は2人いて，一方の候補者は「すべての公共事業を実施します」と唱える賛成派，他方の候補者は「すべての公共事業を中止します」と唱える反対派であるとします。

有権者4と有権者5は，すべての公共事業に反対ですので，反対派の候補者と立場が完全に一致します。したがって，反対派に投票します。一方，有権者1，2，3は，それぞれ2つの公共事業に賛成，1つの公共事業に反対です。しかし，候補者はすべて賛成の賛成派とすべて反対の反対派しかいませんので，より立場の近いほう，すなわち賛成派の候補者に投票します。その結果，賛成派の候補者が3票，反対派の候補者が2票獲得し，賛成派の候補者が当選します。したがって，すべての公共事業が実施されることとなります。

このように，間接民主制のもとで，個々の議題について直接多数決をとるとき（直接民主制）とは異なる結果が実現されてしまうことを**オストロゴルスキーのパラドックス**といいます。オストロゴルスキーはロシアの政治思想家で，政党政治に否定的であったとされています。

日本の選挙を考えてみても，すべての議題に自分と同じ考えを持つ候補者をみつけるのは難しいことでしょう。そのため，すべてではないものの多くの議題に同じ考えを持つ候補者で妥協するしかありません。**表6-1**の有権者1，2，3も同様です。たとえば有権者1は，公共事業3には反対です。しかし，すべて賛成かすべて反対かの2人の候補者しかいませんので，すべて賛成の候補者

CHART 表6-1　3つの公共事業に対する賛否と投票

	公共事業1	公共事業2	公共事業3	投票する候補者
有権者1	賛成	賛成	反対	賛成派
有権者2	賛成	反対	賛成	賛成派
有権者3	反対	賛成	賛成	賛成派
有権者4	反対	反対	反対	反対派
有権者5	反対	反対	反対	反対派
投票の勝者	反対	反対	反対	賛成派

に投票します。その結果，有権者1の票はあたかも公共事業3にも賛成であるかのように扱われます。そのぶんだけ賛成が増える格好となり，すべての公共事業が実施されてしまうのです。

　各候補者は，3つの公共事業に対する賛否がセットで提供されているものととらえることができます。これは，**抱き合わせ販売**に似ています。抱き合わせ販売とは，商品Aを買いたければ商品Bも同時に買わなければならないとする売り方のことです。買う側は，各商品を買うか否かを個別に選べるのであれば，商品Aを買って商品Bは買わないという選択肢を選べますが，商品Bが商品Aと抱き合わされると，両方とも買うか両方とも買わないかという選択肢しか選べません（このような売り方は，独占禁止法が禁じる「不公正な取引方法」に該当するとみなされています）。同様に，候補者が2人しかいない**表6-1**の投票でも，すべての公共事業に賛成かすべての公共事業に反対かという選択肢しか選べません。

　表6-1の例では公共事業が3つしかありませんが，現実にはもっとたくさんの公共事業がありますし，それ以外にもさまざまな政策があります。したがって，候補者の数が多少増えたところで，有権者にとってすべての政策で自分と同じ立場の候補者をみつけることはほぼ不可能であるといってよいでしょう。そのため，**表6-1**ほど極端な結果にはならないにせよ，オストロゴルスキーのパラドックスは容易に起こりうると考えられます。

住民投票で補完する

　そのような間接民主制の弱点を補うため，住民投票条例を設けている自治体が存在します。間接民主制のもとでは，原則的には，選挙によって選ばれた政治家が個々の政策を決めます。有権者たちが自分で決めるわけではありませんので，ときには有権者たちの望まない政策が決定されることもあります。そのようなときに，十分に多くの市民が署名を集めて請求するなら，その政策の是非を問う住民投票を実施して市民の意見を確かめようというわけです。とくに，2000年代前半に日本で進められた「平成の大合併」と呼ばれる市町村合併では，多くの自治体が住民投票条例を作って，隣接する自治体との合併に対する賛否を問う住民投票を実施しました。さらに，第5章の **Column ❺**（128ページ）で触れた熟議民主主義も，間接民主制を補完する試みであるといえます。

CHECKPOINT 30

☐ 間接民主制のもとで，個々の議題について直接多数決をとるときとは異なる結果が実現されてしまうことをオストロゴルスキーのパラドックスといいます。

3　候補者たちが公約として掲げる政策を自由に選ぶなら

　第5章では，有権者たちの選択の問題に焦点を当てました。そのため，候補者たちは有権者にとっての選択肢として登場させるにとどめました。すなわち，自分では何も意思決定せずに，有権者たちに選ばれるのを待つだけでした。

　しかし，実際の選挙では，各候補者は当選を目指してどのような政策を**公約**として掲げるかを考えます。公約は，各候補者の選挙演説や選挙公報（選挙前に届けられる新聞のようなもので，各候補者が実現しようとする政策が記されています）で知ることができますし，日本の場合，とくに2003年の衆院選で各党がマニフェスト（政権をとったときにどのような政策を実施するかをまとめたもの。次ページに例を掲げています）を作成するようになってから，より明確になりました。各有権者は，それを見てどの政党・候補者に投票するかを決めます（もちろん，公約を見なくても，最初からどの政党・候補者に投票するかを決めている人も多

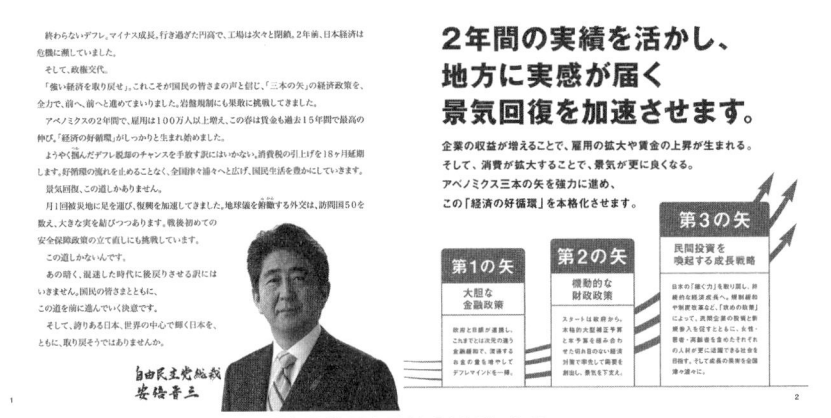

終わらないデフレ、マイナス成長、行き過ぎた円高で、工場は次々と閉鎖。2年前、日本経済は危機に瀕していました。
そして、政権交代。
「強い経済を取り戻せ」、これこそが国民の皆さんと創し、「三本の矢」の経済政策を、全力で、前へ、前へと進めてまいりました。岩盤規制にも果敢に挑戦してきました。
アベノミクスの2年間で、雇用は100万人以上増え、この春は賃金も過去15年間で最高の伸びで、「経済の好循環」がしっかりと生まれ始めました。
ようやく掴んだデフレ脱却のチャンスを手放す訳にはいかない。消費税の引上げは18ヶ月延期します。好循環の流れを止めることなく、全国津々浦々へと広げ、国民生活を豊かにしていきます。
景気回復、この道しかありません。
月1回被災地に足を運び、復興を加速してきました。地球儀を俯瞰する外交は、訪問国50を数え、大きな実地を結びつつあります。戦後初めての安全保障政策の立て直しにも挑戦しています。
この道しかないんです。
あの暗く、混迷した時代に後戻りさせる訳にはいきません。国民の皆さんとともに、この道を前に進んでいく決意です。
そして、誇りある日本、世界の中心で輝く日本を、ともに、取り戻そうではありませんか。

自由民主党総裁
安倍晋三

2年間の実績を活かし、地方に実感が届く景気回復を加速させます。

企業の収益が増えることで、雇用の拡大や賃金の上昇が生まれる。
そして、消費が拡大することで、景気が更に良くなる。
アベノミクス三本の矢を強力に進め、
この「経済の好循環」を本格化させます。

第1の矢 大胆な金融政策

第2の矢 機動的な財政政策

第3の矢 民間投資を喚起する成長戦略

『自民党重点政策 2014』より
（提供：自民党）

いでしょうが）。

消防活動にどれだけ予算を充てるか？

そこで、ここでは候補者たちに焦点を当てて、候補者たちが公約としてどのような政策を掲げるかを考えましょう。第5章で扱った、町内の消防活動にどれだけの予算を充てるかという問題をここでも取り上げます。有権者は5人いて、予算に応じた各人の便益は、第5章123ページの表5-6のように表されます（政策空間は一次元であり、各有権者の選好は単峰性を満たします）。各人の至福点を数直線上に並べると、図6-1のように描けます。

政権公約を発表する稲田政調会長
（2014年）（提供：時事）

■**2人の候補者** 第5章では、中位投票者（有権者3）の至福点である2000万円がコンドルセ勝者であるという中位投票者定理を学びました。すなわち、2000万円を他の金額とペアにして、どちらを好むかの多数決を有権者たちの間でとれば、必ず2000万円が過半数の票を得て選ばれます。ここでは、間接民主制のもとで小選挙区制が採用されており、この町が1つの選挙区であると

3 候補者たちが公約として掲げる政策を自由に選ぶなら ● 139

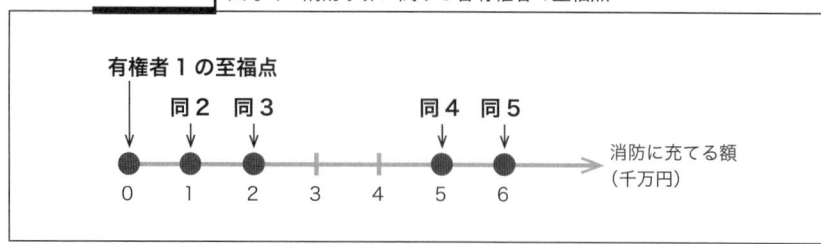

CHART 図6-1 消防予算に関する各有権者の至福点

しましょう。そして，2人の候補者（候補者A，候補者Bと呼びます）がそれぞれ当選を目指していずれかの予算額を公約として選ぶとします。各有権者は，各候補者の掲げる予算額を見て，自分の至福点に近いほうの候補者に投票するとします（誠実投票）。2人の候補者はどのような予算額を公約として選ぶでしょうか。

■**ダウンズ・モデル** なお，このような一次元の政策空間で候補者たちが政策を選んで競争し合うモデルは，そのような分析をした政治学者の名前をとって，**ダウンズ・モデル**と呼ばれます。このモデルは，企業間の消費者獲得競争を表現したホテリング・モデルに由来します。経済学者ホテリングが扱ったのは，数直線上の町に消費者たちが住んでいて，できるだけ近くの店に買い物に行く場合，競争し合う2つの店は町のどこに立地するかという問題です。この企業間競争が政党や候補者の間の競争と似ているため，選挙の分析にも応用されるようになったのです。

■**負けない公約** 予算額の中に1つだけ，それを公約に掲げさえすれば，相手がどのような公約を掲げようとも，選挙に負けない額があります（第4章92ページの Column ❸ で触れた弱支配戦略です）。それは，中位投票者の至福点である 2000 万円です。

たとえば，候補者Aが 2000 万円を公約として掲げる一方，候補者Bはそれより大きな額を掲げたとしましょう。**図 6-1** の有権者たちの至福点を見ると，少なくとも有権者 1，2，3 は 2000 万円のほうが候補者Bの公約より近いので，候補者Aに投票します。5人の有権者のうち少なくとも3人から票を獲得できますので，候補者Aが当選します。

次に，候補者Aは 2000 万円を掲げたまま，候補者Bがそれより小さな額を

掲げたとしましょう。この場合，少なくとも有権者3，4，5は2000万円のほうが候補者Bの公約より近いので，この3人が候補者Aに投票し，候補者Aが当選します。

このように，候補者Bは2000万円より大きな額を掲げても小さな額を掲げても落選してしまいます。そこで，候補者Aと同じ2000万円を掲げたとしましょう。2人の候補者の掲げる政策が同じですので，どの有権者もどちらの候補者が当選してもかまわないと思います。どちらでもよい場合にはランダムにどちらかの候補者に投票するなら，どちらの候補者も確率1/2で当選することとなります。

この状態では，どちらの候補者も公約を変えようとはしません。一方の候補者が2000万円を掲げているときに，他方の候補者が別の公約を掲げると，上の候補者Bのように落選してしまうからです。落選するよりは，確率1/2で当選するほうがましです。

以上のように，一次元の政策空間で2人の候補者が当選を目指して競争すると，2人とも中位投票者の至福点を公約として選び，それが政策として実現されることとなります。候補者たちが公約として掲げる政策を自由に選べる場合にも，過半数の有権者の票を得ようとする結果として，やはり中位投票者の至福点が選ばれるわけです。その意味でも，民主的に政策が選ばれる場合には中位投票者の至福点が選ばれると考えるのはもっともらしいといえます。そのため，政治の問題を扱うさまざまな研究において，民主制のもとでは中位投票者の至福点で政策が決まるとして議論が構築されています。

公約が似通っていることは悪いことではない

ダウンズ・モデルの結果は，候補者や政党が公約として掲げる政策はどうしても互いに似通ってしまうことを示唆しています。上のモデルで，どの候補者も中位投票者の至福点である2000万円を公約として掲げるなら，そこから至福点が離れている有権者4，5は，自分の望む予算額とはかなり異なる予算額を掲げる候補者に投票せざるをえません。したがって，投票結果に有権者たちの選好が正確に反映されないのではないかとの不安が生じます。

しかし，注意したいのは，はじめから同じような選好を持った候補者しか出馬しないというのではなく，多くの有権者たちから支持を得ようとして候補者

たちが政策を選ぶ結果，公約として掲げられる政策が似てくるという点です。すなわち，候補者たちが掲げる政策には，すでに多くの有権者たちの選好が反映されているのです。実際，2人の候補者が公約として掲げる予算額は，0円や6000万円などの極端なものではなく，コンドルセ勝者である2000万円です。コンドルセ勝者は，第5章で有権者たちがみんなで何かを直接選ぶという問題を考えたときに取り上げた望ましさの基準です。それがここでも選ばれるわけですから，悪いことではなさそうです。

ただし，第5章で指摘したとおり，コンドルセ勝者は必ずしも社会的余剰を最大にする選択肢ではありません。したがって，直接民主制と同様に，間接民主制でも政府の失敗が生じてしまうといえます。

実際の選挙では公約が必ずしも似通らない

実際の選挙を見ると，必ずしもすべての候補者が同じ政策を公約として掲げているわけではありません。ダウンズ・モデルの前提と実際の選挙の違いを考えることによって，何が公約の違いを生むのかが見えてきます。仮にモデルの前提が現実と異なっていたとしても，モデルと現実の差異を見ることによって，私たちの現実に対する理解を深めることができます。モデル分析が有用か否かは，モデルが現実的か否かではなく，現実の理解の助けになるか否かによって判断されることに注意してください。

■候補者が3人以上いる　　ダウンズ・モデルと実際の選挙の第1の違いは，実際の選挙では候補者が3人以上いることです。図6-1のダウンズ・モデルで，候補者Aと候補者Bが予算額2000万円を掲げているところに，3人目の候補者Cが出馬してきたとしましょう。候補者Cが3000万円を掲げれば，有権者4，5は候補者Cに投票します。有権者1，2，3は候補者Cよりも候補者Aと候補者Bを好みますが，候補者Aと候補者Bのどちらでもかまいませんので，2人にランダムに投票するとしましょう。すると，候補者Aと候補者Bは3票をランダムに分け合いますので，平均するとそれぞれ1.5票を獲得します。確実に2票を獲得する候補者Cよりも当選しにくいといえます。

そこで，候補者Aが公約を1000万円に変えたとしましょう。この場合，有権者1，2は候補者A，有権者3だけが候補者Bに投票しますので，候補者A

は確実に2票，候補者Bは確実に1票を獲得します。したがって，候補者Aと候補者Cが2票ずつで並び，それぞれ確率1/2で当選します。候補者Aは，2000万円をやめて1000万円を公約として掲げることにより，当選確率を高めることができるのです。

このように，3人目の候補者が参入してくると，その候補者は他の2人とは異なる政策を掲げようとしますし，それに対抗するために，今度はもとの候補者たちも公約を変えようとします。その結果，候補者間の公約の違いが生じます。

■**候補者自身にも実現したい政策がある**　第2の違いは，実際の選挙では，ただ当選すればよいというものではなく，候補者自身にも実現したい政策があることです（当選しさえすればよいという候補者もいるかもしれませんが）。それでも，中位投票者の至福点を公約として掲げない限り落選してしまうのなら，候補者たちはそうせざるをえません。したがって，候補者自身にも実現したい政策があることとともに，中位投票者の至福点以外の政策を公約として掲げても当選する可能性があることが必要です。

たとえば，候補者Bは消防の必要性を強く感じており，できるだけ大きな予算を消防に充てたいと考えているとしましょう。そこで，6000万円の予算を公約として掲げるとします。一方，候補者Aは2000万円を掲げるとします。もし有権者たちが自分の至福点に近いほうの候補者に必ず投票するなら，候補者Aが3票，候補者Bが2票を獲得して，候補者Aが当選し，消防に2000万円が充てられることとなります。これでは候補者Bが6000万円を掲げた効果がありませんので，少しでも当選したい気持ちがあれば，候補者Bは2000万円を掲げるでしょう。

ここで，有権者たちは自分の至福点に近いほうの候補者に必ず投票するわけではなく，低い確率かもしれませんが，遠いほうの候補者にも投票することがあるとしましょう。消防にどれだけの予算を充てるのがよいかについて選好が変わることがあったり，選好は変わらなくても各候補者の人柄に惹かれたりするなどの理由が考えられます。その場合には，候補者Bにとって当選したときに6000万円を消防に充てられることの便益が十分に大きいなら，当選する確率が下がっても，2000万円ではなく6000万円を公約として掲げることが候

補者 B にとって最適な選択となります。

■**政策空間が一次元ではない**　第3の違いは，実際の選挙では，そもそも政策空間が一次元ではないことです。消防に充てる予算額以外にも，決めるべき政策はたくさんあります。政策空間が二次元以上の場合には，各政策に対する有権者たちの選好が単峰性を満たしていても，一般にはコンドルセ勝者が存在しないことが知られています。コンドルセ勝者が存在する場合には，その政策（の組合せ）を掲げる候補者が過半数の票を得ますので，2人の候補者ともコンドルセ勝者を公約として掲げますが，存在しない場合には，有権者たちの選好に応じていろいろな政策が選ばれうることとなります。

CHECKPOINT 31

> □ 政策空間が一次元であり，各有権者の選好が単峰性を満たす場合，2人の候補者が当選を目指して公約を選ぶと，2人とも中位投票者の至福点を選びます。

4 さまざまな選挙制度

これまでは，1つの選挙区で1人の候補者が当選する小選挙区制を前提として議論を進めてきました。しかし，第5章でさまざまな投票のルールを見ましたが，選挙制度にもいくつかの種類があります。ここでは，その他の選挙制度について学びます。

中選挙区制

中選挙区制は，1993年まで日本の衆議院議員総選挙（衆院選）で用いられていました。中選挙区制の「中」は，各選挙区に割り振られる議席数が中くらい（3人から5人が当選。まれに2人や6人も）であることに由来します。多くの投票のルールでは，選ぶものの数だけ各有権者に票が与えられますが，中選挙区制では1人1票で，各有権者はいずれかの候補者に投票します。いちばん多くの票を獲得した候補者から順に，その選挙区に割り振られた議席数だけ当選します。

中選挙区制は，当選者が複数であること以外は，小選挙区制と同じです。第5章で学んだように，小選挙区制では2人の候補者に票が集まる傾向があるというデュヴェルジェの法則が見出されていますが，これを拡張した法則が中選挙区制でも見出されています。すなわち，M人が当選する中選挙区ではM+1人の候補者に票が集まるという法則で，**M+1の法則**と呼ばれています。M=1のケースがデュヴェルジェの法則に相当します。

　小選挙区では2人の候補者にしか票が集まらない傾向がありますので，2つの大きな政党（二大政党）以外の候補者が議席争いに加わるのは困難です。一方，中選挙区では，M+1の法則が示唆するとおり，M+1人の候補者に票が集まる傾向がありますので，二大政党以外の候補者たちにもチャンスがあります。したがって，一国全体としても，小選挙区制よりも多くの政党が議席を獲得して議会を構成する傾向があります。

　中選挙区制が用いられていた当時に挙げられた問題点の1つは，候補者たちが（政策を訴えるのでなく）いかに公共事業や補助金を自分の選挙区に誘導できるかを訴えることになりがちであることです。各選挙区に複数の議席が割り振られますので，複数の議席の獲得を目指して，各党は複数の候補者を出馬させます。同じ政党から出馬した候補者たちは，同じ政党に属していますので，公約として掲げる政策には大きな違いがありません。それでも同じ政党の他の候補者ではなく自分に投票してもらうためには，政策以外の点で自分に投票することが有権者（の少なくとも一部）にとって得になるようにしなければなりません。それが利益誘導型の政治を生むというわけです。

比例代表制

　比例代表制は，小選挙区制と並んで世界で広く用いられている選挙制度です。各有権者はいずれかの政党に投票し，得票数に比例するように議席を各政党に割り振ります。得票数と議席数が比例しますので，民意が政党間の議席配分に忠実に反映されるといえます。

　一方で，少数の票しか獲得できない政党でも少数の議席が与えられますので，小さな政党が乱立して，安定した政権が作れないとの批判があります。たとえば，比例代表制を採用するイタリアでは，過半数の議席を獲得できる政党がなく，いつも選挙後に小さな政党たちが「どの政党とどの政党が連立すれば議席

4　さまざまな選挙制度　●145

CHART 表6-2 小選挙区制と比例代表制：すべての選挙区で僅差の場合

地区	得票数 政党A	得票数 政党B	議席数 小選挙区制 政党A	議席数 小選挙区制 政党B	議席数 比例代表制 政党A	議席数 比例代表制 政党B
地区1	6	4	1	0	−	−
地区2	6	4	1	0	−	−
地区3	6	4	1	0	−	−
地区4	6	4	1	0	−	−
地区5	6	4	1	0	−	−
計	30	20	5	0	3	2

の過半数を占められるか」をめぐって交渉していました。いくつかの政党が連立して議席の過半数を占めることができれば，それらの政党が連立して政権に就くこととなります。有権者にとっては，選挙が終わってもどの政党が政権に就くかがわかりません。選挙後の政党間の交渉次第で，ごくわずかな議席しか獲得しなかった政党が連立政権に加わることも生じえます。

■**小選挙区制と比例代表制を比べる**　小選挙区制と比例代表制を比べることにより，それらがどのような選挙結果を生みやすい制度なのかを明確にしましょう。**表6-2**のように，5つの地区があり（地区1から地区5まで），各地区には10人の有権者がいるとします。政党は2つあり（政党Aと政党B），どちらの政党も各地区に1人ずつ候補者を出馬させて，5つの議席を争っています。小選挙区制のもとでは，各地区が各選挙区であるとします。

いま，いずれの地区でも政党A（の候補者）が6票，政党B（の候補者）が4票を獲得したとしましょう。このとき，小選挙区制の場合には，すべての選挙区で政党Aの候補者が当選し，政党Aが5議席を獲得する一方，政党Bは1議席も獲得することができません。小選挙区制のもとでは，各選挙区で1票で

CHART 表 6-3 小選挙区制と比例代表制：大差のつく選挙区がある場合

地区	得票数		議席数			
			小選挙区制		比例代表制	
	政党 A	政党 B	政党 A	政党 B	政党 A	政党 B
地区 1	6	4	1	0	−	−
地区 2	6	4	1	0	−	−
地区 3	6	4	1	0	−	−
地区 4	1	9	0	1	−	−
地区 5	1	9	0	1	−	−
計	20	30	3	2	2	3

も多くの票を得た候補者が議席を獲得するため，すべてあわせると政党Aが30票（全体の6割），政党Bが20票（全体の4割）を獲得しているにもかかわらず，政党Aが5議席すべてを獲得するという極端な結果が生じうるのです。政党Bの候補者に投じられた20票は，議席の獲得につながっていませんので，**死票**になったとみなされます。このように，小選挙区制は議席の配分の仕方が極端ですが，極端だからこそ少しの票の移動によって議席配分が大きく変化し，政権交代が起こりやすいのです。一方，比例代表制のもとでは，すべての地区で獲得された票を足し合わせて，票のシェアに比例するように議席を配分しますので，政党Aが3議席（5議席の6割），政党Bが2議席（同じく4割）を獲得します。

　小選挙区制のもとではさらに，得票数が過半数を下回る政党が議席の過半数を獲得することも起こりえます。**表 6-3** は，**表 6-2** のうち地区4と地区5の得票数を変えて，それらに応じた議席数を計算し直したものです。小選挙区制のもとでは，地区1から地区3では政党Aの候補者が勝ちますが，地区4と地区5では政党Bの候補者が勝ちます。政党Aのほうが政党Bよりも多くの選挙区で勝っていますので，議席も多く得ています。しかし，すべての選挙区の

4　さまざまな選挙制度　● 147

得票数を足し合わせると，政党 A が 20 票（全体の 4 割），政党 B が 30 票（全体の 6 割）です。小選挙区制では，6 票対 4 票（接戦）でも 9 票対 1 票（圧勝）でも，多くの票を得た候補者が 1 議席を獲得するという点で違いがありません。そのため，政党 B が地区 4 と地区 5 で（接戦でなく）圧勝したことが議席数に反映されないのです。一方，比例代表制であれば，すべての地区の票数の合計に比例して議席を配分しますので，圧勝したぶんの票が議席配分に反映されます。政党 B は，得票シェア 6 割に等しい 3 議席を獲得します。

小選挙区比例代表並立制

　小選挙区制にも比例代表制にもそれぞれ長所と短所がありますので，どちらを選択すべきかは難しい問題です。極端な議席配分を避けつつ，小党乱立も避けられる選挙制度はないのでしょうか。1990 年代に選挙制度改革を行った多くの国では，小選挙区制と比例代表制の両方をあわせた選挙制度が導入されました。あわせ方にはいろいろありますが，ここでは日本の衆院選の**小選挙区比例代表並立制**を取り上げましょう。

　衆議院議員の定数は 2015 年 6 月時点で 475 人です。そのうち，295 人が小選挙区，180 人が比例ブロックから選ばれます。各有権者には小選挙区で 1 票，比例ブロックで 1 票が与えられ，小選挙区の投票用紙には候補者名，比例ブロックの投票用紙には政党名を書きます。全国に 295 の小選挙区が設けられ，小選挙区から出馬する候補者たちはいずれか 1 つの選挙区で出馬し，選挙区ごとに相対多数決によって 1 人ずつ当選します。同時に，全国に 11 の比例ブロックが設けられ（定数は北海道 8，東北 14，北関東 20，南関東 22，東京都 17，北陸信越 11，東海 21，近畿 29，中国 11，四国 6，九州 21），ブロックごとに比例代表制によって各政党に議席が配分されます。政党は，ブロックごとに候補者名簿を提出します。候補者名簿では，どの候補者から順に当選とするかの順位をつけておきます。順位の上の候補者から順に，その政党に配分された議席の数だけ当選します。

　日本の並立制の特徴的な点は，**重複立候補**ができることです。各候補者は小選挙区から出馬するとともに，その選挙区が含まれている比例ブロックでも，自身が所属する政党の候補者名簿に名前を載せて，順位をつけてもらうことができます。小選挙区で当選した重複立候補者は，比例ブロックの名簿から外れ

ます。小選挙区で落選した重複立候補者は、比例ブロックの名簿に残って、比例ブロックのほうで名簿の順位に従って当選する可能性があります。

重複立候補者たちには、比例ブロックの名簿の中で同じ順位をつけることができます。同じ順位をつけられた候補者のうち、小選挙区で落選して名簿に残った各候補者については、その候補者が小選挙区で獲得した票数をその選挙区の当選者が獲得した票数で除した値（0から1までの値で、当選者にどのくらい迫ることができたかを表します。**惜敗率**と呼ばれます）を計算します。そして、その候補者たちの中では惜敗率の大きな候補者から順に、比例ブロックでその政党に配分された議席を埋めていきます。

小選挙区制と比例代表制をあわせた制度では、小選挙区に候補者を立てることがその政党の宣伝となり、比例ブロックでのその政党の得票数の増加にもつながるなどの相乗効果が観察されています。日本の並立制では、さらに重複立候補が許されていますので、小選挙区と比例ブロックの投票が同時に行われることの効果だけでなく、ルールの上で結びついていることの効果も考えられます。たとえば、比例ブロックの名簿で高い順位がつけられている重複立候補者は、小選挙区で落選しても比例ブロックのほうで当選しそうなので、小選挙区で獲得する票数が減るのではないかなどの問いが立てられ、選挙のデータを用いた実証研究が進められています。

CHECKPOINT 32

- □ M人が当選する中選挙区ではM+1人の候補者に票が集まるという傾向は、M+1の法則と呼ばれます。
- □ 比例代表制では、各有権者はいずれかの政党に投票し、得票数に比例するように議席を各政党に割り振ります。一方、小選挙区制では、各政党の議席数が必ずしも得票数に比例しません。
- □ 日本の衆院選では、小選挙区比例代表並立制が用いられています。また、小選挙区と比例ブロックへの重複立候補が認められています。

5　1票の格差

　ここまで，選挙制度が，どの政党の議員が多く当選するのか，に影響を与えることを学んできました。ここからはとくに，日本全体を選挙区に分割する「区割り」が，選挙結果や，実行される政策に与える影響について考えていきましょう。

国政選挙

　日本の国会は，衆議院と参議院によって構成されています。両議院とも，国民の**選挙**によって選ばれた国会議員によって組織されます。国会議員を選出するための選挙を**国政選挙**と呼びます。衆議院議員の任期は4年で，任期満了後，あるいは任期の途中であっても衆議院が解散された場合はその後で，衆議院議員全員を選出するための総選挙が行われます。一方，参議院議員の任期は6年です。3年ごとの選挙によって，議員定数の半分ずつが改選されます。

　すでに学んだとおり，衆院選では小選挙区比例代表並立制が採用されており，小選挙区選挙と比例代表選挙が同じ投票日に実施されています。前節で述べたように，2015年6月現在，衆議院議員の定数は475人で，そのうち295人を295の小選挙区から選出し，残りの180人を，全国を11に分割した比例ブロックから選出しています。**図6-2**は，衆議院議員小選挙区選挙における，各都道府県別選挙区数を表しています。たとえば，人口の多い東京都の選挙区数は25で，都道府県の中で選挙区がもっとも多く割り当てられています。また地図上のグレーの濃淡は，比例ブロックを表しています。

　一方，3年に1回，参議院議員の定数の半分を改選するために行われる選挙は，参議院議員通常選挙（参院選）と呼ばれます。2015年6月現在，参議院議員の定数は242人で，1回の選挙で，そのうちの半数である121人が改選されます。242人のうち，146人が各都道府県に1つずつ置かれた選挙区から選ばれる選挙区選出議員，96人が全国を1つの選挙区とする比例区から選ばれる比例代表選出議員です。**図6-3**は参院選の選挙区別定数を表しています。定数2人の選挙区では3年ごとに1人ずつ改選されるので，実質的には小選挙区と

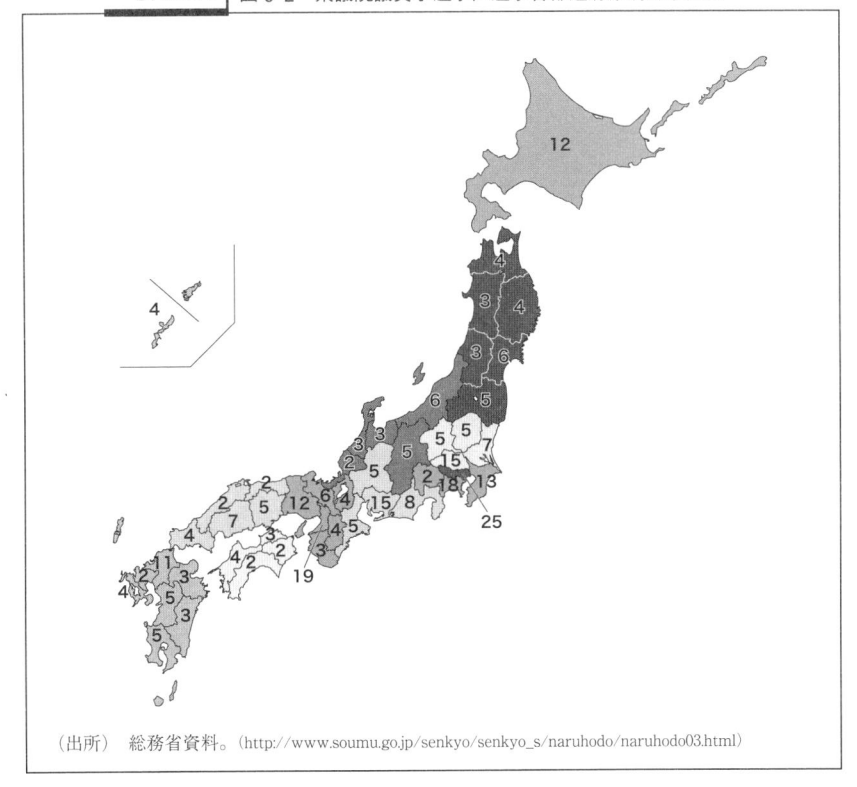

CHART 図 6-2 衆議院議員小選挙区選挙各都道府県別選挙区数

(出所) 総務省資料。(http://www.soumu.go.jp/senkyo/senkyo_s/naruhodo/naruhodo03.html)

同じですが，1回の選挙で2人以上が選出される選挙区もあることがわかります。

地域によって1票の価値が異なる

選挙区に割り振られた議員定数によって，選挙区の有権者数と選出される国会議員の数の比が決まります。「選挙区の有権者数÷議員定数」として求められる「議員1人当たりの有権者数」が選挙区間で均等ならば，有権者が投じる1票の価値が，選挙区間で等しいことになります。地域によって1票の価値に差があり，そのことが選挙結果に何らかの偏りをもたらしているならば，1票が持つ価値の平等を実現し，偏りを是正しなければならない，と考えるのは自然なことでしょう。

実際には，衆院選の小選挙区の区割りは，選挙権を持たない子ども（20歳未満，ただし2015年6月には公職選挙法が改正され，選挙権年齢が18歳以上に引き下げ

5 1票の格差 ● 151

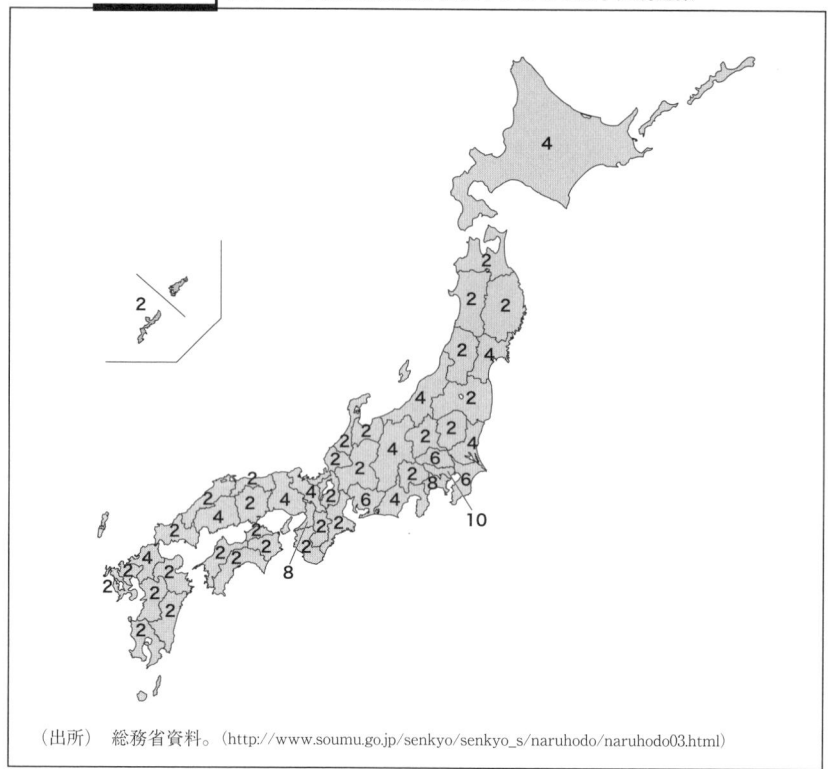

CHART 図 6-3　参議院議員選挙区選挙における選挙区別定数

（出所）　総務省資料。(http://www.soumu.go.jp/senkyo/senkyo_s/naruhodo/naruhodo03.html)

られることになりました）も含めた人口にもとづいて行われることになっています。小選挙区制の場合，各選挙区の議員定数は 1 人です。当選した各議員は，国会における議決で 1 票ずつを投じます。小選挙区の人口が異なるということは，1 人の議員が代表する住民の数に選挙区間でばらつきがあることを意味します。その結果，人口が少ない小選挙区の 1 人ひとりの住民の利害は，人口の多い小選挙区の 1 人ひとりの住民の利害よりも，国会の議決により強く反映されることになります。

　実際にこれまで，国会議員 1 人が代表する有権者数について，選挙区間で格差があることがたびたび指摘されてきました。この問題は，**1 票の格差**問題，あるいは**定数不均衡**問題と呼ばれています。表 6-4（154 ページ）は，衆議院小選挙区別選挙人名簿及び在外選挙人名簿登録者数が多い順に 10 区，少ない順に 10 区を並べたものですが，そのなかでもっとも多い東京都第 1 区の登録者数は，もっとも少ない宮城県第 5 区の登録者数のおよそ 2.1 倍で，1 票の価値

152 ● CHAPTER 6　私たちの声は届かない？

に2倍を超えた格差があることがわかります。

　一方，都道府県ごとに選挙区を置いている参院選についてはどうでしょうか。**表6-5**（154ページ）は議員1人当たり登録者数の多い都道府県と少ない都道府県を順に10ずつ挙げていますが，1票の持つ価値の格差は衆議院小選挙区よりも大きくなっています。もっとも多い北海道の議員1人当たり登録者数は，もっとも少ない鳥取県のおよそ4.8倍で，北海道の有権者が投じる1票の価値は，鳥取県の有権者が投じる1票の価値の4分の1以下であることがわかります。

　このような選挙区間の1票の価値の格差が，日本国憲法第14条が規定する「法の下の平等」に違反するとして，繰り返し訴訟が行われてきました。最高裁は，衆参両院の選挙に対して「違憲状態」とする判決を数度にわたって出しています。それに対応して，定数不均衡を是正するための定数の変更や区割りの変更も行われていますが，政党や国会議員の利害が絡む問題であり，完全な調整は容易ではありません。

1票の格差と政策の偏り

　このような地域間の1票の価値の格差は，経済的にはどのような意味を持つのでしょうか。**表6-4**，**表6-5**から，1票の価値の低い選挙区には，人口が集中している都市部の選挙区が多く含まれていることがわかります。一方，1票の価値の高い選挙区には，どちらかというと都市部から離れ，人口が少ない地域が多く含まれているようです。

　経済活動が活発で，企業や人口が集中する地域では，住民の所得も，納められる税も多くなります。つまり，日本の中央政府が政策を実行するために必要な財源は，どちらかというと，人口が集中し，1票の価値の低い地域から，多めに調達されています。では，中央政府がより多めに支出しているのは，どちらの地域でしょうか。例として，道路や空港のような交通基盤を建設するための公共事業について考えてみましょう。経済活動が活発な都市部では，経済活動が滞りなく行われるために，交通基盤の拡大や整備に対するニーズが高いでしょう。一方，経済力が弱く，人口が少ない地域でも，経済を活性化させるために，新たな公共事業が求められるかもしれません。

　政府がどの地域の公共事業に対してどれくらい補助金を支出するかは，予算

表6-4 衆議院小選挙区別選挙人名簿および在外選挙人名簿登録者数（2014年9月現在）

	多い選挙区	（人）		少ない選挙区	（人）
1	東京都第1区	493,811	1	宮城県第5区	231,660
2	北海道第1区	490,438	2	福島県第4区	234,210
3	東京都第3区	487,465	3	鳥取県第1区	238,498
4	東京都第5区	484,099	4	鳥取県第2区	239,286
5	兵庫県第6区	478,360	5	長崎県第3区	239,920
6	東京都第6区	472,975	6	長崎県第4区	240,672
7	東京都第19区	471,477	7	青森県第3区	241,268
8	東京都第22区	468,096	8	鹿児島県第5区	241,313
9	東京都第23区	467,114	9	三重県第4区	241,617
10	東京都第8区	466,711	10	長野県第4区	244,971

（出所）総務省資料。(http://www.soumu.go.jp/senkyo/senkyo_s/data/meibo/meibo_h26.html)

表6-5 参議院議員（選挙区選出）1人当たり選挙人名簿および在外選挙人名簿登録者数（2014年9月現在）

	多い都道府県	（人）		少ない都道府県	（人）
1	北海道	1,138,680	1	鳥取	238,892
2	兵庫	1,136,169	2	島根	290,366
3	東京	1,087,676	3	高知	312,053
4	福岡	1,033,495	4	徳島	322,786
5	埼玉	985,740	5	福井	323,445
6	愛知	985,166	6	佐賀	341,242
7	神奈川	924,816	7	山梨	347,557
8	大阪	891,990	8	香川	410,743
9	千葉	846,918	9	和歌山	415,631
10	岐阜	836,238	10	長野	435,894

（出所）総務省資料。(http://www.soumu.go.jp/senkyo/senkyo_s/data/meibo/meibo_h26.html)

案を作成する過程での国会議員による働きかけと，国会での予算案の議決によって決まります。経済力の弱い地域から多くの国会議員が選出されると，経済力の弱い地域の公共事業への要求は，補助金配分に強く反映されることになります。一方，公共事業に必要な財源を多く負担することになる経済力の強い地域の住民が，補助金拡大に反対したいと思っても，彼らを代表する国会議員の数がそれほど多くないならば，彼らの意向は予算決定に反映されにくくなります。つまり，1票の格差が存在する結果，国会が全地域の利害を平等に代表しなくなり，経済力の豊かな都市部から資金を徴収して，経済力の乏しい過疎地域に資金を移転するような政策が実行されやすくなるのです。

また，都市部と過疎地域では，住民の年齢構成が異なります。若・中年齢層が多く住んでいるのは都市部です。1票の格差が存在すると，若い世代の声が政治に反映されにくくなります。有権者の年齢構成と選択される政策の関係については，次の節でより詳しく学びます。

CHECKPOINT 33

- □ 日本の国政選挙において，地域によって1票の価値に差があることが問題になっています。
- □ 政治家1人が代表する有権者の数は，都市部で大きくなる傾向があり，過疎地域に比べて都市部の有権者の利害が，政策に反映されにくくなっています。

6 人口構造と政策選択

前節の最後で，有権者の1票の価値が高い地域には，区割りによって，有権者の数の割に多い議員定数が割り振られており，その結果，住民の要求が政策に反映されやすくなっていることについて触れました。この節では，住民の政策への選好が，選挙と，議員による国会での議決を通して，どのように実際の政策に反映されていくのかを，もっと詳しく見ていきましょう。

国会内での中位投票者

政策を実行するために必要な法律，予算は，国会の議決を経て成立します。

CHART 表 6-6　3 人の議員の各政策に対する選好の順位

	議員 A	議員 B	議員 C
1 番目	保育所	保育所	高齢者向け施設
2 番目	高齢者向け施設	高齢者向け施設	保育所

　中位投票者定理に従えば，政策空間が一次元で，それぞれの国会議員の政策に対する選好が単峰性を満たすならば，国会内で多数決投票が行われるとき，議員全員の至福点の中位に位置する至福点がコンドルセ勝者となります。

　たとえば，政策の選択肢が「保育所を建設する」と「高齢者向け施設を建設する」の2つであるとしましょう。各議員が2つの選択肢について順位をつけられるとき，議員の政策への選好は単峰性を満たします。選挙区はA，B，Cの3つで，各選挙区から議員が1人ずつ選出されます。選出されたそれぞれの議員を議員A，議員B，議員Cと呼びましょう。**表6-6**は，3人の議員の2つの選択肢に対する選好の順位を表したものです。「保育所を建設する」をより好む議員は2人，「高齢者向け施設を建設する」をより好む議員は1人です。したがって，中位投票者は「保育所を建設する」をより好む議員です。中位投票者定理が示すように，多数決投票によって「保育所を建設する」が採択されるでしょう。

世代による選好の違い

　各選挙区でなぜ「保育所を建設する」を優先する議員，あるいは「高齢者向け施設を建設する」を優先する議員が選出されたのでしょうか。住民の中で保育所の建設を強く望むのは，おそらく，幼い子どもを育てている，比較的年齢が若い夫婦でしょう。一方，高齢者向け施設の建設を強く望むのは，より年齢が高い世代ではないでしょうか。保育所か高齢者向け施設か，という対立軸のもとで選挙が行われた場合，子育て世代は保育所の数を増やすことを公約に掲げる候補者を支持し，退職した世代は高齢者向け施設の充実を公約に掲げる候補者を支持しそうです。つまり，各選挙区の有権者の年齢構成が，どちらの公約を掲げる候補者が当選するかに影響しそうです。

CHART 表 6-7　2 つの世代の各政策に対する選好の順位

	子育て世代	退職世代
1番目	保育所	高齢者向け施設
2番目	高齢者向け施設	保育所

CHART 表 6-8　人口構造が異なる 3 つの選挙区の中位投票者

	子育て世代	退職世代	中位投票者
選挙区 A	8人	3人	子育て世代
選挙区 B	8人	5人	子育て世代
選挙区 C	4人	7人	退職世代

　2 つの政党が A，B，C の 3 つの選挙区に 1 人ずつ候補者を送り込むとします。実のところ，候補者には政策に対する好みはないのですが，選挙で「保育所を建設する」か「高齢者向け施設を建設する」かのどちらかを公約に掲げて戦い，選挙に勝ったあとは選挙公約を遵守するとします。また，各選挙区には「子育て世代」と「退職世代」の 2 世代の住民しかいないとしましょう。**表 6-7** は各世代の 2 つの選択肢に対する選好の順位を表しています。

　3 つの選挙区は，人口構成が異なっています。**表 6-8** を見てください。選挙区 A，選挙区 B には子育て世代が，選挙区 C には退職世代がより多く住んでいます。第 3 節ではダウンズ・モデルを用いて，選挙区で 2 人の候補者が，選挙に勝利することを目的に競争するとき，2 人とも中位投票者の至福点を公約に掲げることを説明しました。選挙区ごとに人口構成が異なるということは，各選挙区の中位投票者が好む政策が異なるかもしれないことを示唆しています。**表 6-8** が示すように，選挙区 A と選挙区 B では子育て世代が中位投票者となり，選挙区 C では退職世代が中位投票者となります。結局，選挙区 A と選挙区 B では「保育所を建設する」を，選挙区 C では「高齢者向け施設を建設す

表6-9 棄権を考慮した場合の人口構造が異なる3つの選挙区の中位投票者

	子育て世代	退職世代	中位投票者
選挙区A	4人	3人	子育て世代
選挙区B	4人	5人	退職世代
選挙区C	2人	7人	退職世代

る」を，両党の候補者が公約するでしょう。各選挙区でどちらの候補者が当選しようと，議会での3人の議員の政策に対する選好の順位はまさに表6-6のとおりになり，多数決投票の結果「保育所を建設する」が採択されるでしょう。

世代による投票率の違い

ここまでは，有権者全員が投票すると仮定して，話を進めてきました。現実には，一定割合の有権者が棄権しており，投票率は世代によって異なっています。候補者が，世代によって投票率が異なることをあらかじめ知っているとしたら，どのような選挙公約を行うでしょうか。仮に，退職世代は全員が投票するけれども，子育て世代は半分が棄権するとしましょう。すると，実際に投票所に足を運ぶ有権者の数と，その中の中位投票者は，表6-9のようになります。

今度は，選挙区Aでは2人の候補者が「保育所を建設する」を公約として掲げますが，選挙区Bと選挙区Cでは2人の候補者が「高齢者向け施設を建設する」を公約として掲げて争うようになります。選挙後の議会の構成は，保育所の建設を優先する議員が議員Aだけ，高齢者向け施設の建設を優先する議員は議員Bと議員Cの2人となり，この2つの選択肢について議会で多数決投票が行われる結果，「高齢者向け施設を建設する」が採択されるでしょう。

実際に，人々の投票行動は世代によって異なるのでしょうか。図6-4は，衆院選における年代別投票率の推移を表しています。この図から，より若い世代ほど，投票率が一貫して低い傾向があることがわかります。その理由は，年齢によって投票の費用が異なることにあります。第5章では，投票には費用がかかることを説明しました。有権者は投票所に行くことで，投票所に行かなかったらできたであろう仕事や遊びができなくなります。こうした機会費用は，仕

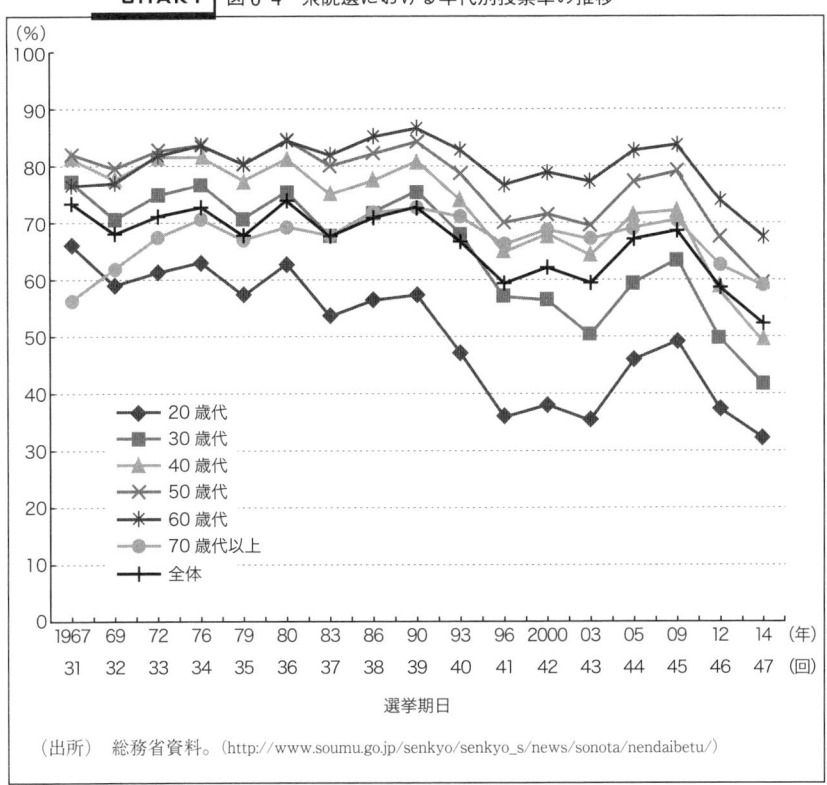

CHART 図6-4 衆院選における年代別投票率の推移

（出所）総務省資料。(http://www.soumu.go.jp/senkyo/senkyo_s/news/sonota/nendaibetu/)

事や子育てで忙しい世代ほど，高いはずです。このような機会費用の高さが，年齢が低い世代の投票率の低さにつながっていると考えられます。

　このように世代によって投票率が異なる場合，投票率の高い世代が好む政策が実行されやすくなります。例では保育所の建設か，高齢者向け施設の建設かが選択肢でしたが，実際に，限られた財源を，子育て世代が安心して子どもを産み，育てることができるような環境を整備するために使うのか，あるいは退職世代への年金給付や介護政策の充実に充てるのかが選挙の争点になることがあります。日本では，人口全体に占める高齢者人口の割合が高くなる**人口高齢化**が進行しており，高齢の有権者の票を得るために，高齢者向けの政策に比べて，子育て世代向けの政策が後回しになっている，という批判があります。若い人たちの投票率が高齢者に比べて低いことが，このような傾向を助長しているのも事実でしょう。また前節でも指摘したように，経済活動が集中する都市

6 人口構造と政策選択 ● 159

> **Column ❻　シルバー民主主義**
>
> 　図 6-4 の投票率の推移から，選挙によって，有権者全体で投票率に変動があっても，年齢が低い世代は，一貫して投票率が低いことがわかります。たとえば 2009（平成 21）年の衆院選では，民主党が大きな勝利を収め，政権交代が起こりました。このときには，すべての世代で，その前後の選挙に比べて投票率が高かったことがわかります。しかしその際にも，若い世代ほど投票率が低い傾向は変わりませんでした。選挙の争点に対する国民の関心の高さ，天候，政治家のスキャンダルなどが投票率に影響することはよく知られていますが，そのような要因を除いてもなお，年齢によって投票の機会費用が異なることが，投票率に影響していることがうかがえます。
>
> 　人口高齢化の進行で有権者全体に占める高齢者の割合が増加することによって，高齢者の政治への影響力が増し，高齢者向けの政策が優先される現象は「シルバー民主主義」と呼ばれます。このうえ若い世代が投票所に足を運ばないと，若い世代の声が，ますます政治に反映されなくなってしまいます。第 1 章では，たとえ機会費用が高くても，行動することによって得られる満足がそれより高ければ，人々はその行動をとることを説明しました。若者の投票行動が若者向けの政策の充実につながるようにするためにも，若者が多く住む都市部の 1 票の価値を，地方の 1 票の価値と等しくするような制度改正が必要でしょう。

部に若い世代が多く住むと，1 票の格差の存在から，若い世代の要求は，ますます政策に反映されにくくなります。人口高齢化が財政に与える影響については，第 10 章で詳しく学びますが，私たちはそこで，世代間で政治への影響力に差があることが，問題の解決を難しくしていることを再認識することになるでしょう。

CHECKPOINT 34

- □ 世代によって選好が異なる政策が選挙の対立軸となる場合，人口高齢化が進んだ社会では，若い世代が好む政策が採択されにくくなります。
- □ 若い世代が多く住む都市部の 1 票の価値が低いこと，若い世代の投票率が低いことは，このような傾向を助長するでしょう。

EXERCISE ●練習問題

6-1 表 6-3（147 ページ）の例で見たとおり，小選挙区制においては，すべての小選挙区の得票数の合計では政党 B のほうが多くても，獲得する議席数では政党 A のほうが多いという結果が生じえます。全体（一国）をいくつかの部分（小選挙区）に分けて，部分ごとに勝敗を決めていくというルールが，このような結果が生じる余地を与えているわけですが，実は，このようなルールはスポーツ競技でも多く採用されています。そのようなルールを採用している競技を挙げて，小選挙区制とどのように対応しているかを説明しなさい（**ヒント**：セット制を採用している競技を考えてください）。

6-2 民主主義が発展する過程で，所得や資産を多く保有する層に制限されていた選挙権が，所得や資産が少ない層に拡大する例が見られました。たとえば日本でも，1889 年に一定以上の額の税を納める 25 歳以上の男子に選挙権が与えられたあと，1925 年には 25 歳以上の男子全員に選挙権が拡大されました。裕福な層からより貧しい層に選挙権が拡大されたことによって，政府が行う福祉政策はどのような影響を受けたでしょうか。中位投票者がどのように変化したかに注目しながら考えなさい。

CHAPTER

第 **7** 章

政府は誰のもの？
政治家・官僚・利益団体

INTRODUCTION

　第2部の最後となるこの章では，選挙に当選した政治家が，政府の中の人たち（官僚）や外の人たち（利益団体）とどのように関わり合いながら，政策を実行していくのかを見ていきます。そこでは官僚や利益団体の利害や，政治家自身の再選動機が，予算の規模や政策の内容に反映されると，一般の国民の利益が損なわれることが明らかになります。
　また，地方政府同士が住民や企業を奪い合う競争をすることによって，住民の利益が損なわれる例を取り上げ，上位政府である中央政府にどのような役割が期待されるかについても考えていきます。

1 政治家に影響を与える人たち

　第3章と第4章では，政府に期待される役割は何かを学びました。続いて第5章と第6章で，政治家はどのように選ばれるのか，選ばれる政治家は，国民の中の誰の利害を代表しているのかを学びました。この章では，選挙のあとで，政府を形成する政治家の行動に影響を与えるさまざまな要因について考えていきます。

　例として，日本の政府について考えてみましょう。日本は，国会の信任にもとづいて内閣がつくられる**議院内閣制**を採用しています。日本国憲法第67条は，内閣総理大臣は国会議員の中から国会の議決で指名されること，また衆議院と参議院とが異なった指名の議決をした場合には衆議院の議決が優先されることを規定しています。このことは結局のところ，選挙の結果，衆議院で過半数議席を獲得した政党から，内閣総理大臣が選ばれることを意味しています。この章の目的は，多数派の意見を代表していると考えられる特定の政党，あるいは政治家が，政権を獲得したあとで，必ず多数派の意見を代表する政策を実行するかどうかを考えることです。

官　僚

　日本国憲法第65条に「行政権は，内閣に属する」とあるように，日本の行政を担当しているのは**内閣**です。内閣は，内閣総理大臣とその他の国務大臣によって組織されます。内閣総理大臣が国務大臣を任免する権限を持ち，過半数の国務大臣が国会議員から選ばれます。各国務大臣は，省庁の長であり，省庁に所属する**官僚**に事務を委任しながら，行政を行っています。日本では，政策決定において，官僚が非常に強い影響力を持っているといわれてきました。日本の官僚は本来公務員であり，政治家と違って，選挙で国民によって選ばれているわけではありません。このことは，官僚の行動目的は，政治家とは異なるかもしれないことを示唆しています。

　各国務大臣が受け持つ行政分野の政策は，法律が制定され，予算が配分されることによって，実行されます。法律を制定するために，また予算を得るため

に，国会による議決を経る必要があります。したがって，内閣総理大臣，国務大臣の行動は，国会議員，そして国会議員を選出する国民の意向に影響されることは明らかです。こう考えると，それではなぜ，選挙によって選出されていない官僚が，政策決定に影響力を持つといわれるのか，その理由は自明ではない，ということに気づきます。日本だけでなく，政策選択において，官僚が果たす役割が大きいといわれる国はほかにも存在します。この章では，官僚が行政において果たす役割，影響力を持つ理由について考えていきます。

利益団体

　また，国会議員を選出する国民，法案・予算案の議決に参加する国会議員，内閣を形成する大臣，省庁に所属する官僚のほかにも，政策決定に影響を与えている人たちがいます。政策の利害関係者のグループです。たとえば，環境保護政策について考えてみましょう。地球温暖化の進行を止めるために，温室効果ガスの排出について規制を設定しようとすると，このような規制によって損失をこうむる人たちが出現します。生産するときに温室効果ガスを多く排出している産業（たとえば電力産業），あるいは温室効果ガスを多く排出する財を生産している産業（たとえば自動車産業）の関係者です。このように，新たな政策によって損をする関係者には，その政策の実行を阻止するために，政府に働きかける動機があります。あるいは，特定の政策によってすでに利益を得ている関係者も，その政策を維持するように，政府に働きかけたいと思うでしょう。政策に対して共通の利害と目的を持ち，政策の決定・実行に影響を与えるために政治的な行動をとる人たちの集団を**利益団体**と呼びます。利益団体はどのような手段を用いて，政府の意思決定に影響を及ぼそうとするのでしょうか。また，利益団体による活動は，果たして実際に効果があるのでしょうか。この章では，利益団体の行動，政策決定への影響力についても，見ていきましょう。

地方政府

　ここまでは，国の政府（中央政府）の意思決定に影響を与える人たちについて，述べてきました。しかし，私たちの住む地域（都道府県，市町村）でも，それぞれの地方政府が行政を行っています。日本の中央政府と地方政府の大きな違いの1つは，内閣総理大臣は国会議員の中から，国会の議決によって指名

されますが，地方政府の首長（都道府県知事，市町村長）は，議員の中から議会の議決によって指名されるのではなく，有権者の直接選挙によって選ばれるという点です。選出される首長は，その地域の有権者の利害により近く，より敏感であるといってよいでしょう。

　地方政府と中央政府のもう1つの違いは，地方政府は，同じ日本の中の，他地域の地方政府の政策から，影響を受けるという点です。もちろん中央政府も，他の国の政府による政策によって影響を受けます。しかし，人や企業が，国境を越えるよりも容易に，国内の他地域に移動できるならば，地方政府は，他地域による，人や企業の移動を誘発するような政策から，より強い影響を受けることになります。この章では，政府同士が，お互いの行動から影響を受ける政策の例を見ていきましょう。また，中央政府が果たす役割についても取り上げましょう。

再選動機

　この章の最後では，再び選挙について考えます。そこでは，政権を担当している政治家が，選挙に勝つために，どのような行動をとることができるかという点に注目します。政権を担当している政治家あるいは政党（すなわち与党）は，そうでない政治家あるいは政党（すなわち野党）と比べて，選挙に備えて，自分が有利になるような政策を実行できるという点で，優位にあります。たとえば，不況のときよりも，好況のときに選挙を行ったほうが，国民が好況を政府の経済政策の成功によるものと解釈し，与党に投票する可能性が高まるでしょう。このように予想する内閣総理大臣は，選挙の直前に，景気を良くするための政策を実行するかもしれません。内閣総理大臣のこのような選択に対して，国民はどのように反応するでしょうか。この章の最後に，有権者は何に注目しながら投票するのか，という第5章，第6章で考えてきた問題に，再び立ち返ります。

　この章を読むことで，政策によって利害が生じる人たちが，それぞれの利益を最大化しようと，さまざまな手段を用いて，他者に働きかけを行っていることがわかってきます。その結果，なぜ政府は必ずしも一般の国民の利益を最大化しないのかが明らかになるでしょう。

CHECKPOINT 35

- □ この章では，選挙に勝利し，政府を形成したあとで，政治家の意思決定が誰から影響を受けるのかについて考えます。
- □ 政治家や，政治家に影響を与える人たちが，自分たちの利益を優先することによって，一般の国民の利益を最大化しない政策が実行されることがあります。

2 政府の中の力関係

プリンシパル・エージェント問題

はじめに，官僚が政策の決定に与える影響について考えてみましょう。図7-1は，国民，政治家，官僚の関わり合いを表しています。この図を左から順に見ていきましょう。まず国民は，選挙によって政治家を選出し，政策の決定・実行を委任します。しかし，政治家は，具体的な政策についての専門的知識が豊富であるとは限りません。一方，官僚は，所属する官庁が受け持つ政策分野について（外務省ならば外交について，防衛省ならば防衛について）政治家よりも多くの専門的知識を持っていると考えられます。また官僚は，調査を行い，情報を収集することによって，政治家よりも，経済や社会の状況について，多くのことを知っているかもしれません。もしそうであるならば，内閣総理大臣，国務大臣である政治家は，官僚に事務を委任することによって，官僚の持つ専門的知識，情報収集力を行政に役立てることができます。何より，忙しい政治家は，事務を官僚に委任することによって，時間を節約することができます。

ある人が，何らかの理由で，意思決定と実行を他の人に依頼するとき，依頼する側を**プリンシパル**（**依頼人**），依頼される側を**エージェント**（**代理人**）と呼びます。プリンシパルとエージェントの行動の目的が同じであれば問題は起こりません。エージェント自身の目的がプリンシパルの目的と異なる場合，プリンシパルがプリンシパル自身の利益を最大化してくれることを期待してエージェントに実行を任せているにもかかわらず，エージェントはエージェント自身の

CHART 図7-1 国民，政治家，官僚の間のプリンシパル・エージェント関係

利益の最大化を優先するために，プリンシパルの利益が最大化されないという問題が発生します。これを**プリンシパル・エージェント問題**，あるいは**エージェンシー問題**と呼びます。

図7-1には，2つのプリンシパル・エージェント関係が含まれています。まずはじめに，政策の決定・実行を政治家に委任する国民をプリンシパル，委任される政治家をエージェントとみなすことができます。ここで，どのようなプリンシパル・エージェント問題が生じるかを考えるために，「政府による公共財の供給」という政策の例を取り上げましょう。政治家の行動の目的は，必ずしも国民全体にとって最適な量の公共財を供給することではないかもしれません（第4章で，最適な公共財の量の求め方を学びました）。自分自身の利益（たとえば選挙に勝つこと）を優先したい政治家もいるでしょう。その場合には，政治家が行う政策によって，国民の利益が最大化されないかもしれません。政治家が再選されることを目的にとる行動については，後ほど改めて考えることにしましょう。

次に，政治家と官僚の関係に注目しましょう。ここでは，官僚の役割を見えやすくするために，政治家も国民全体のためになる政策を実行したい，つまり，最適な量の公共財を供給したいと考えていると仮定して，話を進めていきましょう。官僚の行動の目的も同様に，国民全体のためになる政策を実行することであったとしたら，プリンシパル・エージェント問題は発生しません。しか

2 政府の中の力関係 ● 167

し，官僚が，自分の利益を最大化する行動をとったとしたらどうでしょうか。

そもそも，官僚の利益とは何でしょうか。すでに述べたとおり，官僚は選挙で選ばれてはいません。公務員である官僚は，いまの仕事を続けられるかどうかについて，政治家ほど心配する必要はなさそうです。また，企業が生産する財やサービスと違って，官僚が仕事を通じて生み出すサービスや情報は市場ではほとんど取引されないので，金額で評価することが難しい，という性質を持っています。そもそも政策は，必ずしも誰かの金銭的な利益を最大化するために行われるわけではありませんから，官僚の仕事ぶりを，金銭的価値にもとづいて評価することには無理があります。このような理由から，公務員である官僚の定期的な報酬は，一般的に，官僚の仕事の内容や成果と，大きく連動しないように設計されています。このことは，官僚が自分の行動によって，得られる報酬を増やすことが難しいことを意味します。

しかし，官僚は，何らかの理由で有能であると認められれば，違った形で報酬を得ることができます。それは有能だという評判を得ることから生まれる名誉や出世栄達であったり，その他の非金銭的な便益（部下の数やさまざまな特権など）であったり，あるいは公務員を退職後に，別の企業・団体に就職する（「天下り」と呼ばれています）ことによって得られる高い報酬であったりします。つまり，有能であるという評価を得ることが，自分の利益につながるのです。

官僚と予算

官僚自身は自分の能力を知っていますが，国民や政治家を含めた，官僚を評価する立場にある人は，官僚の能力を直接観察することができません。そのため，第3章で取り上げた情報の非対称性が，ここでも存在します。実行されている政策の成果から，官僚の能力を正しく推し量ろうとしても，政策についての専門的知識を多く持っていないため，困難が伴います。官僚を評価する立場にある人は，観察可能で，官僚の能力と関連がありそうな別の指標にもとづいて，官僚の評価を行わざるをえません。公共選択分野の著名な学者ニスカネンが強調したように，そのような指標の1つが官僚が獲得する予算の規模です。ここでは，予算の規模は，官僚の能力を評価者に伝えるシグナルの役割を果たします。官僚の評判，地位などの個人的利益は，獲得する予算の規模や統括する組織の規模（これも予算規模と連動するでしょう）が大きいほど，高まる傾向が

あります。官僚が予算規模をできるだけ大きくしようとするならば，そのために政策への需要を生み出そうと努力したり，費用がかかったり，不必要な政策であっても実行しようとするかもしれません。

　第4章で学んだ，公共財の最適供給量を求める問題を振り返ってみましょう。そこでは消防活動が公共財でした。そして消防活動の便益と費用を，消防活動と余暇に割り振る時間を単位として測りました。いま，政府は，消防活動という公共財の供給を，「消防サービスの提供」という形の政策によって実行するとします。第5章では，消防サービスに充てる予算の問題を考えました。ここでは，政策の便益と費用を金額で測っていきましょう。

　政府が消防サービスを提供するためには，消防署を建設・維持し，また消防隊員を雇用する必要があります。消防署の建設・維持費，消防隊員への報酬は，政府の予算から支出され，政府予算の支出は，最終的には国民が税として負担します。税を負担すると，そのぶん，国民が他の財やサービスの消費に回すことができるお金が減ってしまいます。人々が，消防サービスが1単位追加的に増えることと引き換えに，失ってもよいと考える金額が，消防サービスのお金に対する限界代替率です。つまり，消防サービスのお金に対する限界代替率は，消防サービス1単位が生み出す便益を金額で測ったものであり，これは消防サービスの限界便益にほかなりません。

　またここでは，消防サービスを1単位追加的に増やすために費やす必要があるお金で，消防サービスのお金に対する限界変形率が測られます。つまり，消防サービスのお金に対する限界変形率は消防サービスの限界費用にほかなりません。したがって第4章で学んだ，最適な公共財の量に関するサミュエルソン条件，

$$\text{国民全体の限界代替率の和} = \text{限界変形率}$$

を，

$$\text{国民全体の限界便益の和} = \text{限界費用}$$

と書き換えることができます。

　図7-2の右下がりの実線は，消防サービスから得られる限界便益を国民全体で足し合わせたものを表しています。また，水平な実線は消防サービス提供の

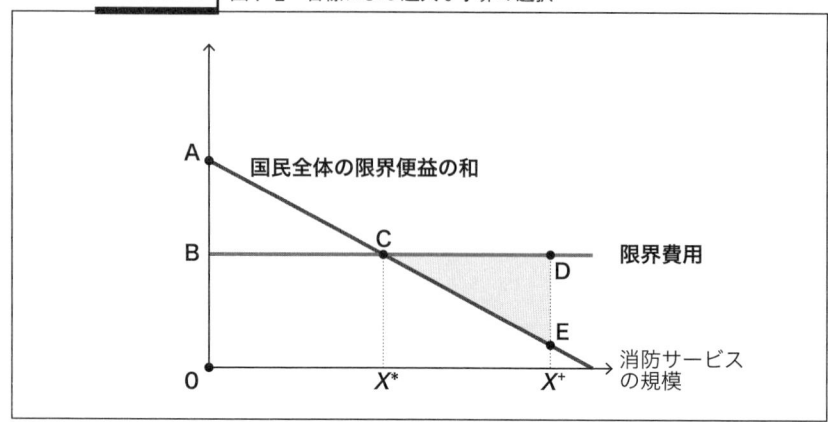

CHART 図7-2 官僚による過大な予算の選択

限界費用を表します。この2つの線が交わる消防サービスの水準X^*でサミュエルソン条件が成立します。つまりX^*が，国民全体にとってもっとも望ましい消防サービスの水準です。三角形ABCの面積は，このときの［消防サービスが生み出す便益］－［消防サービスの提供にかかる費用］を表しています。

政治家は，消防サービスを提供するために，どのくらい費用がかかるかについての情報を持っておらず，官僚に，サミュエルソン条件が成立する消防サービスの水準を計算するよう，依頼するとしましょう。できるだけ大きな予算を確保することが官僚の目的であるならば，官僚はできるだけ大きな規模の消防サービス（たとえば消防サービス提供のための費用を表す長方形0BDX^+の面積が，便益を表す台形0AEX^+の面積をぎりぎり超えないX^+）がサミュエルソン条件を満たすと，政治家に嘘をいうかもしれません。消防サービスを提供するためにかかる真の限界費用を知らない政治家は，最適な規模よりも過大なX^+を採用するでしょう。X^*からX^+に消防サービスの規模が増えることによって，三角形CDEの面積に相当する社会的余剰の損失（＝［余計にかかる費用］－［新たに増える便益］）が発生します。しかし一方で，大きな予算は，官僚に個人的な利益をもたらすでしょう。

このように，官僚が個人的利益を得られるのは，所属する省庁が，所管する政策分野を独占していることに起因しています。たとえば，外交政策は外務省が，防衛政策は防衛省が，医療政策は厚生労働省が独占的に行っているので，それぞれの政策についての知識や情報を独占できます。何らかの理由で，正当な水準を超えて得られる利潤を**レント**と呼びます。この場合は，官僚が専門的

知識や情報を独占することによってレントが発生しています。レントは必ずしも金銭的な利益ではありませんが，それを獲得することが，行動の目的となることがあります。

> **CHECKPOINT 36**
> ☐ 意思決定と実行を他の人に依頼する側をプリンシパル（依頼人），依頼される側をエージェント（代理人）と呼びます。
> ☐ プリンシパルとエージェントの行動の目的が異なる場合，プリンシパルの利益が最大化されないというプリンシパル・エージェント問題が発生します。
> ☐ 情報収集や政策立案を委任される官僚が，自身が高い評価を得るためにできるだけ大きな予算を獲得しようとすると，結果として国民の利益を損なう，無駄な政策が実行されることになります。

3 政治家は圧力に弱い？

政府の外からの圧力

　第2節では，官僚がなぜ政策の決定・実行に大きな影響力を持つのかを見てきました。政策に影響を与える人たちは，政府の外にもいます。それは，政策に対して共通の利害と目的を持ち，政策の決定・実行に影響を与えるために政府に働きかけを行う人たちのグループ，すなわち利益団体です。

　利益団体は，広く国民の利益になる政策ではなく，自分たちの利益（**特殊利益**と呼ぶこともあります）にかなう政策を政治家に実行させるために，政治的活動を行います。第1節で述べたように，環境保護のための規制が導入されそうになると，規制基準を満たすことができずに罰則を受けそうな産業，あるいは規制基準を満たすために新たな負担が必要になる産業は，環境保護規制に反対であることを，政治家に訴えます。アメリカでは，銃規制が導入されそうになると，市民が銃を持つ権利を保護することを目的とする，全米ライフル協会が反対を唱えますが，全米ライフル協会は，銃器産業から活動資金の提供を受けています。利益団体の利益と一般の国民の利益が一致していればよいのですが，利益団体の利益は，必ずしも一般の国民の利益と一致しません。環境保護規制

が実行されたほうが，国民は，質のよい環境のもとで，快適に生活することができます。銃の使用が規制されたほうが，人々が銃犯罪に巻き込まれる危険性が小さくなります。これらの例では，利益団体の利益が，多くの国民の利益と相反しています。

　政府が貿易自由化のための国際協力を進めることによっても，損をする産業が出てきます。日本が外国から輸入する財の中には，高い関税がかけられているものがあります。農作物などはその例です。政府が関税を撤廃する国際協定への参加を検討するとしましょう。関税障壁が撤廃されると，消費者は輸入品を安い価格で購入することができます。一方，外国で生産される安価な輸入品に高い関税がかけられることによって，市場での競争力を維持できている国内産業は，関税が撤廃され，輸入品が消費者に，以前より低い価格で販売されるようになると，競争力を失うでしょう。したがって，関税障壁によって保護されている国内産業は，関税撤廃反対という点で，利害が一致しています。実際，TPP（環太平洋戦略的経済連携協定）のように，関税障壁の撤廃を含む国際協定への参加については，関税障壁で保護されている産業と関係している多くの団体が，反対を表明しました。

　第2節で，図7-1を用いながら，国民と政治家はプリンシパル・エージェント関係にあると述べました。また，政治家は広く国民の利益のことを考えて行動していると仮定して，話を進めてきました。しかし，もし政治家が，利益団体から圧力を受けて特殊利益を保護する政策を実行するならば，一般の国民の利益は犠牲になるかもしれません。

レントシーキング

　政治的な要因から生まれる超過利潤を求めて行動することを**レントシーキング**といいます。レントシーキングは，本来ならば，財やサービスの生産に振り向けることができた時間，能力，努力を，生産を伴わない用途に費やしますから，経済的には無駄です。

　利益団体は，具体的にどのような手段を用いて，レントシーキングを行っているのでしょうか。たとえば，利益団体は，政治家のもとを頻繁に訪れ，自分たちの窮状を訴えるかもしれません。また，政策の実施あるいは廃止が，いかに政治家の利益にかなうかを説明するかもしれません。あなたの選挙区の有権

者のためになる，あるいは国民全体のためになる，と説得することもあるでしょう。たとえば，関税障壁に守られている産業が，政治家の選挙区内の重要な産業ならば，政治家は，関税障壁を撤廃しないようにという利益団体の説得に耳を傾けるかもしれません。このように，政策の利害関係者が政治的意思決定者に対して，政策に関する意思決定に影響を与えようとして行う活動のことを**ロビー活動**といいます。しかし，いくら利益団体が活発にロビー活動を行おうと，政治家の個人的利益に影響がなければ，政治家の行動はそんなに簡単には変わらないはずです。利益団体の活動が政策選択に影響力を持っているとしたら，利益団体は，実は政治家の個人的利益を増やすために，何らかの貢献を行っているのかもしれません。

そもそも政治家の個人的利益とは何でしょうか。選挙に勝つことは，政治家にとって大きな関心事でしょう。政治家は，再選されることによって，名誉や，さまざまな特権を享受し続けることができます。利益団体は政治献金という形で，政治家が選挙運動を行うにあたって必要な資金を政治家に提供することによって，選挙で勝利することに貢献することができます。あるいは，規模の大きな利益団体は，団体に属するメンバーに，自分たちのためになる政策を公約として掲げている政治家に投票するよう，動員をかけることで，勝利に貢献することもできるでしょう。

団体の規模とフリーライディング

このように考えると，一見，規模の大きな団体のほうが，レントシーキングをより効果的に行うことができるように思えます。しかし，関係者の人数が多いと，中には積極的にレントシーキングに参加しない人もいそうです。なぜならば，利益団体のメンバーは利害が一致しており，いったん誰かの努力によって目的が達成されると，その効果は利害関係者全員に及びます。たとえば，関税障壁の撤廃を行いたい政府に対して，誰かが積極的なロビー活動を行い，思い止まらせることに成功した場合，関税障壁によって守られているレントを，ロビー活動に参加しなかった関係者も，同じように享受することができるのです。つまり，レントシーキングの成果は公共財と似た性質を持ちます。第4章で私たちは，公共財の自発的な供給を関係者に任せると，他の誰かの供給にただ乗りしようとして，結局供給が最適な規模よりも小さくなることを学びまし

た。つまり，レントシーキングにはフリーライディングのインセンティブが働くのです。

　団体の規模が大きい場合と小さい場合では，フリーライディングが起こりやすいのはどちらでしょうか。お互いが協力し合う集団行動を組織しやすいのは，関係者の数が少ない，規模が小さい団体です。各人がお互いのことをよく知っているので，努力を怠って他人の努力にただ乗りしようとすると，容易に罰せられます。ただし，利益団体の規模が小さいと確保できる票数が少ないので，選挙資金を提供する形で，選挙協力を行うことが多いといわれています。

　人数が少ないほど，他人の行動にただ乗りすることが難しくなるという論理は，一般の国民と利益団体のどちらの政治的行動がより影響力を持つか，という問題に対しても当てはまります。実際に，一般の国民の投票行動よりも，利益団体によるロビー活動のほうが，政策に強い影響力を持っているように見える例はいくつかあります。一般の消費者は農作物の価格が少しでも安いほうがよいと思っているのに，農作物の消費者価格が，関税障壁や，政府の需給調整によって，安定した水準に維持されているのはその1つの表れです。また，農業従事者の割合が比較的小さい先進国のほうが，比較的大きい発展途上国よりも，農業従事者が政策によってより厚く保護される傾向があるといわれています。これらの例では，利害関係者の数が少ないほうが，政策に対して，強い影響力を発揮しています。ある政策から，少数の利害関係者に大きな個人的利益が発生する一方で，大規模集団である一般の国民の1人ひとりが，その財源を負担するために支払う税がわずかである場合，大きな個人的利益を得る少数の利害関係者のほうが，一致団結して，自分たちの利益を守ろうとするでしょう。また，一般の国民の政策への関心が多岐にわたる場合，特定の政策への関心は薄くなりがちです。特殊利益が優先されていても，そのことに気づいていない国民，あるいは気づいていても，政府を批判するための行動を起こそうとしない国民は多いのではないでしょうか。

　図7-3は，国民，政治家，利益団体の関わりを描いたものです。プリンシパルである国民は，広く国民のためになる政策を，政治家に実行してほしいと考えています。エージェントである政治家が，利益団体からの圧力や便宜供与を受けて，プリンシパルの利益を犠牲にする場合には，罰則を加えることで，政治家の行動を律することができるはずです。しかし，こうしてエージェントに

CHART 図7-3 利益団体から政治家への圧力

任せたあとの行動について、プリンシパルが正確な情報を得ることができないとき、プリンシパルである一般の国民は、プリンシパル・エージェント問題に悩むことになります。

報道機関の役割

日本でも、特定の政策分野に精通し、利益団体と密接な関係を持つ、いわゆる「族議員」が、利益団体の利益の保護のために、非効率な政策を推進しようとすることが、たびたび問題になります。無駄な公共事業はその一例です。密接な関係にある建設業者の利益になる公共事業を多く実施したい族議員は、関連する法案を通すために、また、公共事業に多くの予算を得るために、省庁や党、他の国会議員に働きかけます。しかし、一般の国民が、政治家の行動や目的を完全に把握するのは容易なことではありません。また一般的に、特定の集団を優遇する政策は、複雑な契約、税制上の優遇措置など、一般の国民がすぐには見破ることができないような方法で行われがちです。

非効率な政策が行われないように、国民が政治家の行動を規律づけるための1つの方法は、選挙のときに、政治家の実績に対する評価にもとづいて票を投じる**回顧的投票**を行うことです。非効率であるとすぐには判断できない政策も、時が経つにつれて、無駄が生じていることが明らかになってくるでしょう。国民が政治家を罰する投票行動をとると政治家が予想するならば、政治家は、非

効率な政策の実行を慎むようになります。

　また，国民が，政治家の行動を**モニタリング**（**監視**）することで，情報の非対称性を解消することができるかもしれません。しかし，誰かの負担によってモニタリングが行われ，政治家の行動についての情報が得られれば，負担しなかった他の国民にも利益が及びます。このように，モニタリングで得られる情報もまた，公共財としての性質を持ちます。個々の国民は，他の誰かが行うモニタリングにただ乗りしようとするので，結局十分なモニタリングが行われません。そこで，個々の国民に代わって政治家のモニタリングを行っているのが報道機関です。報道機関は，国民に政治家の行動に関する情報を伝達することによって，プリンシパルである国民とエージェントである政治家との間の情報の非対称性を解消する役割を果たしているといえます。

CHECKPOINT 37

□ 政策についての利害が一致する人たちが利益団体を形成し，ロビー活動を行うことで，自分たちに有利な政策を政治家に行わせることができます。

□ 集団の規模が大きいほど，他のメンバーの行動にフリーライディングしようとするインセンティブが働くことから，規模の小さな集団のほうが政策に強い影響力を持つ場合もあります。

4. 政府同士がライバル？

政策の外部性

　ここまでは，国の政府（中央政府）を想定して，話を進めてきました。しかし第1節で述べたように，日本には中央政府のほかに，都道府県，市町村に，それぞれの地方政府が存在します。ある地方政府の政策の効果がその地域内にとどまらず，他地域にまで及ぶことがあります。その場合には，地方政府は，他地域に与える影響に対して，それを受ける地域の地方政府がどのように反応するかを予想しながら，政策を選択することになります。

　他地域に影響を与える政策の例として，騒音，大気汚染など，企業が環境を

悪化させる行動に対して課す規制基準を考えましょう。いま、ある地域の地方政府が、企業に対して、より厳格な規制基準を課すとします。企業には、厳しい基準を満たすために、技術開発や設備投資などの新たな負担が必要となります。現在操業している地域と、別の地域との間で、雇用できる労働者の数と質、輸送のための交通基盤などの他の条件があまり変わらなければ、企業は新たな負担を逃れるために、別の地域に移動するかもしれません。それを予想する地方政府が、規制基準の厳格化によって、環境の質が改善し、住民が健康で快適に生活できるようになるよい効果よりも、企業が地域を出ていき、地域経済が衰退する悪い効果のほうを重視するならば、規制基準を厳しくすることをためらうでしょう。

経済的な効果を重視する地方政府は、むしろ企業を誘致するために、規制基準を緩くするかもしれません。今度は、他地域で操業している企業が、規制基準が緩くなった地域に移動しようとします。すると、他地域の地方政府も、企業が地域から出ていくことを防ぐために、対抗して規制基準を緩くするかもしれません。

ある地方政府の政策が、他地域にも影響をもたらすとき、外部性が発生しています。この例では、地方政府の規制基準の変化が、企業の移動を誘発することで、他地域にも影響を及ぼしています。したがって、それぞれの地方政府は、規制基準を厳しくすると企業が出ていき、緩くすると企業が移動してくることを予想しながら、政策決定を行っているはずです。結局のところ、各地方政府は、どのような基準を設定するでしょうか。

地方政府同士による企業誘致競争

いま、経済に地域Aと地域Bという2つの地域があり、それぞれの地域に地方政府が存在しているとします。地域の数が2つ、という仮定は現実離れしている、と思う人もいるかもしれません。しかしここでは、地方政府の行動が、お互いにどのように関わり合っているのかを考えることが目的ですので、地方政府の数は2つで十分です。地域Aの地方政府をA、地域Bの地方政府をBと、記号で呼んでいきましょう。それぞれの地方政府は、規制基準を選択することで、住民が得る便益（単位を明示していませんが、金額で測っています）を最大化したいと考えています。第1節で述べたように、都道府県知事や市町村長

は住民による直接選挙で選ばれます。住民が政策から得る便益を最大化することは，再選される可能性を高めることにつながるでしょう。それぞれの地方政府は，緩い規制基準と厳しい規制基準の2つの水準のうちのどちらかを選択することができるとします。厳しい基準を選択しているときには，地域の住民の健康は守られますが，緩い基準を選択すると，住民に健康被害が出るとしましょう。厳しい規制基準が住民の健康を守ることによって生み出される便益の大きさを1としましょう。また，緩い規制基準のもとでは，住民の健康面での便益は0になるとしましょう。

　一方，他地域よりも緩い規制基準を採用すると，他地域の一部の企業が移動してきて，地域経済に変化が生じます。両地域で同等の規制基準を採用しているとき，両地域には同じ数の企業が存在するとします。住民が企業に雇われて所得を得ることで，それぞれの地域に3の便益が発生します。一方の地方政府が他方と比べて緩い規制基準を採用すると，その地域に企業が移動してくることによって，労働への需要が増えて雇用が増えたり，賃金が上がるなどして，住民全体の所得が増え，便益が2だけ増えて5になるとしましょう。企業が流出した地域では，労働への需要が減って雇用が失われたり，賃金が下がるなどして，経済面での便益が2だけ減って1になるとしましょう。

　Aが選ぶ規制基準とBが選ぶ規制基準の組合せは，（緩い基準，緩い基準），（緩い基準，厳しい基準），（厳しい基準，緩い基準），（厳しい基準，厳しい基準）の全部で4つです。それぞれの組合せのもとで，両地域の住民はどのような便益を得るでしょうか。まず，AもBも厳しい基準を採用するとしましょう。地域Aでは，住民の健康が守られるので健康面での便益は1，また両地域に同じ数の企業が存在するので経済面での便益は3となり，合計4の便益が得られます。地域Bも同じです。次にAだけが緩い基準を採用したとしましょう。地域Aでは住民に健康被害が出るので，健康面での便益は0，一方企業が流入するので経済面での便益は5となり，合計5の便益が得られます。地域Bでは，厳しい基準が採用されているので住民の健康は守られ，健康面での便益は1，一方企業が流出するので，経済面での便益は1で，合計の便益は2となります。ほかの2つの場合についても同様の計算をし，結果をまとめたものが，**表7-1**です。**表7-1**の左側にはAの，上側にはBの選択肢が書かれています。そして，Aの選択肢とBの選択肢の組合せのもとでの両地域の住民の便益が，

CHART 表7-1　地域Aと地域Bの規制基準をめぐる住民の便益

		B 緩い基準	B 厳しい基準
A	緩い基準	3, 3	5, 2
A	厳しい基準	2, 5	4, 4

表の中の数値で表されています。左の数値が地域Aの，右の数値が地域Bの住民の便益を示しています。たとえば，先ほど計算したように，AもBも厳しい基準を選択したときには，地域Aと地域Bの住民の便益が(4,4)となり，Aが緩い基準を選択し，Bが厳しい基準を選択したときには，地域Aと地域Bの住民の便益が(5,2)となっているのを，**表7-1**で確認してください。

　どのような規制基準を採用することがA，Bそれぞれにとって最適な選択なのか，**表7-1**をもとに考えましょう。仮にBが厳しい基準を採用するとしましょう。このときAが緩い基準を選択すると地域Aの便益は5，厳しい基準を選択すると地域Aの便益は4です。Bが厳しい基準を採用しているときには，緩い基準を選択することがAの最適な行動であることがわかります。今度はBが緩い基準を採用するとしましょう。Aが緩い基準を選択すると地域Aの便益は3，厳しい基準を選択すると地域Aの便益は2です。Bが緩い基準を採用しているときも，Aは緩い基準を選択することによって，より高い便益を地域Aの住民にもたらすことができます。つまり，Aにとって緩い基準は，第4章 Column ❸（92ページ）で説明した支配戦略です。Bも同様に，Aがどのような基準を採用しようと，緩い基準を選択することで，住民に高い便益をもたらすことができます。Bにとっても緩い基準が支配戦略です。結局，AもBも緩い基準を採用するでしょう。その結果，それぞれの地域で3の便益が得られますが，これは両地域で厳格な基準が採用される場合の各地域の便益4を下回っています。つまり両地域が緩い基準を選択する支配戦略均衡で実現する状態は，両地域が厳格な基準を選択することによって実現する状態に比べてパレート劣位です。第4章で学んだ消防活動の例と同様に，各政府がそれぞれの地域内の住民の便益だけを最大にしようとする結果，パレート効率的でない状

態が実現してしまいます。

問題を解決するには

このように，政府が他の政府の行動を予想しながら最適な政策選択を行う状況を，**地域間競争**といいます。政府が企業誘致の競争で用いることができる政策手段は，規制基準のほかにもあります。たとえば企業の利潤に対して他地域よりも低い税率を課せば，企業は重い税負担を逃れて，税の軽い地域に移動してくるでしょう。このように企業への税を政策手段として行われる地域間競争をとくに**租税競争**と呼びます。租税競争は一国内の地域同士に限らず，国家間においても観察されます。経済活動が比較的自由に移動できる欧州連合（EU）内で，各国の法人税率がアメリカや日本に比べて低いのは，国家間で租税競争が行われていることを示しています。

地域間競争の結果パレート劣位な状態が実現してしまうのはすでに見た通りです。政府の行動を変更させ，これに比べてパレート優位な状態を実現する方法はないのでしょうか。実際，両地域で厳しい基準が採用された結果実現する状態はパレート効率的です。地域同士が協力して，同一の厳格な基準を設定するよう，申し合わせることも1つの方法です。しかし，この申し合わせが遵守されればよいのですが，すでに学んだように，他の地方政府がどのような基準を採用していようと，各地方政府は，緩い基準を採用することで得をすることになります。表面的には厳しい規制基準を維持しながら，別の法律を制定して，実際には企業への規制を緩くするかもしれません。もう1つの方法は，他の機関が厳しい基準を強制することです。たとえば，上位の政府である中央政府が，厳格な規制基準をすべての地域に適用することも有効な方法です。日本では環境基本法が，大気汚染，水質汚濁，土壌汚染，騒音について，中央政府が環境基準を課すことを求めています。

CHECKPOINT 38

- □ 政府が他地域への影響を考えず，自地域の利益を最大化する行動をとると，パレート効率的でない状態が実現します。
- □ 全地域の利益を考えることができる上位政府に政策の決定を委ねるのも，問題解決の1つの方法です。

5 中央政府と地方政府

豊かな地域から貧しい地域への所得移転

　前節では，環境政策が住民の健康のほかに，企業立地にも影響を与えていました。ここでは，企業立地には影響せず，住民の生活の質に直接影響を与える環境政策の例を取り上げましょう。たとえば適切なゴミ処理や公園緑地の整備は，住民が健康で快適に生活することに寄与します。しかし，地方政府が，ごみ処理施設や公園緑地を公共事業によって建設するためには，財源が必要です。財源を負担するために，住民は以前よりも重い税を支払わなければなりません。

　再び，経済にA，Bの2つの地域が存在するとします。公共事業の実施によって，健康で快適な生活を送れるようになり，それぞれの地域で4の便益が発生するとします（前節と同様，便益を金額で測っています）。また，両地域の住民の経済力は等しく，最低限の消費を行っても，3だけの所得の余裕があるとします。公共事業を実施するために2の費用がかかり，住民はこの費用を負担するために，2だけ税を納めなければなりません。税を支払ったあとに残っている所得は消費に回すとします。各地域とも，公共事業を行った場合の住民の便益は，

$$(所得(3) - 税負担(2)) + \begin{bmatrix} 健康で快適な生活を送る \\ ことができる便益 (4) \end{bmatrix} = 5$$

として計算されます。公共事業を行わなかった場合の各地域の住民の便益は，

$$所得(3)$$

ですので，公共事業を行うことで住民の便益は増加します。両地域の地方政府は公共事業を行うことを選択するでしょう。

　AとB，2つの地域の経済力に大きな差がある場合はどうでしょうか。最低限の消費を行ったあとに残る地域Aの住民の所得は5，地域Bの住民の所得は1だとします。はじめに地方政府A（ここから，以前と同様，単にAと呼んでい

5　中央政府と地方政府 ● 181

きます）の意思決定について考えてみましょう。公共事業を行わなければ，住民の便益は 5 です。公共事業を行えば住民の便益は (5−2)+4＝7 となります。A は公共事業を行うことを選択するでしょう。一方，B はどのような選択をするでしょうか。地域 B では，住民が拠出できる所得が 1 しかないため，公共事業の費用 2 をまかなうことができません。したがって公共事業を行うことができません。

　もしも中央政府が，地域 A の住民の所得のうち 2 を，地域 B に強制的に移転する政策を行ったらどうでしょうか。移転が行われた結果，両地域の所得が 3 になり，経済力が等しくなります。したがって，はじめに両地域の経済力が等しいと仮定して計算を行ったとおり，両地域とも公共事業を行うことが可能になり，公共事業を行うことによって，住民の便益が増加します。両地域とも公共事業を行うでしょう。また，

両地域が公共事業を行った場合の両地域の住民の便益の合計
$$= 地域 A の（所得(3) - 税負担(2)) + \begin{bmatrix} 地域 A の住民が健康で快適な \\ 生活を送れる便益 (4) \end{bmatrix}$$
$$+ 地域 B の（所得(3) - 税負担(2)) + \begin{bmatrix} 地域 B の住民が健康で快適な \\ 生活を送れる便益 (4) \end{bmatrix}$$
$$= 10$$

となり，このとき両地域の住民の便益の合計（つまり社会的余剰）は最大化されます。

　実際に日本でも，公共事業に限らず，教育や福祉などの公共サービスが，経済力の弱い地域でも，経済力の強い地域と同様に行われるように，国民が国に納めた税の一部を，中央政府が地方政府に分配しています。経済力が強く，所得の高い地域から多めに集められた国税の一部が，各地域にまんべんなく，あるいは経済力が弱く，所得の低い地域に多めに配られることで，実質的には経済力の強い地域から弱い地域に，所得が移転されています。このような制度によって，どの地域の住民も，国民として必要な最低限度の公共サービスを利用することができます。

情報の非対称性とヤードスティック競争

　しかし，このような地域間移転を実現する仕組みが，よい効果ばかりをもたらすわけではありません。両地域の住民の所得が等しく3である例に戻りましょう。ただし以前のケースとは違って，今度は，4の便益を生み出す公共事業にかかる費用が，2とは限らないとします。また，本当の費用がいくらであるのか，中央政府も住民も知ることができないとしましょう。ここでAもBも2の費用で公共事業を行うことができるのに，Aだけが，資材が高騰しているので3.5の費用がかかる，と嘘をついたとしましょう。仮に中央政府が嘘を信じたとすると，地域Bの所得3から0.5を地域Aに移転することで，両地域で公共事業が実施され，社会的余剰が最大化されると考えるでしょう。実際には地域Aの公共事業の費用は2ですから，Aを構成する人たち（政治家や官僚）は使わなかった税収1に所得移転0.5を加えた1.5を，自分たちの利益になる用途に使用することができます。一方で，地域Aの一般の住民が消費できる所得が1，地域Bの住民が消費できる所得が0.5減っています。結局，Aは嘘をつくことで，両地域の住民の所得の一部を，自分たちのものとできるのです。Aの目的が自分たちの利益を最大化することであれば，Aは嘘をつくでしょう。地方政府によるこのような所得の収奪は，果たして望ましいものでしょうか。

　Aがこのような嘘をつくことができるのは，地方政府と中央政府，住民との間に，資材の価格について情報の非対称性が存在するからです。しかし，中央政府も住民も，地域Bの公共事業の費用についての情報を，Aの嘘を見破るために利用することができます。確かに，ある地域だけで資材の価格が高騰することもあるかもしれませんが，多くの場合，資材の価格は，地域間で連動します。地域Bの公共事業の費用に比べて，地域Aの費用が不自然に高い場合，中央政府も住民も，Aが嘘をついていると気づくかもしれません。その場合，中央政府は所得移転を行わないことで，Aが，地域Bの住民の所得の一部を収奪することを防ぐことができるのです。地域Aの住民も，次の選挙で回顧的投票を行うなどして，地方政府を罰することができるでしょう。

　このように，他地域に関する情報を比較対象とすることで，地方政府の行動を規律づけることが可能になります。嘘を見破られた結果，自らの政策に関す

5　中央政府と地方政府　●183

Column ❼ ソフトな予算制約問題

　中央政府と地方政府との間に情報の非対称性が存在しなくても，地方政府がお金を無駄に使ってしまう可能性があります。地方政府は自分の地域のことだけを考え，中央政府はその地域のことだけでなく，他の地域のことも考えているとします。また一般の住民が得る便益だけでなく，地方政府で働く人たちの便益も，地域の便益としてカウントするとします。

　地域の住民は 3 の所得を持っています。金額で測って 4 の便益を生み出す公共事業を計画するとしましょう。この公共事業には 3.5 の費用がかかり，住民の所得を 0.5 だけ超えるので，このままでは公共事業を行うことができません。このときこの地域の便益は 3 のままです。

　地方政府で働く人たちが公共事業の費用削減の努力をすると，費用は 2 に抑えられ，住民の税負担だけで公共事業を行うことが可能になるとします。しかしこの努力は，彼らにとって，金額で測って 1.2 の負担となります。政府で働く人たちの努力の費用も含めた地域全体の便益は，

　　（所得(3)－税負担(2)）＋公共事業が生み出す便益(4)－努力の費用(1.2)＝3.8

となります。

　中央政府が他の地域からこの地域に 0.5 の所得を移転した場合も，公共事業を行うことが可能になります。このとき住民の便益は，

　　　　（所得(3.5)－税負担(3.5)）＋公共事業が生み出す便益(4)＝4

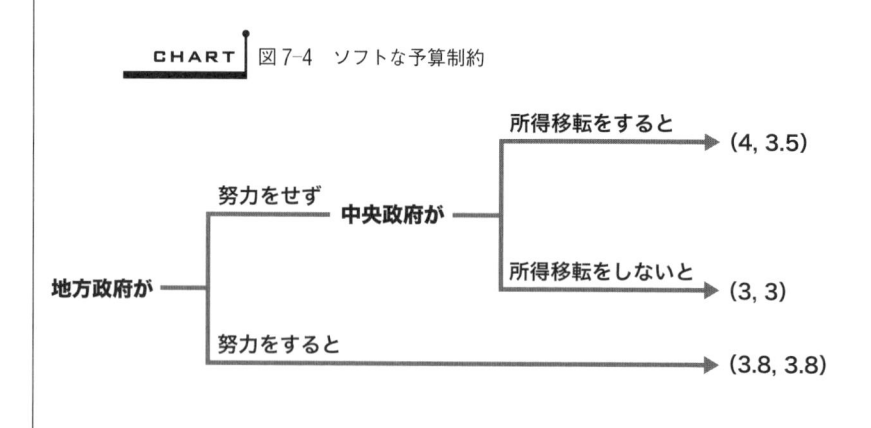

CHART 図 7-4　ソフトな予算制約

```
                                          所得移転をすると
                                     ┌──────────────────→ (4, 3.5)
                       努力をせず     │
                    ┌──── 中央政府が ─┤
                    │                 │  所得移転をしないと
地方政府が ─────────┤                 └──────────────────→ (3, 3)
                    │
                    │  努力をすると
                    └─────────────────────────────────→ (3.8, 3.8)
```

です。ただし，他地域のことも考慮する中央政府は，

$$その地域の便益(4) －他地域の負担(0.5) ＝ 3.5$$

を国全体の便益としてカウントします。

　まずはじめに，地方政府が，公共事業の費用削減のための努力をするかどうかを決定するとしましょう。地方政府が努力をしない場合には，中央政府が他の地域から 0.5 の所得移転を行うかどうかを決定します。図7-4 は，地方政府と中央政府がとる行動によって，その地域と国全体の便益がいくらになるかを表しています。右端に書かれた 2 つの数字のうち，左側の数字がその地域の便益，右側の数字が国全体の便益を表しています。地方政府は左側の数字ができるだけ高くなるような選択を行い，中央政府は右側の数字ができるだけ高くなるような選択を行います。

　まず，地方政府が努力を怠ったあとの中央政府の選択を予想してみましょう。中央政府が所得移転を行うと，国全体の便益は 3.5 になります。所得移転を行わない場合は 3 です。中央政府は所得移転を行うでしょう。

　それを予想する地方政府はどのような選択をするでしょうか。公共事業の費用削減の努力をすれば，所得移転を受けることなく便益 3.8 を得，努力をしなければ所得移転を受けて便益 4 を得ることができます。地方政府は努力をしないことを選択するでしょう。

　このように，あとで行動する者が救済してくれることを期待して，先に行動する者が努力を怠ってしまう問題を**ソフトな予算制約**問題といいます。このような問題が起きるのは，困難に陥っている地方政府を助ける裁量を，中央政府が与えられている（予算制約が柔軟〔ソフト〕）からです。地方政府が努力を怠った結果，たとえ公共事業を行えないという困難に陥ったとしても，地方政府を決して助けないことに中央政府が自分の行動を縛ることができれば，地方政府は努力せず 3 の便益を得るよりは，努力をして 3.8 の便益を得るほうを選択するでしょう。この場合に中央政府が得る便益は 3.8 で，努力を怠った地方政府を事後的に救済することで得る便益 3.5 よりも高いのです。

　しかし国全体のことを考えている中央政府が，困っている地方政府を助けないようにするのは難しいものです。裁量の余地を自分に残さないためには，たとえば事後的救済を禁じる法律を制定するなど，行動を拘束するための仕掛け（このような仕掛けを**コミットメント・ディバイス**と呼びます）をあらかじめ設定しておく必要があります。

る情報を独占することで得られるレントが，まるで独占企業の利潤が競争の導入によって失われるように，消失します。比較対象があることによって促進される競争のことを**ヤードスティック競争**といいます。中央政府は，参照する情報を得ることで，地方政府間の競争を促進することができるのです。

CHECKPOINT 39

☐ 地域間で経済力の格差がある場合，中央政府が豊かな地域から貧しい地域に所得を移転することで，両地域で公共サービスの提供が可能になります。
☐ 中央政府から地方の実情が見えにくい場合，他地域を比較対象とすることで，地方政府の過大な要求を見破り，適切な規模の所得移転を実行することができます。

国民はよい政治家を見抜くことができる？

　この章の最後に，改めて，国民と政治家との間のプリンシパル・エージェント問題について考えましょう。再選が政治家の目的ならば，政治家の再選に貢献してくれる利益団体の利益になるような政策を選択することで，一般の国民の利益が犠牲になるかもしれないことを，第3節で学びました。ここでは，再選を目的とする政治家は，たとえ利益団体からの圧力がなくても，一般の国民の利益を最大化しないような政策を選択する可能性があることを見ていきましょう。

政治家は選挙に勝つために支出を増やす？

　国民が政治家の実績に対する評価にもとづいて，回顧的投票を行うことで，政治家の行動を律することができるかもしれないことについては，すでに述べました。しかし，国民に，いつも過去を振り返りながら投票することを期待するのは，少し無理があるようにも思えます。国民は選挙で，今後自分たちの代表として，政策の決定を任せられる政治家を選出しようとしています。国民は，政治家の過去の行動を罰するよりもむしろ，今後よい政策を行ってくれそうな政治家を選出するために，票を投じるのではないでしょうか。
　だからといって，政治家の業績を振り返ることが，まったく意味のないこと

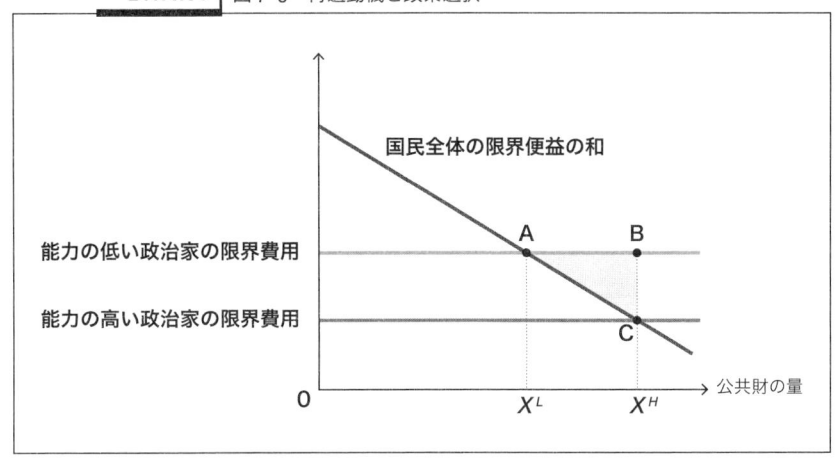

CHART 図7-5 再選動機と政策選択

だというわけではありません。政治家の業績は、その政治家の能力についての情報を含んでいるからです。本来なら国民は、能力の高い政治家に立法や行政を任せたいと思うでしょう。しかし、政治家自身は自分の能力を知っているけれども、国民はそれを知ることができない、という情報の非対称性が存在します。第3章で学んだように、情報の非対称性に対処するために、政治家自身が自分の能力を国民に知らせようと、何らかのシグナルを送るかもしれません。そして、政治家の業績は、シグナルの1つかもしれないのです。

ここで再び、第2節ですでに扱った、公共財の供給問題を考えましょう。能力の高い政治家は、公共財を低い限界費用で供給することができ、一方能力の低い政治家は、高い限界費用をかけないと、公共財の供給ができないとします。実際にどれくらいの限界費用がかかっているのかは、国民にはわかりませんが、政治家が選択した公共財の規模は、観察することができるとします。**図7-5**は、それぞれの能力水準の政治家による、公共財供給の限界費用と、公共財供給がもたらす、国民全体の限界便益の和を描いています。

国民は能力の高い政治家を選出したいと思っています。そして、能力の高い政治家ならば、**図7-5**が示すように、

国民の限界便益の総和＝能力の高い政治家の限界費用

というサムエルソン条件が成立する X^H を選択すると知っています。また、能力の低い政治家も、もし自分が能力の高い政治家だったら、X^H を選んでい

6 国民はよい政治家を見抜くことができる？ ● 187

るはず，とわかっています。能力の低い政治家は，高い限界費用のもとで最適な公共財の量 X^L ではなく X^H を選択し，能力の高いふりをするかもしれません。

国民も，能力の低い政治家が能力の高いふりをすることを予想しているとします。また，現職の政治家のうち半分が能力が高く，半分が能力が低いと知っています。問題は，選挙で，X^H を選択した現職の政治家に投票するか，あるいは対抗する新人候補に投票するかです。X^H を選択した現職の政治家は確率 1/2 で能力の高い政治家，確率 1/2 で能力の低い政治家です。一方対抗する候補者の能力も，国民には観察できません。新人候補が能力の高い政治家である確率が 1/2 以下であるならば，現職の政治家に投票することは，間違った行動ではないでしょう。そして，このような国民の投票行動を予想し，再選を目的とする現職の能力の低い政治家は，X^H を選択するでしょう。このとき三角形 ABC の面積に相当する社会的余剰の損失が発生します。

再選動機と財政赤字

ここでは，政府による政策を，公共財の供給問題として表現しました。そして利益団体の存在を仮定しなくても，政府は，選挙で勝つために，望ましい政策とは異なる政策を実行する可能性があることを知りました。図 7-5 では，能力の低い政治家が政府を形成しているとき，望ましい水準 X^L ではなく，より高い水準 X^H が実行されます。選挙が終わるまで，本当の限界費用は国民には見えないと想定して話を進めてきましたが，時が経てば，公共財の供給のために，無駄に大きな金額が費やされたことが，国民にもわかってくるでしょう。

公共財と表現したものを，広く解釈すれば，道路や空港のような公共施設も含むことができるでしょう。公共施設の建設のために大規模な公共事業を行うことで，政治家は有権者から，有能であるとみなされるかもしれません。大規模な公共事業を行うと政府の支出が増大します。公共事業を行った結果景気がよくなり，国民の所得が増え，それに伴って政府の税収が増えればよいのですが，景気への効果がなければ，政府の支出と収入の差である**財政赤字**が拡大します。財政赤字の拡大がもたらす問題については，第 10 章で取り上げます。

この章で私たちは，たとえ過半数の国民がよいと思っている政治家を選挙で

選出できたとしても，再選を求める政治家が選挙後，一般の国民の利益に反する政策を行う可能性があることを学びました。民主主義国家では，国民が自分たちの代表を選挙で選ぶことで，政府を規律づけることが可能になるはずなのに，政治家が選挙に勝つために，必ずしも国民のためにはならない政策を実行し，その結果財政赤字が拡大し，財政の健全性が損なわれるかもしれないことは，実に皮肉なことです。議会が政治資金規正法を制定し，利益団体から政治家への献金を自ら規制しているのも，報道機関の政治報道が世論形成に大きな影響力を持っているのも，国民と政治家が，プリンシパル・エージェント問題の存在を理解し，民主主義の持つ宿命的な欠点を克服しようとしていることの現れだと解釈することができます。

CHECKPOINT 40

- □ 再選されたい政治家は，選挙の前に政府支出を増やすことで，国民に対して能力が高いふりをするかもしれません。
- □ 政治家の再選動機が，無駄な政策の実行や財政赤字の拡大につながる可能性があります。

EXERCISE ● 練習問題

7-1 政府が農業を保護するために，競争均衡価格よりも高い価格で農作物を買い取り，その価格で消費者に売るとします。売れ残った農作物は，すべて廃棄するとします。第2章，第3章で学んだことを参照しながら，以下の問いに図を描いて答えなさい。

(1) このような価格政策によって，消費者余剰，生産者余剰はどのように変化しますか。
(2) 価格政策によってレントは発生しますか。
(3) 価格政策によって社会的余剰の損失は発生しますか。

7-2 本章第4節で，地方政府が規制基準を緩くしたり，法人税を軽くしたりすることで，企業を誘致できることについて触れました。
　地方政府が人や企業を自地域に移動させるために行っているその他の政策の例を挙げなさい。

第 3 部

再分配政策

PART 3

CHAPTER 8 社会の誰を優先する？——格差と再分配政策
9 政府の活動は誰が支える？——税の仕組みと効果
10 世代を超えて助け合える？——年金制度と財政問題

CHAPTER 第 **8** 章

社会の誰を優先する？

格差と再分配政策

INTRODUCTION

第3部では，経済活動によって生み出されたものを人々の間でどのように分け合うかという分配の問題を扱います。この章でははじめに，所得の多い人から少ない人に所得を移転する政策によって，社会的余剰が大きくなりうることを確認します。また所得再分配制度は，個人がどのような境遇に陥ろうと安定した生活を送ることを可能にする「保険」の役目も果たしていることを学びます。

次に，困窮に陥った人々が「健康で文化的な最低限度の生活」を送ることを可能にするための生活保護制度について学びます。そこでは，受給者を貧困から抜け出させるために，労働意欲を阻害しない制度設計が重要であることが明らかになります。

1 経済力は政策の好みに影響する

　第5章で私たちは，民主主義国家において，誰の望む政策が実際に実行されるのかについて考えました。そこでは，人々が望む政策が同一ではないからこそ，政治過程を通じた政策決定が必要となることを学びました。

　人々の政策への選好を決定する要因はさまざまです。たとえば，政府のお金を学校教育の充実に使うべきか，あるいは道路やダムのような公共施設の建設に使うべきかについて，人々の意見を聞いたとき，ある人は「学校教育の充実に使うべき」と答え，またある人は「公共施設の建設に使うべき」と答えるでしょう。どちらがよいと答えるかは，その人の年齢や家族構成，経済力，住んでいる地域に左右されるでしょう。

　それでは，経済力の弱い人々への手当の創設，あるいは経済力が弱い人々のための公共サービスの提供といった，経済力の弱い人々を援助するための政策を行うべきかという問いに対しては，どのような人々が「行うべき」と答え，どのような人々が「行うべきではない」，あるいは「どちらでもよい」と答えるでしょうか。政策の恩恵を受ける立場にある人々，すなわち何らかの理由で経済力が弱い人々は，このような政策の実施を支持するでしょう。それでは，このような政策の恩恵を受けない人々は，「どちらでもよい」と答えるでしょうか。もし，経済力の弱い人々を援助するために財源が必要であり，その財源は，広くすべての国民が税として負担しなければならないといわれたらどうでしょうか。おそらく，「政策が実行されても，恩恵を受ける立場にはない」と自分で考える人々は，政策の実施に反対するでしょう。このように，広く国民から財源を集め，その財源を用いて，国民の中のあるグループを援助する政策については，各人が政策から得る便益から費用負担を差し引いた純便益によって政策の効果を測り，純便益が正の人は政策の実施に賛成し，純便益が負の人は反対すると考えられます。

再分配政策から受ける恩恵は人それぞれ

　広く国民全体から，あるいは国民の中のあるグループから財源を調達し，そ

の財源を用いて，特定のグループに対して給付を行う政策を，**再分配政策**と呼びます。再分配政策の財源負担に比べて，政策から受ける恩恵が大きい人の純便益は正であり，大きな財源負担をしながら，政策から受ける恩恵が小さい人の純便益は負になります。現金やモノの給付を受けたり，無料で公共サービスを利用することを許可されるためには，所得が一定水準以下であること，身体的に障害があり働くことが困難であること，ひとり親世帯であること，などの要件を満たす必要がある場合が多く見られます。身体的理由で働くことが困難な場合には，経済的に困窮しますし，ひとり親世帯の場合も，子どもを養育しながら十分な所得が得られる仕事に就くことが難しくなります。

このように考えると，結局のところ，経済力が弱いことが，手当の受給やサービス利用の要件となっていることに気がつきます。したがって再分配政策は，当初経済力の強い人の経済力を弱め，当初経済力の弱い人の経済力を強くし，結果として格差を縮小させる働きをします。格差をどの程度縮小させることが望ましいのかについて，明確な解答を示すことは，非常に困難です。しかし，大きな経済的格差を放置しておくと，努力する意思を持っていても経済力が弱いせいで，より強い経済力を身につける機会に恵まれない人々を生み出す可能性があります。たとえば，経済的に恵まれない家庭の子どもが，十分な教育を受けることができず，貧困から抜け出せなくなるという**貧困の連鎖**は，社会全体の活力を失わせてしまうでしょう。

再分配による格差縮小は，政府に期待される重要な役割ですが，はじめに述べたように，国民のすべてが再分配政策の実施・拡大に賛成するわけではありません。もちろん，格差が縮小することそのものに意義を見出す人々も存在しますが，大勢いるとはいえないでしょう。それではなぜ，多くの民主主義国家で，政府が再分配の機能を実際に備えているのでしょうか。まずはじめに，再分配政策が社会的余剰に与える効果を考え，それをもとに，再分配機能が政府に期待される重要な役割である理由を学んでいきましょう。再分配政策の重要な財源となる税については，第9章で詳しく取り上げます。

> □ 再分配政策から受ける恩恵は，各人のもともとの経済力によって異なります。
> □ どの程度格差を是正すべきかは難しい問題ですが，大きな格差が放置され，機会の平等が確保されなくなると，社会全体の活力は失われていくでしょう。

2 再分配政策の効果

所得再分配前の社会的余剰

　はじめに，再分配政策が行われる前とあとで，社会的余剰がどのように変化するのかを見ていきましょう。経済に，たくさんのお金を持っているaさんと，あまりお金を持っていないbさんの2人が存在するとして，話を進めていきましょう。経済にたった2人しかいない，という仮定は非現実的だと思うかもしれませんが，再分配政策の本質を知るためには，いまのところ2人で十分です。aさんが1カ月に使える金額は50万円，bさんが1カ月に使える金額は10万円であるとします。したがって，2人が使えるお金の合計は60万円です。

　aさんもbさんも，お金を使用して財やサービスを購入し，それを消費することによって，便益を得ます。1円ずつ多く使用し，購入した財やサービスを消費することで，より多くの便益を得ますが，追加的な1円ずつの消費が生み出す限界便益は，使用する金額が大きくなるほど，小さくなっていくと考えられます。

　図8-1はこのような状況を表したものです。横軸の左端からの距離は，aさんが消費に使う金額を，横軸の右端からの距離は，bさんが消費に使う金額を表しています。横軸の幅は，2人が消費に使える金額の合計である60万円に相当します。左端から右下がりに描かれた線の高さは，aさんが1円ずつ消費を増やすことによって得る限界便益を表しています。消費できる金額が大きくなるほど，追加的な1円がもたらす限界便益が逓減することを反映して，直線の高さも低くなっていきます。同様に，右端から左下がりに描かれた線の高さ

CHART 図 8-1　所得再分配前の社会的余剰

aさんが消費から得る限界便益
bさんが消費から得る限界便益

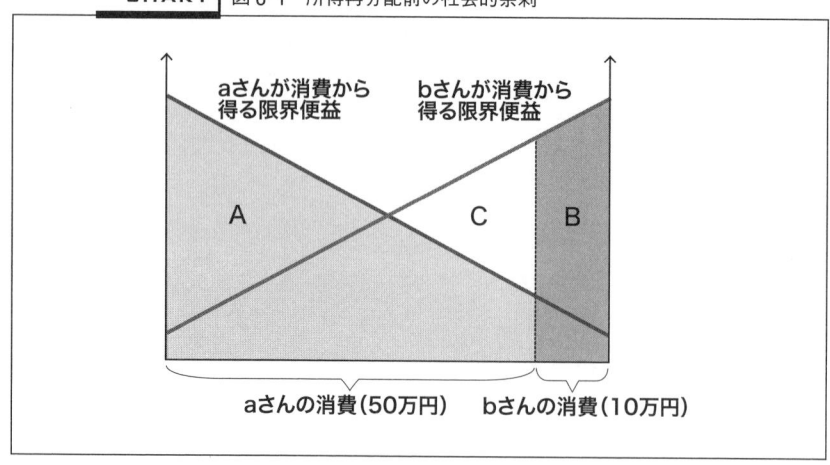

A　C　B

aさんの消費（50万円）　bさんの消費（10万円）

は，bさんが1円ずつ消費を増やすことによって得る限界便益を表しています。消費できる金額が大きくなるほど，限界便益が逓減するのはaさんと同じです。

　図8-1の薄いグレーで示した台形Aの面積は，aさんが50万円分の消費から得る便益を，濃いグレーで示した台形Bの面積は，bさんが10万円分の消費から得る便益を，それぞれ表しています。結局，政府が再分配政策を行う前の社会的余剰は，

$$\begin{bmatrix} \text{所得再分配前の} \\ \text{社会的余剰} \end{bmatrix} = \begin{bmatrix} \text{aさんが50万円分の} \\ \text{消費から得る便益} \end{bmatrix} + \begin{bmatrix} \text{bさんが10万円分の} \\ \text{消費から得る便益} \end{bmatrix}$$

$$= \text{台形Aの面積} + \text{台形Bの面積}$$

で表されます。

所得再分配後の社会的余剰

　いま，政府が，社会的余剰を最大化したいと考えたとしましょう。第2部で，私たちはすでに，政府はいつも国民全体のことを考えているわけではないことを学びました。しかしここでは，政府は，お金持ちのaさんのことも，そうでないbさんのことも考慮しながら，再分配政策を行うと仮定しましょう。2人の便益の合計は，**図8-2**が示すように，aさんが持っている50万円のうちの20万円を税として徴収し，それをbさんに与えることによって，最大化されます。このときの社会的余剰の大きさは，

CHART 図 8-2　所得再分配後の社会的余剰

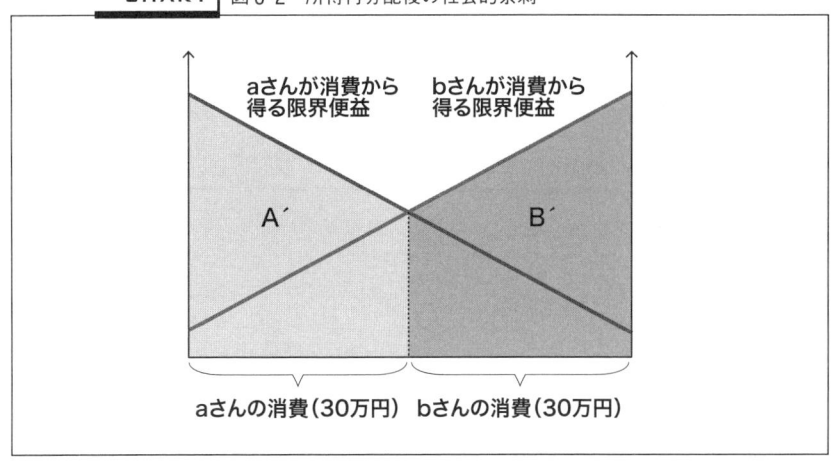

$$\begin{bmatrix} \text{所得再分配後の} \\ \text{社会的余剰} \end{bmatrix} = \begin{bmatrix} \text{a さんが 30 万円分の} \\ \text{消費から得る便益} \end{bmatrix} + \begin{bmatrix} \text{b さんが 30 万円分の} \\ \text{消費から得る便益} \end{bmatrix}$$

$$= \text{台形 A' の面積} + \text{台形 B' の面積}$$

で表されます。

　なぜ a さんから b さんにお金を移転することによって，社会的余剰が大きくなるのでしょうか。図 8-1 と図 8-2 を比較してみると，再分配政策によって，図 8-1 の中の三角形 C の面積のぶんだけ，社会的余剰が増えているのがわかります。つまり，20 万円をもともとお金持ちではなかった b さんが使うことで，お金持ちの a さんがその 20 万円を使うよりも，大きな便益が生まれているのです。なぜなら，b さんは，所得再分配が行われる前は，10 万円しか消費できないので，1 円追加的に消費できることから生まれる限界便益が，50 万円も消費できる a さんの消費が 1 円少なくなることによって失われる限界便益よりも大きいのです。したがって，a さんが持つ 1 円を b さんに移転することによって，社会的余剰は増加します。お金持ちでない b さんが 1 円もらうことによって得る限界便益が，お金持ちの a さんが 1 円差し出すことによって失う限界便益よりも大きい限り，所得の移転によって，社会的余剰は増えます。社会的余剰が最大化されているときには，このような所得移転によって，社会的余剰をそれ以上増加させることができないはずです。すなわち，社会的余剰が最大化されているときは，それぞれが消費を 1 円増やすことによって得る限

2　再分配政策の効果　● 197

界便益の大きさが等しいはずです。図 8-2 では，それぞれの限界便益の大きさを表す 2 本の直線の交点で，2 人の限界便益の大きさが等しくなっており，そのとき，a さんも b さんも，30 万円を消費しています。すなわち，ここでは，2 人の消費を等しくするような再分配政策が，社会的余剰を最大にしています。

CHECKPOINT 42

- □ 低所得の人がもう 1 円多く消費をすることから得られる限界便益は，高所得の人がもう 1 円多く消費をすることから得られる限界便益よりも大きいと考えられます。
- □ 限界便益の小さな高所得者から限界便益の大きな低所得者に所得を移転することで，社会的余剰は増加します。

3 保険としての所得再分配制度

お金持ちになるかどうかは「運」にも左右される

　前節で，政府がお金持ちの人のことも，そうでない人のことも，偏りなく配慮するならば，お金持ちの人からそうでない人へ所得再分配を行い，2 人の消費の格差を縮小することを確認しました。一方で，私たちは第 2 部で，政府が国民の中の一部の人によって形成される限り，国民全員の経済的な満足を，偏りなく配慮するとは限らないことも学びました。お金持ちの政治家が政府を形成するならば，選挙戦では中位投票者の望む所得再分配の規模を公約としていても，実際には所得再分配をまったく行わないことを選択するかもしれません。同様に，お金持ちでない政治家が政府を形成するならば，お金持ちの所得をすべて奪おうとするかもしれません。多くの民主主義国家で実際に行われている再分配政策は，このような極端なものではありません。中規模の所得再分配が実行されている理由を，私たちはどこに求めればよいのでしょうか。

　前節で，経済にお金持ちの人と，そうでない人が存在していると仮定しました。お金持ちの人は，なぜ多くの所得を得られるようになったのでしょうか。1 つには，その人が生来，健康や能力に恵まれた，ということがあるでしょう。さらに，同じような健康状態，能力で生まれていても，健康管理に気をつけな

がら、努力を惜しまず長時間、あるいは短時間であっても大きなエネルギーを注いで働く人のほうが、より多くの所得を得るようになるでしょう。ここからは、高い所得を得られる要因を、その人の「努力」と、同じように努力をしている人に異なる所得をもたらす「運」とに区別して、話を進めていきましょう。「運」には、先に述べた、その人が生来持っている健康状態や能力のほかにも、職場での人間関係や景気の良し悪しなど、さまざまな要因が含まれるでしょう。

　前節では、経済に存在する2人は、自分がすでにたくさんのお金を持っているかどうかを知っていました。ここでは、2人とも、自分がお金持ちになれる「運」に恵まれるか、恵まれないかが、まだわかっていないとしましょう。ただ、どちらになるかはわかっていないけれども、1/2の確率で運に恵まれてお金持ちになり、1/2の確率で運に恵まれず、お金持ちになれない、ということは知っているとしましょう。また、両方が運に恵まれたり、両方が不運に陥ったりすることはなく、一方が幸運に恵まれれば、もう一方は逆の立場に陥る、と仮定しましょう。この「自分が運に恵まれるかどうか、まだわからない状態」で、2人の人はどのような所得再分配制度を望むでしょうか。

　それぞれの人は、お金持ちになれた場合、なれなかった場合の両方の可能性を考えながら、制度の選択を行うでしょう。それぞれの状態が1/2ずつの確率で発生するということは、どちらの人も、まったく等しい確からしさで、お金持ちにもなるし、貧しくもなるリスクに直面していることになります。

　たとえば、「所得再分配をまったく行わない」という制度を選択したとしましょう。たまたまお金持ちになった場合、前節の設定に従えば、50万円分消費することができます。たまたまお金持ちになれなかった場合には、10万円分の消費しかできません。このとき、それぞれの場合に得られる便益に、それぞれの場合が生じる確率をかけ、それを足し合わせることによって得られる便益の**期待値**は、**図8-1**で示された社会的余剰を表す面積のちょうど半分になります。

$$\begin{bmatrix}所得再分配制度を\\導入していない場\\合の便益の期待値\end{bmatrix} = \frac{1}{2} \times \begin{bmatrix}お金持ちになった\\場合の50万円分の\\消費から得る便益\end{bmatrix} + \frac{1}{2} \times \begin{bmatrix}お金持ちにならなかっ\\た場合の10万円分の\\消費から得る便益\end{bmatrix}$$

$$= \frac{1}{2} \times \left(\begin{bmatrix}図8\text{-}1の台形A\\の面積\end{bmatrix} + \begin{bmatrix}台形B\\の面積\end{bmatrix} \right)$$

　この計算と，前節で学んだことを考え合わせると，お金持ちになる確率とそうならない確率が等しいとき，便益の期待値を最大化する所得再分配制度は，各人がお金持ちになれたかどうかが判明し，経済にお金持ち1人とそうでない人1人が存在する場合に社会的余剰を最大化する所得再分配制度と一致するのではないか，と推測できます。実際，お金持ちになった場合には20万円分のお金を差し出し，なれなかった場合には，20万円分のお金を受け取れるような所得再分配制度を導入した場合の便益の期待値は，

$$\begin{bmatrix}所得再分配制度を\\導入した場合の\\便益の期待値\end{bmatrix} = \frac{1}{2} \times \begin{bmatrix}お金持ちになった\\場合の30万円分の\\消費から得る便益\end{bmatrix} + \frac{1}{2} \times \begin{bmatrix}お金持ちにならなかっ\\た場合の30万円分の\\消費から得る便益\end{bmatrix}$$

$$= \frac{1}{2} \times \left(\begin{bmatrix}図8\text{-}2の台形A'\\の面積\end{bmatrix} + \begin{bmatrix}台形B'\\の面積\end{bmatrix} \right)$$

と計算できます。

「運」に恵まれなかったときにも安定した生活を送るために

　さて，経済に2人だけでなく，もっと多くの人が存在するとしましょう。経済全体で，誰が経済的に恵まれるか，誰が恵まれないかは，はじめは知ることができません。しかし，それぞれが別個に，1/2の確率で経済的に恵まれて50万円の所得を得，1/2の確率で経済的に恵まれず，10万円の所得しか得られないことはわかっているとします。そうすると，それぞれが「運」に左右された結果，経済全体で見て，半分の人々が経済的に恵まれ，半分の人々が恵まれない，という事実が観察されることになりそうです。

　ここで，お金持ちの人それぞれから20万円を受け取り，お金持ちでない人

それぞれに20万円を支払う所得再分配制度を導入した場合，必要な財源は，

　　　お金持ちでない人が受け取る20万円 × お金持ちでない人の人数

です。一方，お金持ちの人たちから受け取る金額の合計は，

　　　お金持ちが差し出す20万円 × お金持ちの人数

です。経済全体でお金持ちの人と，そうでない人の数が等しい場合，このような所得再分配制度のもとで，収支が釣り合うことになります。

　自分がお金持ちになるかどうか，まだわからない状態のときに，このような所得再分配制度を導入しておくと，たまたま自分が経済的に強い立場に立ったことがわかったとき，20万円を差し出して，経済的に弱い人を助ける側に回ります。たまたま自分が経済的に弱い立場に陥ったことがわかったとき，20万円をもらって，助けられる側に回るのです。お金持ちになったときには，支払う側に回るので損をしますが，お金持ちになれなかったときには，もらう側に回るので得をします。どちらの立場になったとしても，同様に，30万円分の消費を確保できます。ここでは，自分がどちらの立場になるかわからない段階で，便益の期待値を最大化するように設計された所得再分配制度は，どちらの立場になったとしても，各人に同一の消費水準，同一の便益を保障しています。つまり，**保険**の役割を果たしているのです。そして，各人がどちらの立場になったかが判明したあとでは，このような所得再分配制度は，経済力の格差を縮小する役割を果たすのです。

CHECKPOINT 43

- □ 自分がお金持ちになれるかどうかわかる前に，所得再分配制度を導入しておくことで，結果としてどちらになっても，安定した消費を行うことができます。
- □ このように所得再分配制度は，「保険」のような役割を果たしています。

4 生活保護制度

| 最後のセーフティネット |

　この章のはじめに，広く国民全体から，あるいは国民の中のあるグループから財源を調達して，特定のグループに給付する政策を，再分配政策として定義しました。実際に，再分配政策はさまざまな形で行われています。自分が負担をした以上に政府から給付をもらっているとしたら，それは誰かの所得の一部が，政府を通して自分にもたらされている可能性があります。

　この節では，とくに，困窮に陥ってしまった人々に，最低限の生活を保障するための**公的扶助**について学びましょう。日本では，公的扶助は，**生活保護**制度によって，実施されています。日本国憲法第25条は「すべて国民は，健康で文化的な最低限度の生活を営む権利を有する」と規定していますが，困窮に陥ってしまった人々に「健康で文化的な最低限度の生活」を保障するための制度が，生活保護制度です。

　生活保護制度は社会保障制度の中に含まれています。社会保障制度は，国が国民に健康で安定的な生活を保障する仕組みで，公的扶助のほかにも，いくつかの重要な役割を果たしています。たとえば，病気，高齢，失業などに備える社会保険を提供しています。すべての国民は医療保険に加入するように求められており，平時から保険料を支払っている被保険者が，病気を患ったり，ケガをしたりしたときに，医療保険は，治療にかかる費用の一部を補てんしてくれます。また，年金保険は，被保険者が退職後，経済的に困窮しないように，年金を給付します。雇用保険や介護保険も，所得を得ることが難しくなった人に，現金やサービスなどの援助を与えることで，その人が安定した生活を送れるよう，保障する役割を果たしています。人々が経済的に困窮するリスクを抱えており，ある人が実際に困窮するような状況に陥ったとき，他の人も必ず同時に困窮するわけではないならば，国が社会保険を提供することによって，人々に安心を与えることができます。このように社会保険には，人々が困窮することを防ぐ役割が期待されています。一方，生活保護は，実際に困窮に陥った人々

CHART 図 8-3 日本の被保護世帯数の推移

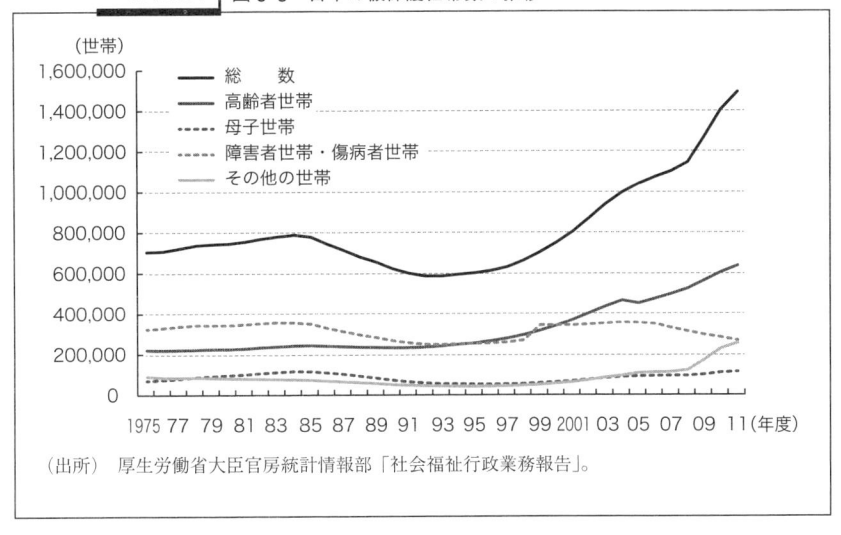

（出所）厚生労働省大臣官房統計情報部「社会福祉行政業務報告」。

CHART 図 8-4 日本の被保護世帯の内訳

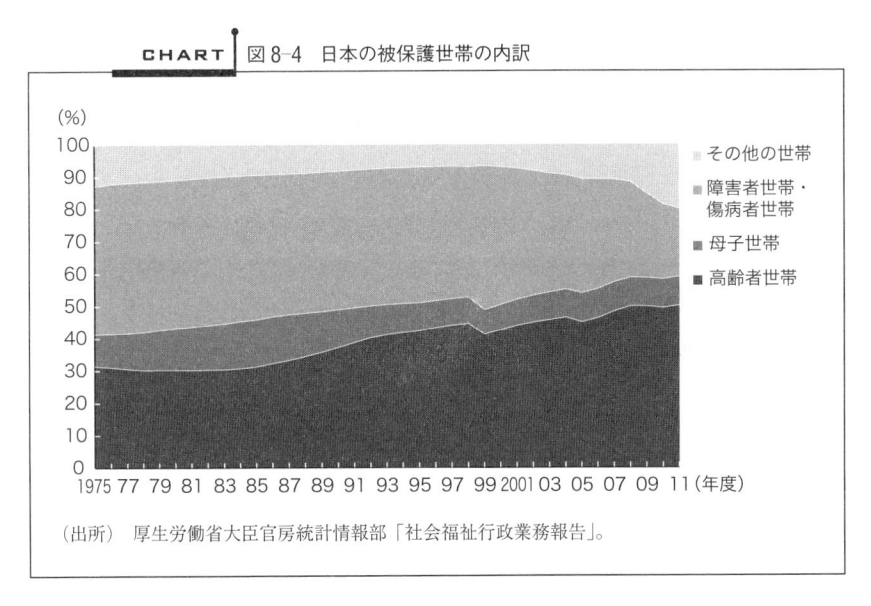

（出所）厚生労働省大臣官房統計情報部「社会福祉行政業務報告」。

を救済するための制度であり，国民の救済策であるという意味を込めて，「最後の**セーフティネット**（安全網）」と呼ばれています。

　年金保険，医療保険のような社会保険の給付の支払いは，基本的には被保険者と被保険者の雇用主の保険料の拠出によってまかなわれます。負担者と受給者が異なっている場合には，保険料の拠出は，実質的に，税負担と似た性質を

4　生活保護制度　● 203

持つことになります。しかし，社会保険では，保険料を拠出することが，いま，あるいは将来，給付を受けるための要件となっています。その点で，保険料拠出は，税負担とは異なります。一方，生活保護では，困窮に陥り，受給する資格があると認められた人が，それまで財源を負担してきたかどうかに関わらず，給付を受けることができます。実際，生活保護の財源は，広く国民が負担する税でまかなわれています。

　それでは，生活保護制度から給付を受けることができる資格は，どのようにして得られるのでしょうか。多くの国で，公的扶助は，その人の資産，所得，稼得能力を調査し（このような調査は**ミーンズテスト**〔**資力調査**〕と呼ばれます），資産，所得，稼得能力が一定水準以下であることが証明された場合に，給付を与えるように設計されています。また，このような調査の結果，多くの国において，高齢者世帯，母子世帯，障害者・傷病者世帯などが，主な受給者となっています。図 8-3 は日本の被保護世帯数の推移を，図 8-4 は日本の被保護世帯の内訳をグラフに表したものですが，日本でもこれらの世帯が被保護世帯全体に占める割合が高いことがわかります。とくに，人口高齢化の進行を反映して，高齢者世帯の数，割合が増加していることも読み取れます。

労働へのインセンティブ

　低所得であることを証明することによって，公的扶助の受給資格が得られることが，人々の労働意欲を損なう原因になっていると，しばしば指摘されます。先に，人々の所得の大きさを決定する要因として，「運」と「努力」を挙げました。「運」の中には，生まれるときに授けられる「資産」や「稼得能力」も含まれます。生活保護法第 4 条は，「保護は，生活に困窮する者が，その利用し得る資産，能力その他あらゆるものを，その最低限度の生活の維持のために活用することを要件として行われる」と規定しています。しかし，公的扶助の受給資格を認定する政府が，稼得能力があって本当は働くことができるのに，就労する努力を怠ったから困窮に陥ってしまった人には，援助を行わない，と考えていても，その人の経済状況について，どこまでが運によるもので，どこからがその人の努力の欠如によるものかを，見極めることは困難です。一方，働かずに，生活保護制度から給付を得たいと思っている人は，本当のところ，自分は就労するためにどれだけ努力をしてきたか，あるいは，働こうと思えば

働けるのに就労の努力を怠ってきたか，を知っています。

　政府と国民との間にこのような情報の非対称性が存在する場合，政府は，仕事に就こうとして一生懸命努力したけれども，運に恵まれずうまくいかなかった人と，働こうと思えば働けるのに努力をせず，サボってきた人を，完全に正確に区別することができません。このような場合，政府は受給資格を，観察できない努力水準ではなく，観察できる経済状況にもとづいて，認定せざるをえません。このことは，働ける能力・環境が備わっている人に対して，生活保護制度から給付を得るために，働けないふりをして，所得を低く抑えるインセンティブを与えてしまいます。

　また，すでに受給資格を得ている人が，経済的に自立していくために必要な働く意欲についても考えてみましょう。生活保護制度が，「健康で文化的な最低限度の生活」を保障するための制度であることはすでに述べました。政府が，「健康で文化的な最低限度の生活」を送るためには，最低いくらかかるかを計算し，労働所得がその水準に達しないとき，その差を満たすだけ，給付を行うとしましょう。すなわち，次のように，給付が決定されるとします。

働ける人への生活保護制度からの給付 ＝ 最低生活費 － 労働所得

　政府がこのような計算方法にもとづいて給付を行う場合，働き始めた受給者の労働所得が増えると，増えたぶんと同じだけ，給付を減らされてしまいます。実質的には，労働所得に100％の税率で税がかかっているのと同じです。このような制度のもとでは，努力をして働いても，所得が最低生活費を超えない限り，消費できる財やサービスは増えませんから，結局，貧困から抜け出すために必要な労働への意欲が，大きく減退してしまいます。

　このように，人々を貧困から救うための公的扶助が，労働意欲を失わせ，結局人々を貧困から抜け出せなくしてしまう状況を，**貧困の罠**と呼びます。もしも政府が，各人の就労への努力，就労したあとの労働努力を観察することができれば，努力しない人には給付を行わない，という手段をとることができますから，受給者の労働意欲への悪い影響は生まれません。政府と，受給を希望する人や，すでに受給資格を持っている人との間に，情報の非対称性が存在するからこそ，自助努力を促すような制度設計が必要になってきます。

　日本の生活保護制度では，受給世帯の労働意欲を阻害しないために，**勤労控**

除制度が設けられています。受給世帯の労働所得からある金額を「勤労控除」として差し引いて給付額を算出することで，実質的に労働所得の一部が受給者の手元に残るような仕組みになっています。

$$就労世帯への生活保護制度からの給付$$
$$= 最低生活費 - (労働所得 - 勤労控除)$$
$$= 最低生活費 - 労働所得 \times \left(1 - \frac{勤労控除}{労働所得}\right)$$

勤労控除÷労働所得を控除率といいます。上の式を次のように書き換えることができます。

$$就労している生活保護受給世帯の消費$$
$$= 生活保護制度からの給付 + 労働所得$$
$$= 最低生活費 + 勤労控除$$
$$= 最低生活費 + 労働所得 \times 控除率$$

控除率が0ならば，労働所得が増えたぶんだけ給付が減りますから，就労している生活保護受給世帯の消費額は最低生活費と等しくなります。より高い控除率が設定されるほど，労働所得のうちの大きな割合が手元に残ることになり，就労や労働努力を促すインセンティブとなります。

現行制度では，労働所得が低いうちは，控除率は100％に設定されており，労働供給に対するインセンティブ効果を発揮するよう，制度設計されています。ただし，あまり高い控除率を設定すると，生活保護制度から給付を受けながら，最低生活費を大きく超えた消費を行えることになり，最低限の生活水準の保障という生活保護制度の本来の目的から逸脱する恐れがあります。2015年6月現在，控除率100％が適用される労働所得は1万5000円（月額）までで，1万5000円を超えた部分には低い控除率しか適用されていません。勤労控除制度は結局労働への強力なインセンティブとはなっていないという批判もあり，より効果的な制度のあり方が模索されています。

> CHECKPOINT 44
>
> □ 日本では，困窮に陥った人々に最低限の生活水準を保障するための公的扶助は，生活保護制度によって実施されています。
> □ 困窮の原因が本人の努力とは関係のない要因なのか，あるいは本人の努力不足なのかを政府が見分けることは難しいため，制度そのものに，労働意欲を阻害しない仕組みを導入することが必要になります。

5 現金給付と現物給付

現金給付と現物給付の違い

多くの国で，公的扶助のための給付は，現金で支給される場合もあれば，医療サービス，食料，教育，住宅などのように，現物で支給される場合もあります。現物給付と現金給付の本質的な違いは，**現物給付**は，受給者の特定の財の消費やサービスの利用を援助するための給付であり，一方，**現金給付**は，給付の利用先が特定の財・サービスに限定されていない，という点にあります。

現物給付の場合，政府が財やサービスを直接受給者に提供する場合もあれば，用途を指定した**バウチャー**（引換券）を配布し，民間の企業から，バウチャーを使って財やサービスを購入できるようにする場合もあります。たとえば，日本の生活保護制度では，医療扶助として，受給者に医療券を配布しています。受給者は医療券を指定医療機関に提出することにより，無料で受診できます。

公的扶助により援助を受ける者にとっては，現金給付と現物給付のどちらの形態で支給されるほうが，より大きな便益を得られるでしょうか。受給者にとっては，同額の現物給付より，現金給付のほうが都合がよいのは明らかです。なぜならば，現金を使って，消費からの満足がもっとも大きくなるような，自分の好みに合った財やサービスの組合せを，選択することができるからです。

例：家賃補助

たとえば，毎月6万円の労働所得を得ている受給者を想定してみましょう。彼／彼女は，所得の半分を家賃に，残りの半分をその他の財やサービスに費や

すことによって，便益がもっとも大きくなると仮定します．したがって，もし生活保護制度からの給付がなければ，6万円の半分である3万円を家賃に，残りの3万円をその他の財やサービスに支出するでしょう．

　生活保護制度から住宅への援助が，8万円分の現物給付の形で，支給されるとしましょう．現物給付は，政府が家賃8万円に相当する住宅を建設し，受給者に無料で提供する，という方法で実行されるかもしれませんし，8万円分のバウチャーを受給者に配布し，受給者がそれを他の人に転売し現金化した場合，他の人がそのバウチャーを利用できなくなるようにして，実行されるかもしれません．現在家賃3万円の住宅に住んでいる受給者は，8万円の家賃に相当する住宅に住むようになります．そのうえ，受給前に家賃に費やしていた3万円を，他の財やサービスの消費に充てることができるようになりますから，受給者の便益は，現物給付を受けることによって，受給前よりも大きくなります．

　8万円分の支給が，現金給付の形で行われた場合はどうでしょうか．受給者は，労働所得6万円と現金給付8万円の合計14万円を，家賃と，他の財やサービスの消費とに，自分の好きなように分けて使うことができます．先に，この受給者は，所得の半分を家賃に，残りの半分を他の財やサービスの消費に回すことで，もっとも大きな便益を得られると仮定しました．現金給付を得た彼／彼女は，手もとにある14万円のうち，半分の7万円を家賃に，残りの7万円をその他の財やサービスの消費に回すでしょう．そのときに得られる便益は，現物給付を得て8万円の家賃に相当する住宅に住み，6万円でその他の財やサービスを消費する場合に比べて，大きいはずです．

　生活保護制度からの援助は，現物給付であっても，現金給付であっても，受給者が，給付を受ける前よりも，多くの財やサービスを消費することを可能にします．しかし，現物給付による援助の場合，援助によって消費できる財やサービスが特定されます．14万円分の所得があれば，家賃7万円相当の住宅で十分，と思っている受給者も，家賃8万円に相当する住宅に住むことになり，そのうちの一部である1万円を，その他の財やサービスの消費に回すことはできません．本当なら実行したい消費計画が実行できないわけですから，8万円を現金でもらう場合よりも，便益は小さくなるのです．

　もちろん，受給者が，家賃の高い住宅に住むことに，大きな価値を見出している場合は，同額の給付であれば，現物給付であっても現金給付であっても，

得られる便益は同じになります。たとえば，所得の3分の2を家賃に，3分の1をその他の財やサービスに費やすことで，最大の便益を得られる受給者を想定してみましょう。受給前には，6万円の労働所得のうち，4万円を家賃に費やしているでしょう。いま，8万円の現金給付を得たとします。手もとには14万円の所得があるので，14万円×2/3，つまり，約9万3000円の家賃の住宅に住むことで，彼/彼女の便益はもっとも大きくなります。それでは，8万円を現物給付として，バウチャーの形で支給されたらどうでしょうか。彼/彼女はこのバウチャーと，労働所得6万円のうちの1万3000円を使って，家賃9万3000円の住宅に住み，労働所得の残りの4万7000円を，その他の財やサービスの消費に充てることで，現金給付として支給された場合と同じ便益を得ることができます。

　ほかにも，現金給付が現物給付に比べて優れている点があります。まず，現金給付のほうが，行政費用が少なくて済みます。政府が直接財を提供する現物給付の場合には，保管に費用がかかります。バウチャーを配布する場合も，現金を配布する場合と比べて，バウチャーを提示された企業に対して，バウチャーぶんの金額を政府から支払う際に，追加の行政費用がかかります。また，現物給付に比べて現金給付のほうが，受給していることが他の人に知られにくく，スティグマ（負の烙印）が小さくて済む，という点でも優れています。

　ただし，現金給付のほうが受給者の好きなように消費でき，本人の便益が大きくなるとしても，政府の目から見て，それが望ましい消費であるとは限りません。たとえば，受給者がもともとタバコやアルコールなど，社会的に見て望ましいとはいえない用途にお金を使う傾向があると，得た現金給付のほとんどがこれらの消費に回るかもしれません。現金給付の使われ方の問題については，212ページの**Column** ❽でも触れています。

CHECKPOINT 45

- ☐ 現物給付と現金給付の違いは，現物給付は特定の財・サービスの消費を援助し，現金給付は使いみちが限定されていない点にあります。
- ☐ 現金給付を使って自分の好きな財・サービスの組合せを消費することができるので，現金給付のほうが受給者の便益は大きくなります。

6 現物給付の利点

不正受給の防止に役立つのは

　次に，政府の立場にたった場合，現金給付と現物給付のどちらが望ましいかを考えましょう。政府と国民の間に情報の非対称性が存在せず，かつ政府が，国民の便益をできるだけ大きくしたいと考えているならば，現物給付よりも現金給付のほうを選択するでしょう。

　政府と国民の間に，情報の非対称性が存在する場合はどうでしょうか。努力をすれば，援助を必要としないほどの所得を得られる環境や健康状態に恵まれている人々が，置かれている環境や健康状態を偽って，あるいは所得水準そのものを偽って，不正に給付を受けようとすることを防止できるかどうか，という観点から見た場合，現物給付には，現金給付にはない利点があります。

　現金給付は，受給した人が自分の好みに合った消費を行うことを可能にします。一方，現物給付を受け取っても，特定の財やサービスしか消費できません。このことは，給付の方法を現金給付から同額の現物給付に変更することによって，本当は働ける人，あるいは本当は困窮していない人が，働けないふり，困窮しているふりをすることによって得る便益を，小さくすることができることを意味します。

　たとえば，きわめて限定的な生活必需品の購入にしか使用できないバウチャーは，生活必需品を十分に買うことができないほど困窮している人には，大きな便益をもたらします。その一方で，それほど困窮していない人，あるいは健康状態がよく，働ける環境が整っていて，実際に働けば十分な所得を得られる人にとっては，困窮しているふり，あるいは働けないふりをして受給したいほど，魅力的ではないかもしれません。つまり，次のような関係が成立するかもしれません。

$$\begin{bmatrix} 不正受給によって \\ 得られる純便益 \end{bmatrix} = \begin{bmatrix} 低所得者のふり \\ をすることで \\ 得られる便益 \end{bmatrix} - \begin{bmatrix} 低所得者のふり \\ をすることに \\ かかる費用 \end{bmatrix} < 0$$

このように，転売し，他の財やサービスの消費に振り替えることが難しい現物給付は，最低限の生活を送るための援助を本当は必要としていない人を，その人の意思によって，給付対象から外すことができるのです。

自己選択メカニズム

情報の非対称性によって，政府が直接的に不正受給者を排除できない場合に，不正受給によって得られる便益から，受給資格があるように見せかけるためにかかる費用を除いた純便益を負にして，その人自身に給付対象のリストから外れることを選択させ，不正受給を間接的に防止するための仕組みを，**自己選択メカニズム**と呼びます。現物給付は，不正受給によって得られる便益を小さくすることによって，現金給付の場合に比べて，不正受給者の数を減らすことができるでしょう。

実際の公的扶助の制度には，現物給付のほかにも，自己選択を促すための仕組みが備えられています。たとえばミーンズテストのように，受給資格を得るために，厳格で，複雑な手続きを経る必要がある場合，不正に受給資格を得るためにかかる費用が大きくなります。政府と国民との間に情報の非対称性が存在しない場合には，時間のロスという非効率を生み出すような仕組みであっても，情報の非対称性が存在する場合には，不正受給者を減らす仕組みとして役立つのです。

不正受給を防止するためのメカニズムがうまく機能し，不正受給者の数が減れば，受給者1人当たりの援助額を多くすることができます。不正受給者の排除から得られる便益が，複雑な手続きにかかる費用よりも大きいならば，厳格で複雑な手続きの導入は，本当に経済的支援を必要としている人にとっても，利益となります。

ただし，政府が現物給付を好むのは，必ずしも，情報の非対称性がもたらす不正受給の問題を解決できるから，という理由だけではないかもしれません。特定の財やサービスの消費を生み出す現物給付は，その財やサービスへの需要

Column ❽　食料費補助の効果

「現金給付と現物給付のどちらが望ましいか」。この問いは，長く経済学者が取り組んできた問題です。この章でも，この問題について考える際の主なポイントを紹介しましたが，どちらがより望ましいかを，実際の政策の効果にもとづいて考えるのは重要なことです。

アメリカでは低所得者への食料費補助として，フードスタンプが提供されています。最近では，デビットカード形式でフードスタンプを配布するところも増えており，このカードを使って，スーパーなどで買い物ができるようになっています。バウチャーであるフードスタンプが，低所得者の食料消費を増加させたかどうかは，政策の効果を確認するうえで重要な観点です。なぜならば，食料購入に補助を与えても，受給者がそのぶん，それまで食料消費に充てていた自分のお金を，社会的に見てあまり望ましいとはいえない他の財の消費（たとえばアルコールやタバコなど）に回したとしたら，政策はよい効果をもたらした，とは言い切れないからです。たとえば Hoynes たちは，アメリカの消費データを使用し，フードスタンプの導入によって，低所得者が食料消費に使う自分のお金は減っているけれども，食料消費支出自体は増えていることを実証しています。

給付の方法による効果の違いをみるために，実験的手法も多く用いられています。たとえば Hidrobo たちは，エクアドル北部の2つの州で，食料を直接配布する，バウチャーを配布する，現金を給付する，という3つの給付方法のもとで，住民の食料消費に差は生じるかについて，実験を行っています。そして，食料を直接配布する方法がカロリー摂取量の増加にもっとも効果があり，バウチャーの配布が食事の多様性を高めることにもっとも効果があった，という結果を示しています。このような実証結果が政策に反映されることで，政策の効果がいっそう高まることが期待されます。

《参考文献》　Hoynes, H. W., and D. W. Schanzenbach（2009）"Consumption Responses to In-kind Transfers: Evidence from the Introduction of the Food Stamp Program," *American Economic Journal: Applied Economics*, 1: 109-139.

Hidrobo, M., J. Hoddinott, A. Peterman, A. Margolies, and V. Moreira（2014）"Cash, Food, or Vouchers? Evidence from a Randomized Experiment in Northern Ecuador," *Journal of Development Economics*, 107: 144-156.

を増大させ，企業の利潤を増やすことにつながるでしょう。政府による現物給付の実施によって利益を得ている企業が，政策の継続を図って，政策の実施に関わっている政治家を支援すれば，政治家自身も得をすることになるのです。

- □ 特定の財やサービスの消費しか援助しない現物給付は、本当にその財やサービスを必要としているわけではない人にとっては、魅力的ではありません。
- □ 現物給付は、不正受給によって得られる純便益を小さくし、不正受給者の数を減らすことができます。

7 負の所得税

2つのタイプのエラー

　実際には、現物給付が**カテゴリー別の援助**という形で行われているケースが、多くの国で観察されます。これは、本当に援助を必要としている人々が多く含まれている特定のグループ（たとえば、高齢者、母子家庭、障害者など）をターゲットにして、援助を行うものです。日本でも、高齢者や障害者に対して、公共施設の利用料金を減免する政策が行われています。公共施設の建設や維持・管理のための費用が、税や、他の人たちが支払う利用料金によってまかなわれているならば、このような政策は、高齢者や障害者に対して、現物給付による所得再分配を行っていることになります。

　カテゴリー別の援助は、個々の経済状況を把握するための複雑な手続きを省略して、援助を必要としている人に、援助を届けることを可能にします。しかし、特定のグループに所属している人が、全員困窮しているとは限りませんし、困窮者全員が、このような困窮者が多く含まれているグループに、必ず含まれているわけでもありません。政府がカテゴリー別の援助に頼ると、本当は援助を必要としていない人に援助を与えてしまったり、本当に援助が必要な人に援助が届かなかったりする可能性が出てきます。

　また、政府と国民との間に情報の非対称性が存在する場合、政府が完全に正確に、それぞれの国民が所属するカテゴリーを見分けられるわけでもありません。たとえば、障害の程度を正確に知るためには、医師のような、専門家の判断に頼らざるをえないでしょう。そのカテゴリーに所属するかどうかの見極め

が難しい場合には，不正受給の問題が生じやすくなります。また，逆に，本当に重い障害を持ち，救済されるべき人が，政府が障害の重さを正確に見抜けないために，受給できないケースも生じるでしょう。

このように，公的扶助には，2つのタイプのエラー（本当は援助を必要としていない人を援助が必要な人と判断してしまうエラーと，本当に援助を必要としている人を，援助を必要としない人と判断してしまうエラー）の可能性が付きまといます。

「負の所得税」のアイデア

このような受給資格の認定に関わる問題を解決するための1つの方策として，**負の所得税**の導入がしばしば議論されます。負の所得税とは，一定額よりも所得が少ない人に対しては，所得税を免除するにとどまらず，所得が少なくなるにつれて多くの補助金（すなわち，負の税金）を与える仕組みで，所得水準にもとづいて，現金による低所得者対策を行える点に特徴があります。政府が各人の所得を正確に把握できていれば，カテゴリー別の援助に比べて，援助を受ける必要のない人が援助を受けたり，援助が必要な人が援助を受けられなかったりすることが，少なくなるかもしれません。

図8-5は，負の所得税の仕組みをわかりやすく表したものです。所得がない人は，負の所得税のもとで，毎月−10万円の税，すなわち10万円の給付を政府から受け取ることができます。所得が増えるほど，もらえる給付は減りますが，所得が20万円に達するまでは，給付をもらえます。所得が20万円に達すると，もらえる給付の額は0円になります。所得が20万円を超えると，超えた部分に，直線の傾きに等しい税率50％がかかります。

このような税制のもとで，各人が納める税は，次のように計算されます。

$$税額 = -10万円 + 0.5 \times 所得$$

上の式を書き換えると，各人が消費に回せる金額は，

$$消費 = 所得 - 税額 = 10万円 + 0.5 \times 所得$$

となります。この例では，課税後，10万円のほかに，労働で得た所得の50％が自分の手もとに残っており，労働意欲を大きく阻害しない低所得者対策となっています。

CHART 図8-5 負の所得税

税額/0円/−10万円/20万円/税率50%/所得

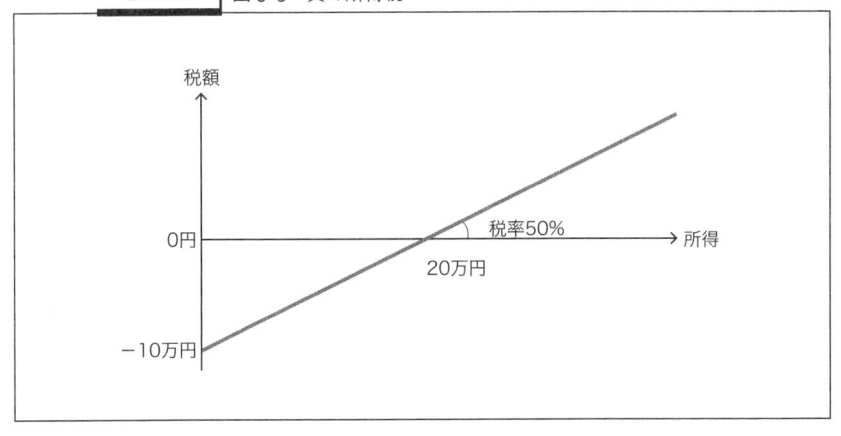

給付付き税額控除

　日本でも,「負の所得税」の考えにもとづいた**給付付き税額控除**の導入を求める声があります。現行の所得税制については第9章でより詳しく学びますが,課税所得に税率をかけて求められる金額から,さまざまな控除を差し引いて,最終的に支払うべき税額が求められます。所得が一定水準以下の場合,さまざまな控除が適用される結果,納めなければならない税額がゼロになりますが(この所得水準を**課税最低限**と呼びます),補助金をもらえるわけではありません。「給付付き税額控除」が導入されると,課税所得に税率をかけて計算された金額が控除額より大きい場合は税額控除が適用され,小さい場合は差額が給付されます。したがって,給付付き税額控除の導入によって,経済力の弱い,低所得の人に,現金給付を行うことが可能になります。

　給付付き税額控除の導入が提唱されるようになった背景には,生活保護の不正受給を防止するための行政費用の問題があります。給付付き税額控除は,現在,税制と生活保護制度を通じて行っている低所得者への対応を,税制だけで行うことを可能にします。第4節で説明した生活保護受給世帯に対する勤労控除制度も,最低生活費が保障され,労働所得の一定割合が手元に残るように設計されており,負の所得税と似た仕組みになっていますが,給付付き税額控除は,政府が生活保護に代わる低所得者対策を,所得水準をもとにして行うことを可能にします。これによって,生活保護受給資格認定のためにかかる行政費用を節約できます。また,かねてから,個人的情報を詳しく調査するミーンズ

テストや現物給付は，受給者へのスティグマとなるという批判がありました。低所得者の救済が税制を通して行われるようになると，受給者の精神的負担も減るかもしれません。

　実際に海外で施行されている「負の所得税」にもとづく諸制度では，就労が受給の条件となっている例が見られます。就労を受給の条件とすることで，負の所得税は，就労している低所得者の労働供給だけでなく，未就労者の就労に対しても補助金を与えることができるようになります。すなわち，負の所得税には，就労支援の機能も期待できるのです。

　行政費用の節約と，労働へのインセンティブ効果が期待される負の所得税ですが，実際に運用される際には，政府が所得水準を正確に把握していることが必要になります。個々の経済状況についての綿密な調査によらず，所得水準にもとづいて現金が給付されるかどうかが決まりますから，人々に所得を隠すインセンティブを与えてしまいます。日本でも納税者番号制度（日本では**マイナンバー制度**と呼ばれます）が導入されることになりましたが，個人所得の正確な把握に貢献することが期待されています。

　この章のはじめに，人々の間の経済的格差をもたらす要因として，「運」と「努力」の2つがあると述べました。生活扶助をはじめとした所得再分配制度がうまく機能することによって，「運」に恵まれなかった人々が困窮から救われることも学びました。このように，公的扶助が最後のセーフティネットとしての機能を果たし続けるためにも，人々が努力しようとする意欲を妨げない制度設計が重要になります。労働のインセンティブの重要性については，第9章で税，第10章で公的年金を学ぶ際に，再び触れることになるでしょう。

CHECKPOINT 47

□ 負の所得税は，低所得者に納税を免除するだけでなく，補助金を与えることで，所得水準にもとづいて低所得者対策を行うことを可能にします。

□ 負の所得税は，所得が少ないほど多くの補助金を与えるため，人々に所得を隠すインセンティブを与えます。制度の導入には，所得の正確な捕捉が不可欠です。

EXERCISE ●練習問題

8-1 経済にaさん，bさん，cさんの3人がいます。aさんの所得は60万円，bさんの所得は20万円，cさんの所得は10万円です。各人の消費水準が大きくなるほど，1円だけ消費を増やしたときに得られる限界便益が小さくなります。また3人は，消費する金額が同じならば限界便益の大きさも等しいとします。

(1) 社会的余剰を最大化するためには，どのような所得再分配制度を導入すればよいですか。

(2) (1)で求めた所得再分配制度を導入したあとの状態は，導入する前の状態に対してパレート優位，パレート劣位，あるいはどちらでもないでしょうか（パレート優位，パレート劣位については，第4章を参照してください）。

(3) (1)で求めた所得再分配制度を「導入する」，「導入しない」という2つの選択肢について，3人の間で投票を行い，全会一致でないと導入しないとした場合，この制度は導入されることになるでしょうか。

(4) (1)で求めた所得再分配制度を「導入する」，「導入しない」という2つの選択肢について，3人の間で多数決投票を行った場合，この制度は導入されることになるでしょうか。

8-2 子どもが特定の年齢になったときに，指定医療機関に持っていけば，無料で，あるいは一部自己負担で予防接種が受けられる予防接種票が，地方自治体から送付されます。

(1) このような公共サービスの提供の仕方は現金給付でしょうか。あるいは現物給付でしょうか。

(2) (1)で答えた給付の仕方を採用することの良い点と悪い点を考えなさい。

CHAPTER

第 9 章

政府の活動は誰が支える？

税の仕組みと効果

INTRODUCTION

　税は政府の活動の主要な財源です。政府は，企業や消費者の所得や消費に税を課しています。増税や減税は，企業や消費者の行動を変化させ，経済に影響を与えます。できるだけ経済に悪い影響を与えない税とは，どのような税でしょうか。

　またこの章では，「個々の経済力の違いをどのように配慮するか」が望ましい税を考える際の，もう1つの重要な視点であることも学びます。経済に悪い影響を与えない税が，必ずしも公平な税とは限らないことに気づくでしょう。

1 政府の活動の資金

税は社会的余剰の損失を発生させる

　私たちは，市場がうまく機能しているとき，消費者が財やサービスの消費から得る便益の合計から，企業が生産活動を行うために負担する費用の合計を引いた社会的余剰が最大化されることを，第2章で学びました。また，社会的余剰が最大化されないような市場の失敗が発生するとき，政府に，社会的余剰をできるだけ大きくするような政策（別の言い方をすれば，社会的余剰の損失をできるだけ小さくするような政策）の実行が期待されていることを，第3章と第4章で学びました。

　政府がこのような役割を担い，政策を実行するためには，資金が必要です。たとえば，環境を悪化させる活動を行っている企業に罰則を適用する，といった，一見お金がかからないように見える政策についても，企業の活動を監視し，罰を科すためには，それ相応の費用がかかります。政府はこのような活動の資金を，どのように調達しているのでしょうか。

　この章では，政府の活動の主要な財源である**税**について考えます。政府が税を課す対象としては，私たち個人の所得，資産，消費，あるいは企業の所得，資産など，さまざまなものがありますが，個人や企業の経済活動の結果生み出されるものの一部を税として徴収している点で共通しています。労働所得に課税される場合，労働者の手取りの賃金が，税を納めるぶんだけ少なくなります。所得を消費に使うときに課税される場合，消費者は以前より高い価格を支払わなければならなくなるでしょう。このように課税は，手取りの賃金や，財やサービスの価格を変化させることを通じて，個人や企業の経済活動に影響を与え，その結果，社会的余剰の損失を発生させます。どのような課税方法が社会的余剰の損失をもっとも小さくできるかについて，とくに，消費への税と労働所得への税を取り上げて考えていきましょう。

税についての意見は対立する

多くの民主主義国家は，政府が税を課す対象・方法について，国民がコントロールできるような仕組みを備えています。たとえば，日本国憲法第84条は「あらたに租税を課し，又は現行の租税を変更するには，法律又は法律の定める条件によることを必要とする」とし，課税には，法律による規定が必要であることを定めています。立法府である国会は，国民の代表である国会議員によって組織されていますから，国民は選挙を通して，間接的に税のあり方をコントロールしていることになります。

経済力や公共サービスに対する選好の違いから，どのような税がよいかについて，国民の間でさまざまな意見があります。ある人は公共サービスを充実させるために豊かな人々から多くの税を徴収したほうがよいと考え，ある人は支払う税をできるだけ少なくするために，公共サービスを縮小してもよいと考えます。第6章で学んだように，国民の意見は，各選挙区の有権者によって選ばれる国会議員を通じて，国会での意思決定に反映されますが，国民の間の意見の違いを反映して，国会の中でも，税についての意見は対立しがちです。

実は，社会的余剰の損失をもっとも小さくする税が，多くの人々の支持を得て，実行されるとは限りません。社会的余剰の損失を小さくする税は，経済力の乏しい人々にとって負担が重い税であるかもしれません。私たちの社会が実際に税制を選択しなければならなくなったとき，社会的余剰の損失の最小化と**公平性**の実現という，同時にかなえることが困難な2つの目標の実現のために，難しい問題を解かなければならないことに気づくでしょう。

CHECKPOINT 48

- ☐ 政府が税を課すことで，個人や企業の行動が変化し，社会的余剰の損失が発生します。
- ☐ 国民の間で，税についての意見は対立しがちです。社会的余剰の損失をできるだけ小さくする税が，多くの人々の支持を得るとは限りません。

② 誰が税を負担している？

直接税と間接税

　私たちが消費者として，財やサービスを購入するとき，価格の一定割合の**消費税**を支払っています。しかし，消費者である私たちが，直接政府に税を納めているわけではありません。財やサービスを販売している企業が，政府に税を納めているのです。

　一方，私たちが所得を得ると，**所得税**が課されます。所得はどのようにしてその所得を得たかによって，給与所得，事業所得，不動産所得など，いくつかの種類に分類されますが，所得を得た人は原則的にはすべての所得を合計し，税務当局に申告して，所定の税額を支払わなければなりません。たとえば，サラリーマンがもらう給与所得については，給与を支払う企業が税を所得から徴収し，本人に代わって納税しています。しかし，このように税を源泉徴収される所得以外に所得がある場合には，本人が税務当局に申告しなければなりません。

　所得税のように，法律で定められた納税義務者と実際の税の負担者が一致する税を**直接税**と呼び，消費税のように，法律で定められた納税義務者と実際の税の負担者が一致しない税を**間接税**と呼びます。それでは，私たち消費者が消費税を負担しているという実感を持つとき，納税義務者である企業は負担感を持っていないのでしょうか。ここで，消費税の負担の仕組みを，課税によって消費者余剰と生産者余剰がどのように変化するかに注目しながら，考えてみましょう。

　実際に，ある財が生産され，私たち消費者の手元に届くまでには，いくつかの段階があります。たとえば電気製品をとってみても，部品を作る企業，それを１つの製品として組み立てる企業，卸売業者，小売業者，といったさまざまな企業による製造・流通・販売を経て，完成された製品として，私たちのもとに届いています。実は，それぞれの段階で，消費税が課されているのですが，ここでは，話をわかりやすくするために，企業が財を生産し，それを直接消費

者に販売するとしましょう。

　第2章で学んだように，市場の供給曲線は，企業による生産の限界費用によって表されます。いま，政府によってこの財に個別の消費税が導入されたとしましょう。第3章で，課税の仕方には，財の単位ごとに一定額を課税する**従量税**と，財の価格に対して一定割合（**税率**と呼びます）を課税する**従価税**があることをすでに学びました。日本の消費税は，価格に対する一定割合を税として支払わなければならない従価税ですが，ここでは解説をわかりやすくするために，財を1単位購入するごとに，t円を支払わなければならない従量税が課されていると想定して，話を進めましょう。

　このような消費税のもとでは，企業は財を1単位生産し，販売するごとに，t円の税を政府に納めなければなりません。消費税導入後，企業が1単位生産し，販売する際の実質的な負担は，生産の限界費用に1単位当たりの税負担を加えたものになります。したがって，課税前の市場供給曲線をt円だけ上に移動させた線が，課税後の市場供給曲線を表します。

　図9-1は，消費者が支払わなければならない価格（**消費者価格**と呼びましょう）と消費量が，課税によってどのように変化するかを表しています。課税前の市場供給曲線と市場需要曲線が交わる点Eが，課税前の消費者価格と消費量の組合せを示します。価格はp円で，qが生産・販売され，そのすべてが消費されます。このときの社会的余剰は，

課税前の社会的余剰＝消費者余剰(A＋B＋C＋D)＋生産者余剰(F＋G＋H＋I＋J)
　　　　　　　　＝A＋B＋C＋D＋F＋G＋H＋I＋J

で表されます。

　課税後の市場供給曲線と市場需要曲線が交わる点E′は，課税後の消費者価格と消費量を示しています。課税前に比べて，消費量がqからq'に減少していることがわかります。課税後は，消費者価格には税が含まれており，消費税導入によって消費者価格はp円からp'円に上昇しています。このときの消費者余剰はAで，課税前に比べてB＋C＋Dだけ減っていることがわかります。

　一方，企業が1単位生産・販売するごとに得ることができる手取りの価格（**生産者価格**と呼びましょう）はp円から$p'-t$円に変化します。政府に納める税の分だけ，消費者価格p'円より低くなっています。q'が生産・販売され，生

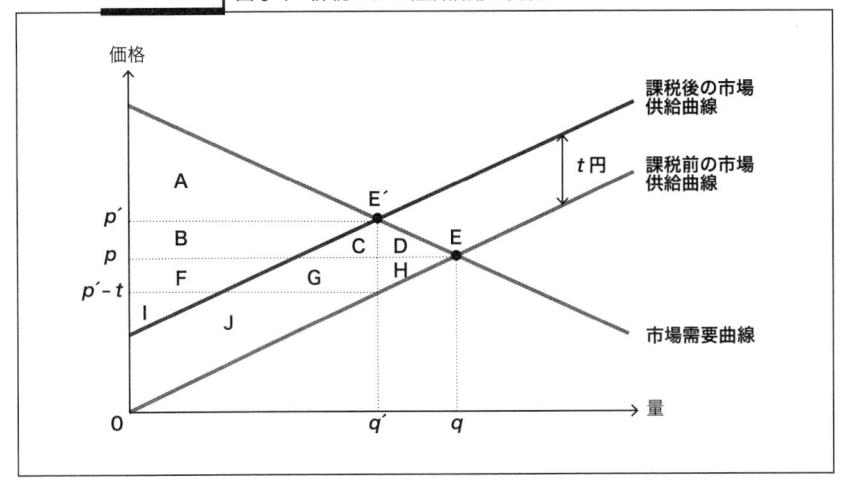

CHART 図 9-1 課税による経済活動の変化

産者余剰は I+J=B+F+I です。生産者余剰も，課税前に比べて，F+G+H だけ小さくなっています。なお，企業による納税額は C+G+J で，これは B+C+F+G と等しいことがわかります。高さ t，幅 q' の長方形の面積と平行四辺形の面積は等しいからです。企業の売上から生産にかかる費用と納税額を引いたものが，生産者余剰ですから，I+J=B+F+I という等式が成り立ちます。

租税の帰着問題

このように，課税前と課税後を比べると，消費者価格は上昇，生産者価格は低下しており，このことが取引量の減少につながっています。消費者と企業が直面する価格の変化を，もう少し詳しく見てみましょう。図 9-1 より，

　　生産者価格の低下分 $p-(p'-t)$ 円は，1 単位当たりの税 t 円より小さい

ということがわかります。企業は納税義務者ですが，財 1 単位ごとにかかる税 t 円のすべてが，企業の手取り価格の低下に反映されているわけではありません。一方，

　　消費者価格の上昇分 $p'-p$ 円は，1 単位当たりの税 t 円より小さい

ということもわかります。ここでは，財 1 単位ごとにかかる税 t 円の一部が，消費者が支払わなければならない価格の上昇に反映されています。生産者価格の低下分 $p-(p'-t)$ 円に生産量 q' をかけた金額（F+G）が，企業の実質的な税

2 誰が税を負担している？ ● 223

負担です。なぜならば，F+G は課税によって企業が失った生産者余剰に含まれているからです。一方，消費者価格の上昇分 $p'-p$ 円に消費量 q' をかけた金額（B+C）は，消費者への税負担の転嫁ぶんです。B+C は，課税によって消費者が失った消費者余剰に含まれているからです。消費者は，納税義務者が企業であるにもかかわらず，このぶんだけ，税を負担しているのです。このように，納税義務者が，税負担を，最終的負担者に移転することを**負担の転嫁**といいます。また，誰が納税義務者かにかかわりなく，税が実質的に誰かの負担になることを**租税の帰着**といいます。

　消費者にどの程度負担が転嫁されるかは，市場供給曲線と市場需要曲線の傾きによって決まります。**図 9-2** は，市場需要曲線のほうが市場供給曲線に比べて垂直に近い場合を表しています。価格が上昇しても，需要は価格の変化にあまり反応せず，その結果，取引量もあまり減少しません。この場合は，税負担の大きな割合が，消費者に転嫁されることがわかります（図のグレー部分）。実際，市場需要曲線が垂直で，価格が変化しても需要が変化しない場合，税負担のすべてが消費者に転嫁されます。

　たとえばタバコのように，消費に中毒性がある財は，価格が多少高くなっても，消費が大きく減らないことが知られています。タバコに高い税率がかかり，喫煙者が支払う税込価格が高くなっているとき，税のほとんどは，消費者である喫煙者が実質的に負担していることになります。

　一方，**図 9-3** では，市場供給曲線のほうが市場需要曲線に比べて垂直に近くなっています。企業が受け取る価格が低下しても，供給が価格の変化にあまり反応せず，その結果取引量もあまり減少しません。この場合は，消費者への負担の転嫁が小さいことがわかります（図のグレー部分）。市場供給曲線が垂直で，価格が変化しても供給が変化しない場合には，企業がすべての税負担を負うことを確認することができます。このように，価格の変化に対して，消費者と企業がどのように反応するかが，税負担の配分を決定するのです。

CHECKPOINT 49

- □ 納税義務者は企業であっても，消費税の実質的な負担が消費者に転嫁されていることがあります。
- □ 価格の変化に消費者と企業がどのように反応するかによって，消費者と企業の実質的な税負担が決まります。

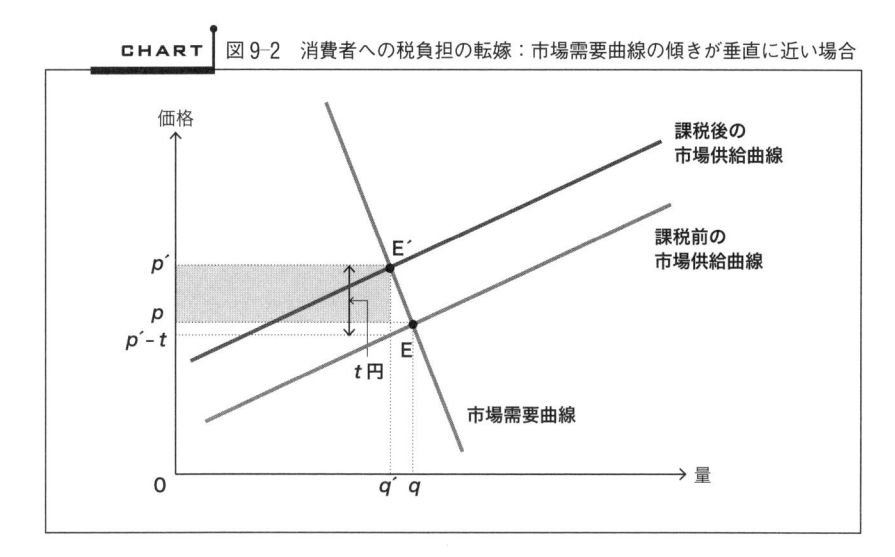

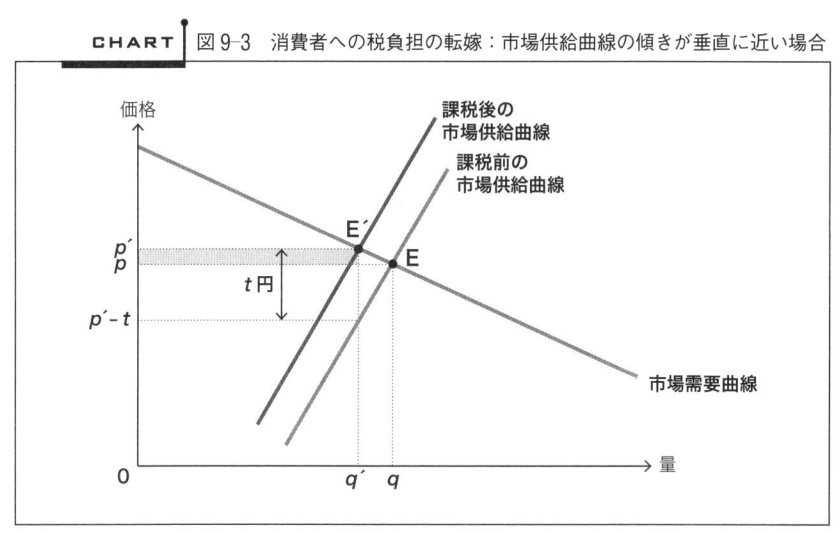

CHART 図 9-2　消費者への税負担の転嫁：市場需要曲線の傾きが垂直に近い場合

CHART 図 9-3　消費者への税負担の転嫁：市場供給曲線の傾きが垂直に近い場合

3　税は行動を変化させる

社会的余剰の損失の発生

　市場需要曲線や市場供給曲線は，個別の消費税が導入されたときに，消費者

や企業がどのように反応するかを表現しています。このような消費者や企業の行動の変化が，社会的余剰をどのように変化させるかを見ていきましょう。

課税前と比べて，課税後，消費者余剰も生産者余剰も減少していることはすでに述べた通りです。もう一度図9-1で確認してみると，消費者余剰はB＋C＋D，生産者余剰はF＋G＋Hだけ小さくなりました。消費者は，課税前より高い消費者価格p'で，少ない量q'しか消費していませんから，以前よりも悪い状態になったのです。企業も，課税前より低い生産者価格$p'-t$で，少ない量q'しか生産・販売していませんから，こちらも以前より悪い状態になりました。

もちろん悪いことばかりではありません。課税後の生産量q'に1単位当たりの税t円をかけた額が企業から政府に納められています。政府が，B＋C＋F＋Gで表される納税額を，消費者のためであれ，企業のためであれ，人々の便益を高めるために使用すれば，そのぶん，社会的余剰は増えます。もちろん，消費者の実質的税負担B＋Cを消費者に，企業の実質的税負担F＋Gを企業に，そのまま還元することも可能です。いずれにしても，社会的余剰は，

課税後の社会的余剰＝
消費者余剰(A)＋生産者余剰(I＋J)＋政府の税収(B＋C＋F＋G)
＝A＋B＋C＋F＋G＋I＋J

で表されます。

消費税の導入によって，社会的余剰はどのように変化したでしょうか。

課税前の社会的余剰－課税後の社会的余剰＝D＋H

となり，課税によって社会的余剰が失われたことがわかります。たとえ納められた税を，負担者に1円と違わず返却したとしても，課税前の社会的余剰の大きさは実現できないのです。課税による社会的余剰の損失のことを，税負担以外の負担，という意味を込めて，**課税の超過負担**と呼びます。

税によって，税以外のものも負担する

このように，実は私たちは，納めている税のほかに，課税による超過負担を負っています。それでは，なぜ超過負担が発生するのでしょうか。それは，課

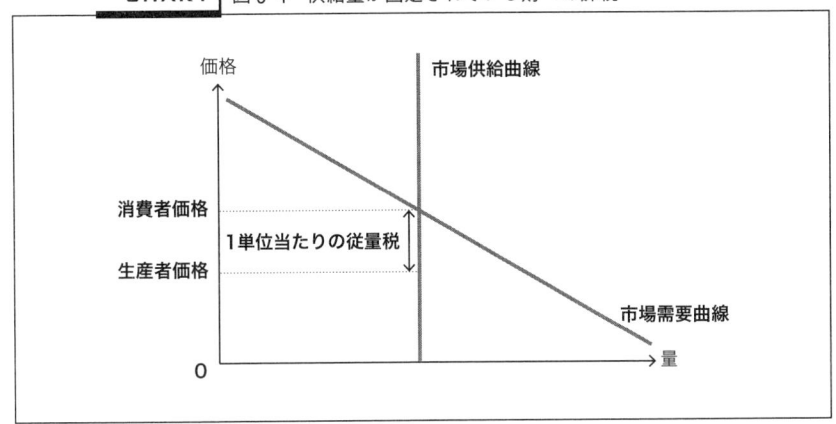

CHART 図9-4　供給量が固定されている財への課税

税によって，消費者や企業が直面する価格が変化し，それに伴って消費者や企業の行動が変化する結果，税がなければ市場で取引されていた財やサービスの一部が，取引されなくなるからです。

たとえば，土地のように，短期的には供給量が固定されている財を考えましょう。この場合，図9-4が示すように，土地の取引に税がかかっても，取引される量は変わりませんから，課税の超過負担は発生しません。実質的な税負担は100％供給する側が負うことになりますが，納めた税が全額私たちの便益を増加させるために使われれば，社会的余剰の損失は発生しないことがわかります。需要が価格の変化に伴って変化しないような場合も，取引量は変わりませんから，同様に課税の超過負担は発生しません。

しかし，長期的に見ると，取引される土地の量は一定ではありません。土地は経済的な利益を生み出す用途のために，開発され，売買されます。造成された土地が高い価格で売れるならば，企業は多くの土地を造成し，市場に供給しようとするでしょう。このように土地の供給は，長期的には価格の変化に反応しますから，課税によって，取引量が減り，超過負担が発生するようになります。現実の経済で，価格の変化に需要や供給がまったく反応しない課税対象をみつけるのは困難です。

ここまでは，企業が納税義務者である場合を考えました。まったく同じ従量税を消費者が政府に直接納税する場合，取引量はどのようになるでしょうか。この場合，企業が1単位生産・販売するためにかかる費用は，生産の限界費用だけです。しかし，消費者が1単位消費することによって得る便益は，消費そ

のものから得られる限界便益から納税額 t 円を引いたぶんだけ小さくなります。したがって，課税前の市場需要曲線を t 円だけ下に移動させた線が，課税後の市場需要曲線を表します。その結果，市場で取引される量も，消費者が支払う税込みの価格も，企業が受け取る税抜きの価格も，企業が納税義務者である場合と同じになります。練習問題 9-1 で実際に確認してみましょう。

CHECKPOINT 50

- □ 企業と消費者が課税に反応して行動を変化させ，その結果取引量が減少することで，社会的余剰の損失が発生します。
- □ 企業や消費者が納税額を超えて負担している部分を「課税の超過負担」と呼びます。

4 望ましい消費税とは？

行動の変化の度合い

多くの税は，消費者や企業が直面する価格を変化させる効果を持っています。たとえば，消費税率が上がると，私たちが財やサービスを購入するとき，支払わなければならない消費者価格が上昇します。価格が変化すると，ほとんどの場合，それに応じて私たちの経済活動も変化します。

ある財の価格が変化するとき，その財に対する需要がどのくらい変化するかは，**弾力性**を使って測ることができます。たとえば，いま，ある財の価格が 300 円から 30 円上昇して，330 円になったとします。このときの価格の変化率（上昇率）は，

$$価格変化率 = \frac{330-300}{300} = 0.1$$

で，10％です。分子は価格がいくら高くなったかを表しており，価格変化率は，この価格の変化分を変化前の価格で割って求められます。

価格の上昇に伴って，市場における需要量が 100 から 80 に減ったとします。このとき，需要の変化率は，

$$需要変化率 = \frac{80-100}{100} = -0.2$$

で−20%です。分子は需要量がいくら増えたかを表しており，需要変化率はこの需要の変化分を変化前の需要量で割って求められます。実際には需要は減りましたから，分子は負であることに注意してください。

　需要変化率を価格変化率で割ることで，価格が1%変化するとき，需要が何%変化するかを求めることができます。これを**需要の価格弾力性**といいます。ここで，変化前の価格をp，価格の変化分をΔp，また変化前の需要量をq，需要の変化分をΔqで表しましょう。需要の価格弾力性は次の式によって求められます。

$$需要の価格弾力性 = -\frac{需要変化率}{価格変化率} = -\frac{\Delta q/q}{\Delta p/p}$$

先の例をこの式に当てはめると，需要の価格弾力性は，

$$-\frac{-0.2}{0.1} = 2$$

となります。一般的に，価格の上昇に伴って需要は減少しますから，需要の価格弾力性を求める式で，分母が正のとき，分子は負となります。慣例に従って分数にマイナスの符号をつけることによって，分数の絶対値を計算できます。このようにして求められる正の値は，「価格が1%上昇したとき，需要は何%減少するか」を表します。需要の価格弾力性が高い値をとるほど，その財は，価格の上昇に伴って，需要が大きく減少する財だということがいえます。このことはまた，需要の価格弾力性の高さが，市場需要曲線の傾きと関係していることを意味しています。需要の価格弾力性が高い財は，価格の上昇に伴って需要が大きく減りますから，市場需要曲線の傾きが緩やかです。反対に，需要の価格弾力性が低い財は，市場需要曲線の傾きが急になります。

　さて，ここで，政府が，財の価格に対して一定割合を課税する従価税を導入するとしましょう。話をわかりやすくするために，生産の限界費用は一定であるとします。課税前の市場供給曲線は，**図9-5**のように，水平な直線で表されます。この市場供給曲線と市場需要曲線が交わる点Eが，課税前の価格と取引量の組合せを示しています。課税前価格がp円であるとします。いま，この財の消費に，$s \times 100\%$の従価税がかかるとしましょう。課税前の市場供給曲線

4　望ましい消費税とは？　● 229

CHART 図 9-5 消費税の影響

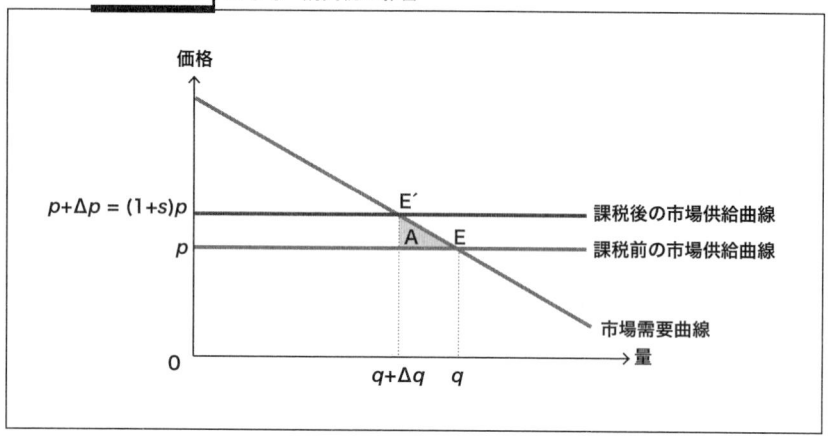

価格

$p+\Delta p = (1+s)p$ ─── 課税後の市場供給曲線
p ─── 課税前の市場供給曲線

E′
A E

市場需要曲線

0        $q+\Delta q$ q 量

を $\Delta p = sp$ 円だけ上に移動したものが，課税後の市場供給曲線です。課税後の市場供給曲線と市場需要曲線の交点は点 E′ となり，取引量は q から $q+\Delta q$ に，Δq だけ変化しています。ここで Δq は負であることに注意してください。つまり，取引量は，$-\Delta q$ だけ減少していることになります。

図 9-5 で，三角形 A が課税の超過負担に相当します。課税の超過負担の大きさが，どのような要因によって決まるのか，式を変形して詳しくみてみましょう。底辺の長さが $-\Delta q$ で高さが Δp の三角形 A の面積は，価格の上昇分は消費税分に等しいので $\Delta p = sp$ であることを使い，課税前の消費額（pq）と需要の価格弾力性が式の中に表れるように sp のあとに s と q をかけて変形すると，次のように求めることができます。

課税の超過負担

$$= \frac{1}{2}(\Delta p)(-\Delta q) = \frac{1}{2}(sp)(-\Delta q) = \frac{1}{2}(sp)(sq)\left(-\frac{\Delta q}{sq}\right)$$

$$= \frac{1}{2}(sp)(sq)\left(-\frac{\Delta q/q}{s}\right) = \frac{1}{2}(sp)(sq)\left(-\frac{\Delta q/q}{sp/p}\right) = \frac{1}{2}s^2(pq)\left(-\frac{\Delta q/q}{\Delta p/p}\right)$$

$$= \frac{1}{2} \times 税率の2乗 \times 課税前の消費額 \times 需要の価格弾力性$$

この式から，課税の超過負担は，

● 税率（s）が高いほど大きい
● 税率の2乗（s^2）に比例する

- 課税前の消費額（pq）が大きいほど大きい
- 需要の価格弾力性 $\left(-\dfrac{\Delta q/q}{\Delta p/p}\right)$ が高いほど大きい

ということがわかります。たとえば税率が2倍になると，課税の超過負担は4倍になる，ということです。また，もともと消費者が多く支出している財ほど，課税の超過負担は大きくなります。さらに，消費者が税による消費者価格の上昇に大きく反応するような財ほど，超過負担は大きくなるのです。言い換えると，価格が変化しても，消費者の行動があまり変化しないような財は，高い消費税を課しても，市場での取引量があまり減少せず，課税の超過負担も小さくて済む，ということになります。

どのような財に高い税率をかけるべき？

ここまで考えたことをもとに，政府がある一定の税収を確保するために，どのような消費課税を行えば，社会的余剰の損失をもっとも小さくできるか，考えてみましょう。経済には2種類の財が存在し，それぞれの財について，価格や需要量にかかわらず需要の価格弾力性が一定であるとしましょう。一方の財の需要の価格弾力性は，他方の財の需要の価格弾力性よりも高いとします。また政府は，それぞれの財に対して，違う税率を設定することが可能だとします。どのような税率を設定すれば，経済全体の課税の超過負担の合計を，より小さくできるでしょうか。

ここで税収1円当たりの課税の超過負担を計算してみましょう。政府に納められる税額を spq 円と近似し，上で求めた課税の超過負担を spq で割ることで，税収1円当たりの課税の超過負担を次のように近似的に求めることができます。

$$\text{税収1円当たりの課税の超過負担} = \frac{1}{2}s\left(-\frac{\Delta q/q}{\Delta p/p}\right)$$

政府が，課税の超過負担の合計を最小化しようとして，2つの財のそれぞれに対する消費税率を選択するとき，2財の間で，この税収1円当たりの課税の超過負担が等しくなっているはずです。もし一方の財のほうが他方の財よりも，税収1円当たりの課税の超過負担が大きいならば，その財に対する消費税率を

少し下げて，代わりに他方の財に対する消費税率を少し上げることで，税収を維持しながら，課税の超過負担の合計を小さくすることができます。つまり，もしも政府が2財に対する課税で，消費者の行動の変化を考慮しながら，課税の超過負担の合計を最小化する税率を設定しているとき，

- 需要の価格弾力性の低い財に，高い税率が設定されている
- 需要の価格弾力性の高い財に，低い税率が設定されている

はずです。このように，需要の価格弾力性が低い財ほど，高い税率を設定するべき，とする考えを**ラムゼイの逆弾力性ルール**といいます。ラムゼイは，この命題を導出した経済学者の名前です。

　需要の価格弾力性が低い財とは，どのような財でしょうか。たとえば，食料品や医薬品など，私たちが健康に生活するために欠かすことができないような財の消費は，多少価格が上がっても，大きく減らすことは困難です。超過負担の合計をできるだけ小さくする，という目的のためには，このような**生活必需品**により高い税率をかければよい，ということになります。

　一方，超過負担の合計をできるだけ小さくするという目的のために，低い税率を適用したほうがよい，とされる財は，どのような財でしょうか。価格の変化に伴って消費が大きく変動する財，それは生活必需品よりも，**ぜいたく品**と分類される財に当てはまる性質でしょう。たとえば，高級なレストランでの食事は，生活していくうえで必ずしも必要なものではありません。ヨットや別荘など，余暇をより楽しく過ごすための財も，価格の変動に伴って，人々が消費を増やしたり，あるいは抑制したりしそうです。社会的余剰の損失をできるだけ小さくする，という観点からは，このような需要の価格弾力性の高い財に課す税率は，低く設定したほうがよい，ということになります。

効率性と公平性のトレードオフ

　低所得者が消費を抑えることが難しい生活必需品に高い税率を適用し，生活必需品以外の財に低い税率を適用すると，所得に占める税負担の割合は，低所得者のほうが，高所得者よりも高くなります。このように，所得に占める税負担の割合が，所得が低いほど高くなるような課税を**逆進的課税**といいます。経

済力の弱い消費者に厳しい課税は，公平性の観点から見れば望ましいとはいえず，政治的にも実現は困難でしょう。第4章 Column ❷（90ページ）では，社会的余剰が最大になっていればパレート効率的であると判断できることを解説しました。望ましい消費課税を求めようとするとき，私たちは，社会的余剰の損失を最小化しようとすると，公平性が確保できないという**効率性と公平性のトレードオフ**に直面するのです。

　日本に比べて消費税率が高く，税収のより大きな割合を消費税に頼っているヨーロッパの国々などでは，生活必需品に対して**軽減税率**を適用するなどして，低所得者の負担を軽減する措置をとっています。しかし，このような低所得者対策には，いくつか問題点があります。まず，品目にもとづいて負担軽減措置を行うため，高所得者からの税収も失われてしまいます。失う税収が大きいと，それを補うために，他の品目への税率を高くせざるをえなくなるでしょう。もう1つは，どのような財に軽減税率を適用するかについて，明確な基準を設定することが難しく，品目の選定に，**政治的裁量**が加わる余地があることです。軽減税率の適用を求めて，企業が政治家に対して活発にロビー活動を行えば，本来ならば生産に向けられていた時間やその他の経済的資源がロビー活動に費やされ，効率的でない経営を行っている企業が有利になるなどして，新たに社会的余剰の損失が発生することになるでしょう。

CHECKPOINT 51

- ☐ 消費者が消費税による価格の上昇に対して反応する度合いを，需要の価格弾力性で測ることができます。
- ☐ 課税の超過負担をできるだけ小さくする，より効率的な課税は，需要の価格弾力性の低い財に高い税率を，需要の価格弾力性の高い財に低い税率をかけることを求めます。
- ☐ 望ましい課税について考えるとき，私たちは，効率的な課税を行おうとすると，公平性が確保できなくなるという「効率性と公平性のトレードオフ」に直面します。

⑤ 労働所得への税

2つの公平性の基準

　私たちは、社会的余剰の損失をできるだけ小さくするようなより効率的な税は、公平性の観点から見た場合、必ずしも望ましい税とはいえない、ということに気づきました。それでは、どのような税が公平な税といえるでしょうか。個人が労働で得た所得に課税する**所得税**について考えてみましょう。ある人は、高所得の人々に、低所得の人々よりも重い税負担を負ってもらうことが公平であると考えるでしょう。別の人は、高所得の人々は、人一倍働いて、高い所得を得ているのだから、その努力の成果に重い税を課すのは、不公平だと考えるかもしれません。このように、どのような税が公平性の観点から見て望ましいかについて、すべての人が賛同する基準を設定するのは難しいことですが、少なくとも**水平的公平**と**垂直的公平**は、多くの人が賛同できる、望ましい税のあり方を示す基準であると考えられています。

　「水平的公平」は、等しい経済状態にある人々に等しい税負担を課すことで、等しい経済状態にある人々を公平に扱うことを求めるものです。課税上の恣意的な差別を排するための原則です。同じ額の所得を得ていながら、ある人はそのほかの人よりも多くの税を支払わなければならないならば、このような課税は公平ではない、ということになります。日本では、給与所得者には源泉徴収制度が適用されている一方、自営業者、農業所得者には申告納税制度が適用されています。後者のほうが、税務当局が所得を正確に把握することが困難です。実際には同じ所得を得ているのに、職業によって税負担が異なると、水平的公平は実現されません。

　「垂直的公平」は、異なる経済状態にある人々に異なる税負担を課すことで、異なる経済状態にある人々を公平に扱うことを求めるものです。多くの国で、高い所得を得るほど、所得に比例する以上に、多くの税を支払うことが求められていますが、このような課税は、垂直的公平に配慮したものだといえます。

　税負担の重さを測る指標として、**平均税率**があり、

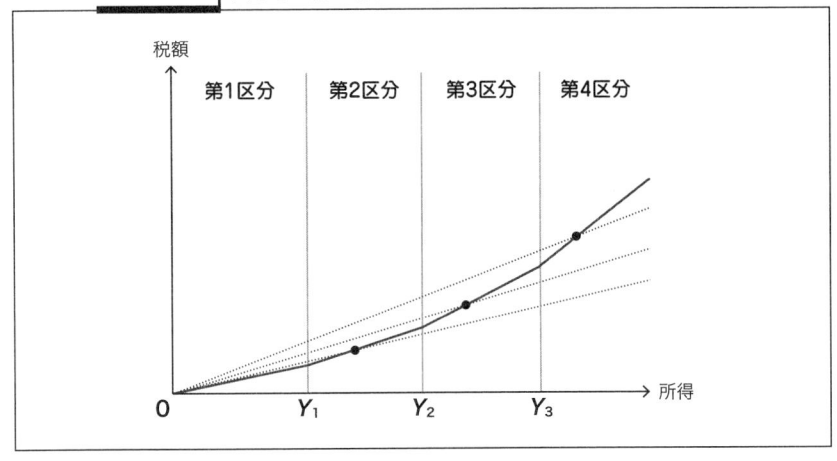

CHART 図 9-6　累進的課税の構造

$$平均税率 = \frac{税額}{所得}$$

として計算されます。所得が増えるにつれて，平均税率が高くなるような課税を**累進的課税**といいます。ほかに，所得が増えるにつれて平均税率が低下する**逆進的課税**，所得水準にかかわらず平均税率が一定の**比例的課税**も可能ですが，多くの先進国が累進的課税を採用しています。

所得税の構造

図 9-6 は横軸に所得をとり，縦軸に税額をとって，多くの先進国で採用されている所得税の構造を表しています。一般的に，所得税は，所得をいくつかの**税率区分**に分け，税率区分ごとに異なる税率を適用して，計算されています。図 9-6 では，所得が 0 円から Y_1 円までが第 1 税率区分，Y_1 円から Y_2 円までが第 2 税率区分，Y_2 円から Y_3 円までが第 3 税率区分，Y_3 円以上が第 4 税率区分となっています。税率区分内は，税額を表す実線の傾きは一定ですが，より所得が高い税率区分ほど，傾きが大きくなっています。この傾きの大きさは，所得が 1 円増えたら，税は何円増えるかを表しており，これを**限界税率**と呼びます。とくにもっとも所得が高い税率区分の限界税率を**最高税率**と呼び，所得税制の累進性の度合いを示す 1 つの指標とみなされることもあります。

一方，図 9-6 には，原点と，税額を表す実線上の 3 つの点を結んだ破線が描

かれています。この破線の傾きは、税額÷所得と等しいですから、該当する所得水準における平均税率を表しています。図 9-6 では、より所得が高い税率区分に移動するにつれて、限界税率が上昇していますから、それに伴って平均税率も高くなり、累進的課税が実現されていることがわかります。

このように所得税では、経済力が豊かな人ほど所得に占める税額の割合が高くなるような、累進的な課税を実現することが容易です。品目にもとづいて負担軽減措置を行わざるをえない消費税と比べて、個々人の経済状況を配慮しやすく、垂直的公平を実現するのに適した税であるといえます。

CHECKPOINT 52

- □ 多くの人が賛同する公平性の基準として「水平的公平」と「垂直的公平」があります。
- □ 累進的課税は、垂直的公平に配慮した課税方法です。

6 所得税が労働意欲に与える影響

所得税によっても課税の超過負担が発生する

私たちはすでに、消費税が、消費者が直面する価格を変化させ、そのことによって超過負担を発生させることを学びました。所得税の場合も同様に、超過負担が発生します。

いま、1時間働くごとに、時給 w 円を得ることができるとします。支払われる賃金に対して、税率 $s\times100$％の従価税が課されるとします。税率が高いほど手取りの時給 $(1-s)w$ 円は低くなります。このように所得税は、労働者が実際に受け取る賃金を変化させます。

人々は働かず、代わりに余暇を過ごすことで、便益を得ます。1時間働くごとに、働かずにいたら得られたであろう余暇の時間が失われていきます。ここでは話を簡単にするため、働きがいが生み出す便益は、無視できる程度のものだとしましょう。労働することによって、余暇から得られたはずの便益を失っていることになりますから、費用が発生しています。

CHART 図9-7 所得税の影響

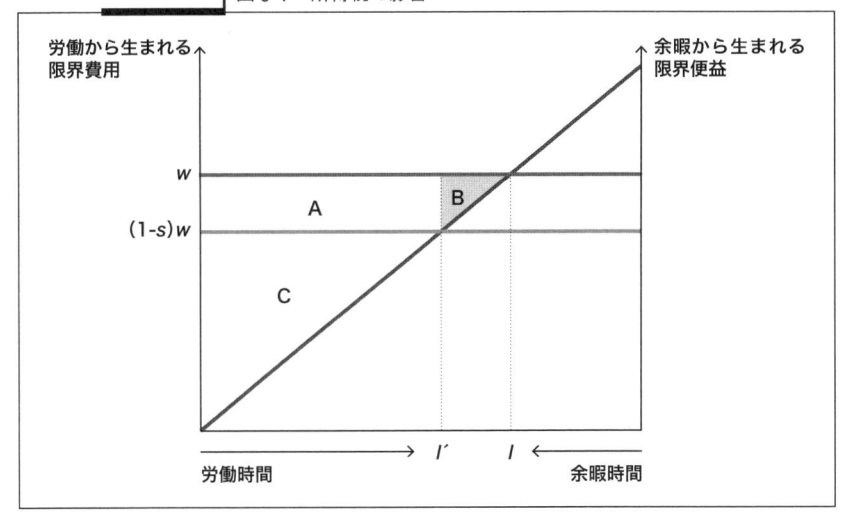

図9-7 はこのような状況を表したものです。横軸の幅は，人が活動できる時間の長さ（たとえば，24時間から，睡眠と食事に最低限必要な時間を引いた，残りの時間）を表しています。横軸の左端と，この横軸上の点との間の距離は，労働時間の長さを表します。そうすると，横軸の右端からその点までの距離は，余暇時間の長さを表していることになります。右端の縦軸は，余暇が生み出す限界便益を測っており，余暇の時間が長くなるほど，限界便益が小さくなることを反映して，限界便益を示す直線は左下がりになっています。

労働時間を1時間増やすごとに，余暇時間が1時間ずつ失われ，得られたであろう限界便益も失われます。したがって，余暇の限界便益曲線を左側から見ると，労働の限界費用曲線となります。左端の縦軸は，労働時間を増やすごとに発生する労働の限界費用を測っていることになります。

図9-7 には，課税前の時給 w 円と課税後の手取りの時給 $(1-s)w$ 円が，2本の水平な線として描かれています。課税前，労働者は，賃金 w 円と労働の限界費用が一致する労働時間 l を選択することで，［課税前の所得］－［労働の費用］を最大化することができます。したがって，労働の限界費用を表した右上がりの直線は，労働供給曲線であることがわかります。最大化された［課税前の所得］－［労働の費用］は，課税前の時給水準を表す水平の直線と労働供給曲線に挟まれた A＋B＋C の面積によって表されます。

所得税が導入され，手取りの時給が $\Delta w = sw$ 円下がって，$(1-s)w$ 円となっ

6 所得税が労働意欲に与える影響 ● 237

たとき，労働者の労働供給はそれに伴って，l から l' に，$\Delta l = l - l'$ だけ減少します。このとき，Cの面積は［課税後の手取り所得］－［労働の費用］を表しています。納められた所得税Aが労働者に役立つような使途に支出されるとしてもなお取り戻せない社会的余剰は，Bの面積で表されており，これが課税の超過負担に相当します。

消費税のときと同様に，課税の超過負担を表す三角形Bの面積を計算すると，

$$\text{課税の超過負担} = \frac{1}{2}(\Delta w)(\Delta l) = \frac{1}{2}(sw)(\Delta l) = \frac{1}{2}(sw)(sl)\left(\frac{\Delta l}{sl}\right)$$
$$= \frac{1}{2}(sw)(sl)\left(\frac{\Delta l / l}{s}\right) = \frac{1}{2}(sw)(sl)\left(\frac{\Delta l / l}{sw / w}\right) = \frac{1}{2}s^2(wl)\left(\frac{\Delta l / l}{\Delta w / w}\right)$$
$$= \frac{1}{2} \times \text{税率の2乗} \times \text{課税前所得} \times \text{労働供給の賃金弾力性}$$

となります。$\dfrac{\Delta l / l}{\Delta w / w}$ は，労働供給変化率 $\Delta l / l$ を賃金変化率 $\Delta w / w$ で割ったもので，賃金が1％上昇するとき，労働供給は何％増えるかという，労働供給の賃金弾力性を表していることに注意してください。労働供給の賃金弾力性は，この例のように，（手取りの）賃金が1％低くなるとき，労働供給は何％減るかも表しています。この式から，消費税の場合と同様に，課税の超過負担は，

- 税率（s）が高いほど大きい
- 税率の2乗（s^2）に比例する
- 課税前の所得（wl）が大きいほど大きい
- 労働供給の賃金弾力性 $\left(\dfrac{\Delta l / l}{\Delta w / w}\right)$ が高いほど大きい

ということがわかります。たとえば所得税増税を行うとき，労働者がそれに反応して労働時間を調整するほど，課税の超過負担は大きくなります。

累進的課税と労働への負のインセンティブ

増税に対する反応を引き起こさない，したがって超過負担を発生させない課税方法が，まったくないわけではありません。**一括固定税**は，経済活動と無関係に，一定額を徴収する方法です。とくに，どのような個人に対しても均等の税を課す一括固定税を**人頭税**と呼びます。日本では地方政府が個人から徴収す

る所得税で（個人住民税と呼ばれています），所得に応じて計算される「所得割」のほかに，「均等割」として定額を徴収しています。もし所得税が定額部分だけで構成されるならば，課税の超過負担は発生しません。実際には，地方政府による所得税は，所得が高くなるに従って増える所得割も含んでいます。なぜ完全な人頭税が実施されていないのでしょうか。

　人頭税は，所得の多い少ないにかかわらず，均等の税負担を求めます。先に，税が実現すべき公平性について，「水平的公平」と「垂直的公平」の2つの基準があることを述べました。「水平的公平」は，等しい経済状態にある人々に等しい税負担を課すことを求め，「垂直的公平」は，異なる経済状態にある人々に異なる税負担を課すことを求めます。人頭税は，垂直的公平の基準を満たしません。所得の低い人も高い人も，同額の税を支払わなければならない場合，所得の低い人の平均税率は高く，所得の高い人の平均税率は低くなります。つまり，人頭税は逆進的な税なのです。

　このように，人頭税は，経済力の弱い人にとって，負担感の大きな税です。一方で，個々の経済的事情に配慮した，垂直的公平の基準を満たす課税を実行するためには，所得に応じて税額を調整する必要があり，そのことが，労働者に，所得を得る手段である労働供給を調節させる負のインセンティブとなってしまいます。とくに累進的な所得税のもとでは，余暇時間を減らし熱心に働くことで所得が増えると，増えた所得に適用される限界税率が上がる可能性があります。このように累進的な課税構造は，高所得者の労働意欲をより強く阻害し，大きな課税の超過負担を生み出します。累進性を低くすると，高所得者の労働意欲を抑制する働きは弱まるでしょう。一方で，高所得者と低所得者の課税後の所得の格差は，いまより大きくなるでしょう。ここでも私たちは，消費税の場合と同様に，どの程度社会的余剰の損失を小さくし，どの程度垂直的公平を重視するか，という「効率性と公平性のトレードオフ」の問題に直面するのです。

　また，第8章215ページで「給付付き税額控除」を解説した際，就労を受給の条件とすることが，未就労者への労働のインセンティブとなることを説明しました。所得税の構造は，低所得者だけでなく，高所得者の労働意欲にも影響を与えます。高所得者の労働意欲が減退すれば，所得税収の減少につながり，結局低所得者への所得移転が制約を受けることになります。望ましい所得税制

Column ❾　所得税の計算方法とブラケットクリープ

　直接税の利点の1つは，税額を決定する際に，納税者の経済的事情を配慮することが容易だということです。所得税の場合，分離して課税される所得を除いて，さまざまな所得を合算し，これにもとづいて税額を計算します。その際，累進的な限界税率を設定することで，高所得の納税者から，高い平均税率の所得税を徴収していることはすでに見たとおりです。このほかにも，政府は「控除」という方法を用いて，税額を調整しています。

　たとえば，所得税を計算する際，合算された所得から**所得控除**を差し引き，残った所得を税率区分に分け，累進的な限界税率を適用しています。「所得控除」には，最低限の生活に必要な所得に課税しないために，すべての納税者の所得から一定額を差し引く「基礎控除」，配偶者や扶養親族の所得が一定額以下の場合に適用する「配偶者控除」，「扶養控除」，個人的事情による税負担能力の弱さを考慮するための「障害者控除」，「医療費控除」などがあります。また税率を適用して計算された税額から直接差し引くための**税額控除**もあります。

　このような控除によって，所得金額が一定額以下の人は，課税を免れ，税を支払わなくてもよいことになります。課税対象とならない所得の上限が，第8章7節（215ページ）で触れた課税最低限です。課税最低限は，各種の控除水準の変動によって変動しますし，家族構成が異なれば適用される控除の種類や金額が異なるので，課税最低限も異なります。

　控除の拡大は，それが適用される納税者に，政府からの補助金と同様の効果をもたらします。控除の引き上げによる課税最低限の引き上げは低所得者への減税，あるいは補助金の増加ととらえることができます。しかし高所得者へも同様の控除が適用されるならば，高所得者も，課税最低限の引き上げによって恩恵を受けるはずです。

　所得が100万円，200万円，300万円，400万円という4人の消費者が存在するとします。控除に関する制度改正前，課税最低限は100万円で，所得が100万円を超えて200万円までの部分に限界税率10％，200万円を超えて300万円までの部分に限界税率20％，300万円を超えた部分に限界税率30％が適用されているとします。**表9-1**が示すように，平均税率は，所得が高いほど，高くなっています。

　制度改正により，4人全員に，所得控除の100万円の増額が実施されたとしましょう。課税最低限は200万円になり，所得が200万円を超えて300万円まで

の部分に限界税率10％，300万円を超えて400万円までの部分に限界税率20％，400万円を超えた部分に限界税率30％が適用されることになります。そうすると，所得が100万円のaさんだけでなく，200万円のbさんも，納税額が0円になります。同時に，所得がより高いcさん，dさんも，所得控除の増額が適用されることで，以前の高い限界税率を免れるようになります。その結果，表の右の2列が示すように，高所得者ほど，税支払いの減少額が大きく，税支払いの減少額が課税前所得に占める割合も高くなります。このように，累進的課税のもとでは，所得控除の拡充の恩恵をより多く享受するのは，高所得者です。所得控除が2倍になる制度改正が，現実に行われる可能性は高くないでしょうが，もっと現実的な数値を使っても，同様の結果を得ます。誰にでも適用される所得控除の拡大は，実は逆進的な側面を持つのです。

このように，実質的な所得水準は変わらないのに，適用される税率区分が移動し，それに伴って適用される限界税率が変化し，その結果平均税率が変化する現象を，**ブラケットクリープ**といいます。

たとえば**オイルショック**のときのようにインフレが発生し，それに伴って賃金も上昇したとしましょう。このとき，所得は増えますが，物価も上昇していますから，実質的な所得水準は変わっていません。税率区分は，物価や賃金水準の変動に伴って自動的に変動するように設計されていません。その結果，累進的課税のもとで，同じ労働者の所得の一部に，より高い限界税率が適用されるようになり，平均税率が高くなります。デフレの場合には，逆に，複数の税率区分にまたがる所得を得ている労働者の平均税率は低くなります。デフレが発生しやすい不況時には，税の負担感が軽減されるのです。

CHART 表9-1 所得税の控除制度変更の影響

消費者	課税前所得 (万円)	制度改正前 税額 (万円)	制度改正前 平均税率 (％)	制度改正後 税額 (万円)	制度改正後 平均税率 (％)	税支払い 減少額 (万円)	税支払い減少額 ÷課税前所得 (％)
aさん	100	0	0	0	0	0	0
bさん	200	10	5	0	0	10	5
cさん	300	30	10	10	3.3	20	6.7
dさん	400	60	15	30	7.5	30	7.5

を考える際には，低所得者だけでなく，高所得者の労働意欲への影響についても，考慮する必要があります。

CHECKPOINT 53

- □ 納める税金が労働供給に伴って増えるような課税の仕方は，労働への負のインセンティブとなり，労働意欲を阻害します。
- □ 垂直的公平を実現するための累進的課税は，高所得者の労働意欲を阻害する一方，人頭税は逆進的であり，低所得者の負担感が大きくなります。

EXERCISE ● 練習問題

9-1 本文では，納税義務者が企業であるとして，消費税の効果を考えました。ここでは，消費者が納税義務者であるとしましょう。

(1) 政府が，財の1単位ごとの消費に t 円の従量税を課すとします。課税前の市場需要曲線と市場供給曲線，課税後の市場需要曲線と市場供給曲線を1つの図に描き，個別の消費税によって，消費者価格，生産者価格，消費量がどのように変化するか確認しなさい。また，消費者余剰，生産者余剰，課税の超過負担も示しなさい。

(2) 政府は，(1)で得られる税額と同じ額の税を，従価税によって得ようとします。(1)と同様の図を描き，課税によって消費者価格，生産者価格，消費量がどのように変化するか確認しなさい。消費者余剰，生産者余剰，課税の超過負担も示しなさい。

9-2 大規模災害が発生したあとで，政府は復興事業を実施するために資金を必要とします。同額の復興財源を1回の所得増税によって調達する場合と，2回の所得増税に分けて調達する場合とでは，どちらが課税の超過負担が小さいか，考えなさい。

CHAPTER

第 10 章

世代を超えて助け合える？

年金制度と財政問題

INTRODUCTION

本書の最後となるこの章では，政府を通じた世代間の関わり合いについて考えます。日本の現在の年金制度は，現役世代の所得を退職世代に移転する役割を果たしています。また，政府は現役世代や退職世代に便益を与える公共サービスを提供するために，国債を発行して財源を調達し，償還のための負担を今はまだ生まれていない将来世代に負わせることもできます。その結果，将来世代から現役世代や退職世代に所得が移転されることになります。

人口高齢化が進む経済では，選挙に勝ちたい政治家によって，高齢者向けの政策が優先されやすいことを，第6章で学びました。この章では，政治家が選挙を意識して，政策の費用負担を将来世代に転嫁することが，財政赤字の拡大につながっていることを学びます。

1 さまざまな世代が共存する経済

誰でもいつかは退職する

　私たちは第8章で，政府が行う再分配政策が，高所得の人々に財源を負担してもらい，低所得の人々に給付を与えることで，低所得の人々が安定した生活を送ることを可能にしていることを学びました。中でも生活保護制度は，すべての国民が健康で文化的な最低限度の生活を送れるように，税収を財源として，受給資格を持つ人に現金給付や現物給付を行う仕組みであることを確認しました。

　またそこでは，生活保護制度と同様に社会保障制度に含まれている公的な年金保険が，被保険者が退職後経済的に困窮しないように年金を給付することで，社会保険としての機能を果たしていることについても触れました。年金制度は，被保険者や被保険者の雇用主が支払う保険料が，財源の大きな部分を占める点で，生活保護制度とは異なります。また，生活保護制度では，受給資格があると認められれば，どのような年齢の人も給付を受けることができますが，年金を受け取ることができるのは，退職前に年金保険料を支払っていた退職後の世代だけです。

　人が生まれてから死ぬまでのライフステージを，「経済的に自立しているかどうか」という観点から眺めてみましょう。生まれてから，学校に通い，教育を受けている間は，経済的に自立できず，親など，ほかの誰かによって扶養されています。教育を通して知識，技能を身につけることで，十分な所得が得られる仕事に就くことができるようになります。財やサービスを消費するために必要な所得を，自分で働いて稼ぐことができる年齢層を**現役世代**と呼びましょう。

　現役で働いているどの人も，いつかは退職する年齢を迎えます。退職後は，働いて所得を得ることはできません。退職し，自立して生活していくことが難しくなった年齢層を**退職世代**と呼びましょう。

　私たちの誰もが，経済的に独力で生きていけない就学時，働いて，自分の力

で生きていける現役時を経て，退職後，再び経済力を失います。就学時には，経済力を持つ親に扶養されることで，子は財やサービスを消費することができます。それでは，退職世代の消費は，誰が支えているのでしょうか。

　年金制度が充実する以前の経済では，退職世代を経済的に支えていたのは，同居する子でした。年金制度の充実は，人々が退職後，子に経済的に依存しなくても，生活していくことを可能にしました。誰もがいつかは経験する退職後の生活を，経済全体で支える仕組みを確立したのです。

年金制度と人口高齢化

　ところが，現在，年金制度の存続を危ぶむ声が聞かれます。その理由は，経済全体で支える対象である退職世代の人口の総人口に占める割合が，急速に増大したからです。

　日本の経済が高度成長を経験し，人々の関心が経済成長から生活の質の充実に向かい始めた1970年代に，現在の日本の年金制度は確立されました。**図10-1**は，1970年と2010年の年齢ごとの男性の人口を中央から左に，女性の人口を中央から右に測った**人口ピラミッド**と呼ばれるグラフです。1970年の人口ピラミッドは現役世代の人口が多いことを反映して，底の部分がどっしりとした安定した形となっています。当時，総人口に占める65歳以上人口の割合は7％でした。その後，1980年に9％，1990年に12％，2000年には17％，2010年には23％と，日本の人口高齢化は急速に進展しました。2010年の人口ピラミッドの形が頭でっかちになっていることからも，人口高齢化がかなり進んだことが確認できます。

　2020年には，国民の約30％が65歳以上の高齢者となり，その後もしばらくの間，人口高齢化がさらに進行すると予想されています。人口高齢化は，労働し，財やサービスの生産に従事できる現役世代の人口に比べて，経済的に支えなくてはならない退職世代の人口が，相対的に多くなっていくことを意味します。

　なぜ，急激な人口高齢化が年金制度の存続を危うくするといわれるのでしょうか。社会保障制度の中で，年金保険は社会保険に分類されています。すでに述べたように，人々が現役時に支払う年金保険料が，年金制度の財源の大きな割合を占めています。リスクに直面している人々は，保険に加入し，保険料を

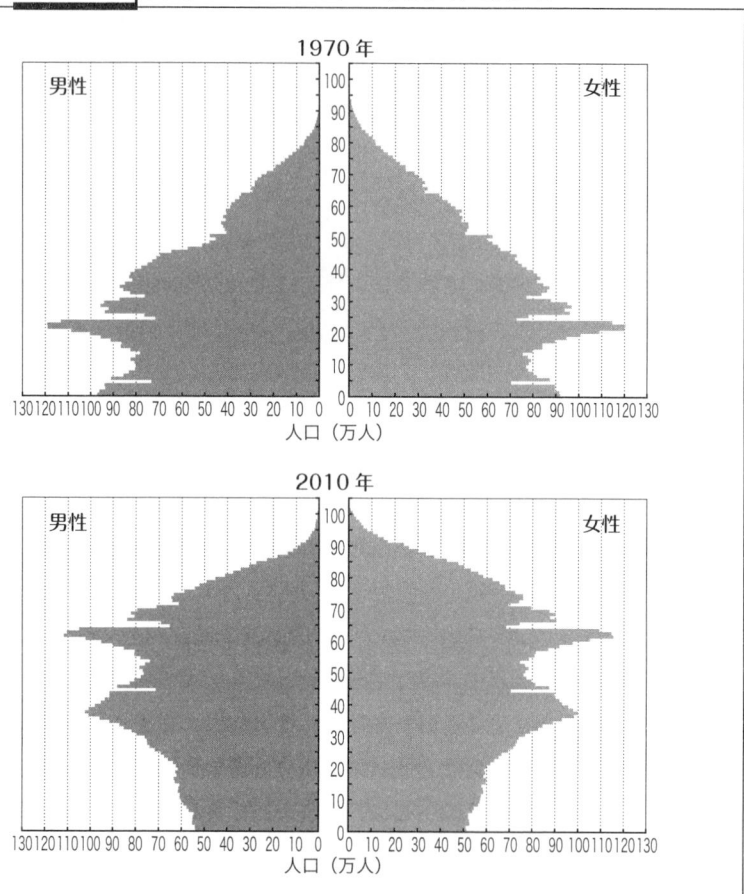

CHART 図10-1 人口ピラミッド（1970年, 2010年）

（出所）国立社会保障・人口問題研究所「日本の将来推計人口（平成24年1月推計）」より作成。
(http://www.ipss.go.jp/site-ad/toppagedata/pyra.html)

支払うことで，たとえ悪い状態に陥ったとしても，保険から給付を受けることができ，そのおかげで安心して生活を送ることができます。年金保険の場合も，年金保険料を支払ってきた被保険者は，生きている限り年金給付を受け取ることができます。

　もちろん，すべての被保険者が同じ年齢まで生きるわけではないので，被保険者の中でも，長生きし，多くの給付を受け取る人もいれば，早く死亡し，少ない給付しかもらえない人もいます。同じ年齢の高齢者の中でも，他の高齢者と比べて長寿の人は，それだけ多くの年金を受け取ることになります。しかし，

同年齢の高齢者全体で見て，彼らが支払ってきた年金保険料総額と，彼らが生きている限り受け取ることができる年金給付総額が釣り合っていれば，総人口に占める高齢者の人口の割合が急激に変化したとしても，保険として持続可能なはずです。

　実際には，日本の現行の年金制度は，現在生きている現役世代が支払っている年金保険料が，同じ時期を生きている退職世代に，年金給付として移転される仕組みになっています。このように，年金制度を通じて**世代間所得再分配**が行われているからこそ，退職世代の人口が現役世代の人口に比べて増えていくことが，現役世代の負担の増加につながるのです。人口高齢化がさらに進むと，現役世代が退職世代を支えきれなくなるのではないか，という心配が，人々が年金制度の存続に対して不安を抱くことにつながっています。

　しかし，そもそも，現行の制度が，世代間の所得再分配を強制する機能を持っているならば，なぜすべての現役世代が，いますぐその仕組みから抜け出そうとしないのでしょうか。現役世代は，少なくともいまこの時点では，一方的な資金の出し手で，退職するまでは，制度から恩恵を受けることはありません。この一方通行の所得移転が，現役世代にも何らかの便益をもたらしているのでしょうか。この章では，世代間の支え合いを目的とする制度がどのような理由によって取り入れられ，実際にどのように設計されているのかを，年金制度の仕組みを学びながら，考えていきます。

▎国債発行による将来世代への負担の転嫁 ▎

　この章の後半では，もう1つの世代間の所得再分配（今度は，将来世代から，現役世代や退職世代への所得移転）について考えます。現在まだ生まれていない将来世代から，現在生きている現役世代，退職世代に，所得を移転することが可能なのだろうか，と不思議に思うかもしれません。しかし将来，元本の償還と利子の支払いに必要な財源を得るために増税することを予定して，現在の政府が借金をするならば，将来世代から現役世代，退職世代への所得再分配が発生することになります。いま必要な財源を得るために現役世代，退職世代に課税することを避け，代わりに借金をして，その返済の財源を将来世代に負担させるからです。

　政府が借金をするとき，**国債**を発行し，国債を購入した人々からお金を集め

ます。国債は発行時に償還期限と利子が決められています。購入者には利子と，償還期限を迎えた際には元本が支払われます。購入後，市場で売買することも可能です。第1章で触れましたが，日本は現在，国と地方をあわせて，国内総生産（GDP）の2倍を超えた長期債務を抱えています。公共サービスの提供に必要な財源を得るために，国民に課す税を増やすという方法もあったはずなのに，なぜ多額の国債を発行し，借金をしてきたのでしょうか。第5，6章では，政治家がどのようにして有権者の支持を得，選挙に勝利するかを学びました。この章の後半では，次の選挙に勝ちたい政治家にとって，現在の有権者に負担を課すよりも，まだ投票権を持っていない将来世代に負担を課すほうが，抵抗の少ない財源調達の方法であることが明らかになります。

CHECKPOINT 54

□ 世代間の所得再分配を行っている現行の年金制度のもとでは，人口高齢化が進むと，現役世代の負担が重くなります。

□ 政府が国債を発行して公共サービスを提供し，国債の償還の財源を将来世代に負担させると，将来世代から現役世代，退職世代への所得再分配が行われることになります。

2 世代間の支え合い

賦課方式の年金制度

はじめに，退職世代の安定した生活を支える制度である，年金の仕組みについて見ていきましょう。いま，現役時に得た所得の一部を，退職後の生活のために，貯蓄しておくことはできないと仮定しましょう。現実的な仮定ではない，と思うかもしれませんが，たとえば，金融市場が十分に発達していない経済では，人々が所得の一部を貯蓄し，適切な運用益を得ることは難しいかもしれません。貯蓄を行っていない退職世代は，現役世代の援助なしでは，安定した生活を送ることができません。

現在の年金制度は，このような世代間の支え合いを実現する役割を果たしています。図10-2が示すように，どの時代であっても，経済には，現役世代と

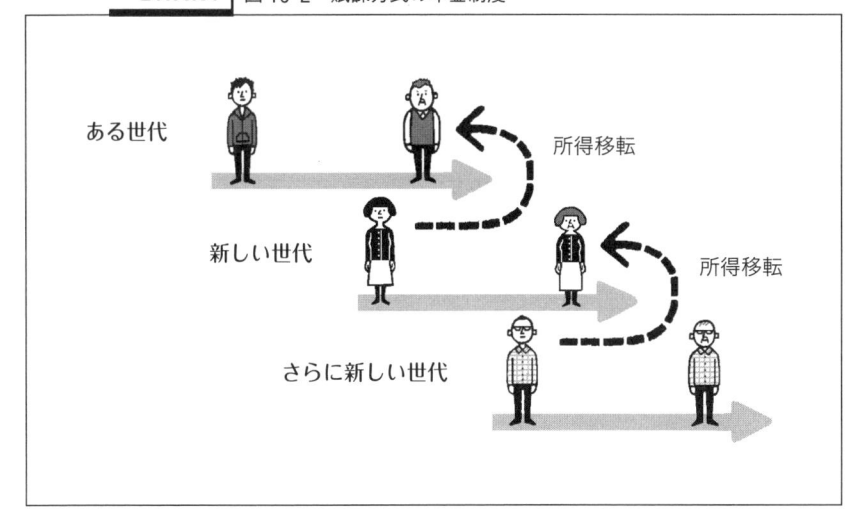

CHART 図10-2 賦課方式の年金制度

ある世代　　所得移転

新しい世代　　所得移転

さらに新しい世代

退職世代が共存しています。政府は，現役世代が拠出する年金保険料を財源として，同じ時代を生きる退職世代に年金を給付します。このように，現役世代の拠出が退職世代への給付の財源となっているような年金制度を**賦課方式の年金制度**と呼びます。賦課方式の年金制度は，世代間で所得を再分配する機能を持っています。

　賦課方式の年金制度を通じた世代間所得再分配では，資金の出し手になるのは，常に現役世代です。現役世代がこの制度に参加することには，大きなメリットがあります。いま，退職世代を扶養するための資金を負担することと引き換えに，自分が退職したあと，そのときの現役世代から，国が運営する年金制度を通して経済的援助を得ることができる，という点です。すなわち，賦課方式の年金制度は，世代間の支え合いを遂行する社会的な契約なのです。この契約を破棄することは，現役世代にとって，退職後年金を受け取る権利を放棄することを意味します。すでに年金保険料をかなりの期間支払った，退職年齢に近い人ほど，この社会的な契約の破棄に反対するでしょう。

　賦課方式の年金制度がいったん確立されると，世代間の支え合いの契約は，制度を取り決める際の意思決定に参加していない将来世代に対しても適用されます。自分の老後のために蓄えておくことが困難な経済では，この社会的な契約のおかげで，それ以降のすべての世代が，退職後，安定した生活を送れるようになります。

世代会計

賦課方式の年金制度のもとで,現役世代による年金保険料の拠出で退職世代への給付をまかなうためには,次の式が成立している必要があります。

$$\begin{bmatrix}現役世代\\の人口\end{bmatrix} \times \begin{bmatrix}現役世代1人当たり\\の年金保険料\end{bmatrix} = \begin{bmatrix}退職世代\\の人口\end{bmatrix} \times \begin{bmatrix}退職世代1人当たり\\の年金給付額\end{bmatrix}$$

現役世代が支払う年金保険料が,所得の一定割合だとしましょう。この割合のことを,年金保険料率と呼びましょう。すると,上の式を次のように書き直すことができます。

$$\begin{bmatrix}現役世代\\の人口\end{bmatrix} \times \begin{bmatrix}現役世代1人\\当たりの所得\end{bmatrix} \times [年金保険料率] = \begin{bmatrix}退職世代\\の人口\end{bmatrix} \times \begin{bmatrix}退職世代1人当たり\\の年金給付額\end{bmatrix}$$

あるいは,次のようにも表現できます。

$$年金保険料率 = \left(\frac{退職世代の人口}{現役世代の人口}\right) \times \left(\frac{退職世代1人当たりの年金給付額}{現役世代1人当たりの所得}\right)$$

これまで日本の年金制度は,1世帯当たり年金給付額が現役世代1人当たり所得に占める割合(これを**所得代替率**といいます)を,一定の値に保つよう,配慮してきました。そうすると,上の式は,人口高齢化が進み,$\left(\frac{退職世代の人口}{現役世代の人口}\right)$が高くなるほど,年金保険料率を引き上げざるをえないことを意味しています。

実際に,日本の年金制度は,人口高齢化に対応するための制度改正を定期的に行い,年金保険料率を引き上げてきました。このように,給付水準が維持される年金制度のもとでは,急激な人口構造の変化が起こったとき,退職者は一定規模の年金額を保障される一方で,現役世代の負担が大きく変動することになります。世代ごとに,年金制度を含む社会保障制度から生涯を通じて得る給付額と,生涯を通じた負担額を計算し,[給付額]−[負担額]である純給付額を求めたものを**世代会計**といいます。多くの研究が,人口高齢化に伴って,新しい世代の生涯を通じた純給付額が減り,ある世代以降では,純給付額が負になることを指摘しています。

年金制度を持続させるために

　一方，年金保険料を固定し，給付額を変化させるように，年金制度を設計することも可能です。このような制度のもとでは，急激に人口高齢化が進んだ場合，現役世代の負担は変化しない一方で，年金給付額が大きく低下することになります。日本でも，今後の人口高齢化の進展に伴って，現役世代の負担が重くなりすぎないように，年金保険料率の上限を設定し，実際の年金保険料率が上限に達したあとは，年金給付額を抑制していくための制度改正がすでに行われています。年金保険料率の引き上げや年金給付額の抑制のほかにも，実際の年金受給者数をできるだけ抑制する政策も行われてきました。退職年齢の引き上げや高齢者の雇用促進のように，高齢者の就労を促進する政策は，その一例です。また，1985年の制度改正（1986年施行）によって，年金制度の財源の一部を国が負担するようになりましたが，2004年の制度改正で，国庫負担の割合をさらに引き上げることが決定されました。このように，人口構造の変化に対して脆弱な賦課方式の年金制度を維持するために，政府はさまざまな制度改革を実行してきたのです。

　年金が現在のように充実する以前は，家族が高齢者を扶養していました。年金制度の拡充は，子どもがいない高齢者が，現役世代全体の負担によって，退職後に安定した生活を送ることを可能にしました。子どもを持つ人は，以前は子どもから直接扶養されていましたが，年金が充実した現在では，子どもが働いて得る所得から拠出する年金保険料によって，間接的に，子どもに扶養されています。また子どもは，年金保険料を拠出することで，自分の親だけでなく，子どものいない退職者も扶養していることになります。このように考えると，子育て世帯への給付や公共サービスの充実は，子どもを持つ親が負っている子育ての負担に対して，補償を行う政策であるとも解釈できます。

CHECKPOINT 55

☐ 日本の現行の年金制度は，現役世代の所得の一部を退職世代に移転する賦課方式で運営されています。

☐ 賦課方式の年金制度は，将来にわたって世代間の助け合いを実現する社会的な契約ですが，人口構造の急激な変化への対応が難しいという弱点を持っています。

3 なぜ政府が加入を義務づけるのか？

パターナリズム

日本の年金制度は，基本的に，日本に住む 20 歳以上 60 歳未満のすべての人が保険料を拠出し，その保険料を年金として給付する仕組みとなっています（ただし，企業に勤めている人が 60 歳を過ぎても働き続けている場合，70 歳になるまで年金保険料を納めなければなりません）。このように，すべての国民が公的な年金制度の対象となっていることを**国民皆年金**といいます。ではなぜ，政府は全員加入を義務づけているのでしょうか。なぜ，民間企業に年金保険の供給を任せ，加入するかどうか，個々の国民に自由に選択させるのではだめなのでしょうか。

1 つには，政府が国民の退職後の生活のことを心配しているから，という理由が考えられます。経済には，たとえ貯蓄が可能であっても現在の消費を重視し，退職後に備えて現役時の消費を多少我慢して貯蓄に回したり，年金保険料の支払いに充てたりすることができないような，近視眼的な人も存在するでしょう。政府は，退職後の消費を確保させることが「本人のためになる」と考えて，強制的に国民を年金保険に加入させているのかもしれません。このように，政府が国民の利益になると考えて，国民の意思決定に干渉することを**パターナリズム**（父親的温情主義）といいます。

情報の非対称性

もう 1 つ，年金保険の提供者と個人との間に，情報の非対称性が存在するこ

とが，政府が国民に年金保険への加入を義務づける理由として考えられます。年金保険は，保険料を支払った加入者のうち，早く死亡した人が年金として受け取らないまま残した保険料を，長生きした人に年金として給付することで，加入者全体で，予定した以上に長く生きることによって十分に消費できなくなるという長生きに伴うリスクを，消失させる仕組みです。誰も，自分がいつ死亡するかを正確に予見することはできません。年金保険に加入することで，早く死亡したとしても，予想した以上に長生きしたとしても，同様に安定した消費を行うことができるので，リスクを嫌う個人にとっては，利益となります。

　年金保険の提供者（「保険者」といいます）が，個々の国民が長生きしそうか，そうでないかを見分けることは難しいでしょう。一方，個々の国民は，自分や，自分の親の健康状態について，保険者よりはよく知っています。すなわち，自分が長生きしそうなタイプかそうでないかについて，保険者よりも多くの情報を持っているといえるでしょう。保険者と個々の国民との間にこのような情報の非対称性が存在する場合，どのようなことが起こるでしょうか。

　いま，保険市場に数多く存在する民間の保険会社が，保険者として個人に保険料を提案し，個人がそれを受け入れて保険に加入するかどうかを決めるとしましょう。個々人のタイプを見分けられないとき，保険者はどのような保険料を設定するでしょうか。保険者は，個々の国民のタイプを知ることはできませんが，経済全体で，長生きしそうなタイプとそうでないタイプが，どれくらいの割合で存在するかについては，知っているとします。保険者は，それぞれのタイプの割合にもとづいて，採算がとれる保険料を設定せざるをえません。

　いま，長生きしそうなタイプの人が退職後必要とする年金額の期待値は2500万円で，長生きしそうにないタイプの人が退職後必要とする年金額の期待値は1500万円であるとします。また，年金保険を提供しようとしている対象者のうち，長生きしそうなタイプの人が半分を占め，残りの半分は，長生きしそうにないタイプの人だとしましょう。すべての保険会社はこの割合を知っており，それぞれの個人は確率1/2で長生きしそうなタイプであり，確率1/2で長生きしそうにないタイプであると考えています。

　市場では多くの保険会社が競争しているので，他社に比べて高い保険料を設定する保険会社は，より低い保険料を設定する他の保険会社に，顧客を奪われてしまいます。そうすると，結局のところ，各保険会社が提示する保険料は，

次のように，ぎりぎり採算がとれる水準に落ち着くはずです。

$$1 人当たり保険料 = \frac{1}{2} \times 2500 万円 + \frac{1}{2} \times 1500 万円 = 2000 万円$$

このように，各保険会社は，個々の国民のタイプを見分けられないまま，1人当たり 2000 万円の保険料を提示することになります。これより高い保険料を提示すると，他の保険会社がそれよりも少しだけ低い保険料を提示し，顧客を奪おうとするでしょう。これよりも低い保険料を設定すると，個々の加入者から 1 人当たり 2000 万円よりも少ない金額を集めていながら，加入者の半分に平均して 2500 万円，残りの半分に平均して 1500 万円を支払い，結局加入者全体で平均して 2000 万円の年金額を支払うことになりますから，損をします。

さて，自分のタイプを知っている個人は，どのような行動をとるでしょうか。長生きしそうなタイプは，2000 万円の保険料を支払うことで，退職後，平均して 2500 万円の給付額を受け取れると計算しますから，この保険に進んで加入するでしょう。一方，長生きしそうにないタイプは，2000 万円の保険料を支払っても，平均して 1500 万円の給付額しか受け取れないとわかっています。自分がいつ死亡するかを完全に予見することはできないので，保険料が 1500 万円より多少高い程度であれば，リスクから逃れられるのなら多少金額的に損でも保険に入ってもよいと考えるかもしれませんが，保険料が 2000 万円となるとどうでしょうか。おそらく長生きしそうにないタイプの人は，この保険に加入すると大きく損をすると考え，加入しないことを選択するでしょう。結局，長生きしそうな人だけが保険への加入を望むことになり，1 人当たり 2000 万円の保険料では，保険会社は採算がとれなくなります。保険会社は保険料を 2500 万円に設定し，長生きしそうなタイプだけが年金保険に加入することになるでしょう。

逆 選 択

現実の経済では，長生きをして十分な消費ができなくなるリスクの非常に高い人から，中くらいの人，非常に低い人まで，さまざまなタイプの人が存在しています。長生きのリスクが低い人が保険市場から退出し，残された長生きのリスクが比較的高い人たちだけが加入しても採算がとれるように，保険料を上げると，この保険料が割高だと思う人は，また市場から退出します。最終的に

は保険料が非常に高くなり，それを支払っても見合うような，きわめて長生きしそうな人だけが，年金保険に加入するようになるでしょう。程度の差はあれ，長生きをして不安定な消費生活を送るリスクに直面しているという点では，誰も同じです。本当は年金保険を必要としているのに，年金保険に加入しない人々が出てくるでしょう。あるいは，保険商品そのものが成立しなくなるかもしれません。

　第3章では，中古車市場を例に，売り手と買い手の間に情報の非対称性が存在するとき，高品質の財を持つ売り手が淘汰され，低品質の財を持つ売り手がはびこる現象が起こることを学びました。契約前に，消費者や財・サービスのタイプ（性質）に関して，人々の間に情報の非対称性が存在することで，良いタイプが淘汰され，悪いタイプが残る現象を**逆選択**といいました。民間の保険会社に年金保険の供給を任せると，逆選択現象が発生する可能性があります。年金制度は，すべてのタイプの国民を強制的に年金保険に加入させることで，逆選択の問題を回避できるのです。

CHECKPOINT 56

- □ 政府は，国民が年金保険に加入することが，国民の利益になると考えて，パターナリズムから，国民全員を年金制度に加入させているのかもしれません。
- □ 個々の国民が長生きしそうなタイプかそうでないタイプかについて，保険提供者と国民との間に情報の非対称性が存在するとき，逆選択現象が発生する可能性があります。政府は国民全員を年金制度に強制的に加入させることによって，逆選択の問題を回避できます。

4 貯蓄が可能な経済

賦課方式の年金制度か貯蓄か？

　第2節では，「人々は貯蓄をすることができない」と仮定して，話を進めました。貯蓄が不可能な経済では，退職世代が現役世代から所得移転を受けて生活していくことを可能にする賦課方式の年金制度が，以降のすべての世代も同

様に，退職後安定した生活を送ることを可能にする社会的契約であることを学びました。

　この節では，人々は，現役時代に得る所得の一部を貯蓄することが可能であると想定して，話を進めましょう。現代の経済では，実際に，人々が所得の一部を銀行に預けて運用し，退職後にそれを切り崩して，生活していくことが可能です。あるいは，株式や債券を購入して退職後に売却したり，土地や建物のような不動産を購入し，それを人に貸したり，あるいは退職後売却することで，安定した消費生活を営むことができます。このように，人々が所得の一部を消費せずに蓄える行動を，総じて「貯蓄」と呼んでいきましょう。貯蓄は，政府を通じてではなく，市場を通じて，国民が退職後も消費することを可能にします。

　人々にとって，所得の一部を貯蓄し，市場で運用することによって，退職後の消費をまかなうことと，所得の一部を年金保険料として政府に支払い，退職後年金を受給することで消費をまかなうことと，どちらが有利なのでしょうか。

　話をわかりやすくするために，人々は現役時と退職後という2期間を生きるとします。現役時に得た所得1億円のうち，10％である1000万円を貯蓄し，退職後に元本の1000万円と利子を消費に費やすとします。市場で運用することによって，10％の利子率が適用されるとしましょう。1000万円を貯蓄し，元本1000万円と，利子である1000万円×10％＝100万円の合計1100万円を，退職後に消費することができます。

　一方，同じ金額を年金制度に拠出する場合を考えましょう。すなわち，年金保険料率は10％であり，現役時の所得1億円のうち，1000万円を保険料として年金制度に拠出します。退職後，国民はどのくらい消費できるでしょうか。

　先に，年金保険に関する会計の収支が釣り合うためには，以下の式が成立している必要があると述べました。

$$\begin{bmatrix}現役世代\\の人口\end{bmatrix} \times \begin{bmatrix}現役世代1人\\当たりの所得\end{bmatrix} \times [年金保険料率] = \begin{bmatrix}退職世代\\の人口\end{bmatrix} \times \begin{bmatrix}退職世代1人当たり\\の年金給付額\end{bmatrix}$$

　上の式を使って，退職後，年金を受給して生活を送っている人の消費を，次のように求めることができます。

賦課方式の年金制度のもとでの退職世代の消費

= 退職世代1人当たりの年金給付額

= 現役世代1人当たりの所得 × 年金保険料率 × $\left(\dfrac{現役世代の人口}{退職世代の人口}\right)$

= 退職世代が現役時の1人当たりの所得 × 年金保険料率

　× $\left(\dfrac{現役世代1人当たりの所得}{退職世代が現役時の1人当たりの所得}\right)$ × $\left(\dfrac{現役世代の人口}{退職世代の人口}\right)$

$\left(\dfrac{現役世代の人口}{退職世代の人口}\right)$ から1を引いた値を**人口成長率**といいます。人口成長率は，退職世代の人口と比べて，現役世代の人口が，どのぐらいの割合で増えたかを表します。また $\left(\dfrac{現役世代1人当たりの所得}{退職世代が現役時の1人当たりの所得}\right)$ から1を引いた値は賃金変化率です。第9章では，賃金変化率は，ある個人の賃金がもとの賃金と比べてどれくらいの割合で増えたかを表していましたが，ここでは，退職世代の賃金と比べて，現役世代の賃金が，どのくらいの割合で増えたかを表します。退職世代の現役時の所得は1億円でした。年金保険料率は10％で変化していないとすると，上の式を次のように書き換えることができます。

賦課方式の年金制度のもとでの退職世代の消費

= 1000万円 × （1＋賃金変化率） × （1＋人口成長率）

一方，個人が貯蓄だけで退職後の消費をまかなう場合には，次の式が成立することを，私たちはすでに知っています。

貯蓄を行った場合の退職世代の消費

= 1000万円 × （1＋市場利子率）

すなわち，人口成長率や賃金変化率が市場利子率（例では10％）に比べて高いほど，賦課方式の年金制度のほうが有利になります。反対に，市場利子率に比べて人口成長率が十分に低く，経済が低成長で，賃金変化率も低い場合には，同じ金額を年金保険料として拠出せず，貯蓄し，市場で運用するほうが，退職後多く消費できるのです。現役世代の保険料支払いを年金給付の財源とする賦課方式の年金制度のもとでは，退職世代の人口に比べて現役世代の人口が少なくなり，人口成長率がマイナスの値をとるような場合には，貯蓄と比べて，低い収益しか得られなくなる可能性が高まります。制度導入時の退職世代は，保

険料を拠出していないのに年金給付をもらえるので必ず得をしますが，それ以降の世代は，人口成長率，賃金変化率，市場利子率の大きさ次第で，賦課方式の年金制度の導入によって得をするかどうかが決まるのです。

モラルハザード

しかし，実際には，誰もが退職後に備えて十分な貯蓄を行うとは限りません。ある人は，現役時の所得が，貯蓄できるほど高くないかもしれません。たとえ十分な所得があったとしても，近視眼的な消費者は，将来の消費よりも現在の消費を優先し，所得のほとんどを使ってしまい，将来に備えて十分な貯蓄を行わないでしょう。

また，第8章で，人々が困窮した場合には，生活保護を受給し，健康で文化的な最低限度の生活を送ることができることを学びました。さらに，生活保護受給者の中には，高齢者が多く含まれていることも学びました。人々が，困窮した場合には生活保護を受給できることを期待して，十分貯蓄を行わなくなる可能性もあるでしょう。もし政府が，人々が困窮している理由が本人の努力不足なのか，そうでないのかを見分けることができるならば，貯蓄という努力を十分にしてこなかった人には，生活保護を支払わないことにすれば，生活保護をあてにして貯蓄せず，所得を現役時に浪費してしまおうとする行動を，防ぐことができるかもしれません。問題は，政府が，個々の国民の困窮の理由を知ることができないことにあります。

このように，ある人（ここでは国民）が努力しているかどうかについて，別の人（ここでは政府）との間で情報の非対称性があることによって，結局怠惰な行動を誘発してしまう問題を**モラルハザード**といいます。モラルハザードは，保険加入者に起こりやすい問題です。保険に加入したことによって，損失が起きても保険が損失を補償してくれることを期待するようになり，損失が起こらないように注意深く行動するインセンティブがなくなるからです。人々の安定した生活を保障するための生活保護制度が，貯蓄に対する負のインセンティブになるかもしれません。

積立方式の年金制度

政府が国民に所得の一部を拠出させてそれを運用し，退職後，年金給付とし

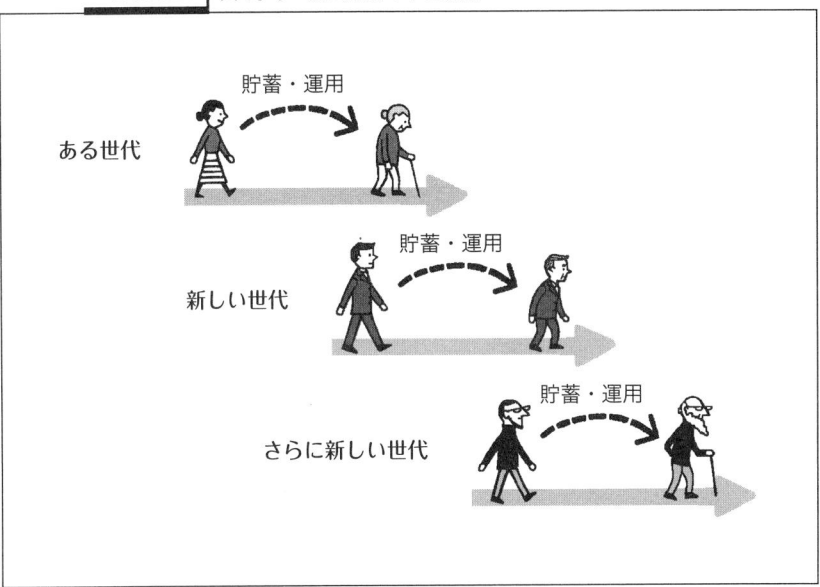

| CHART | 図10-3　積立方式の年金制度

て国民に返すことで，政府は人々に，退職後の生活のために備えさせることができます。図10-3が表すように，同時代を生きる現役世代からの移転でなく，退職世代自身の過去の拠出を財源とする年金制度を，**積立方式の年金制度**といいます。積立方式の年金制度は，政府による貯蓄の強制と同じです。強制貯蓄ですから，市場利子率が高いかどうかで，退職後どれだけ消費できるかが決まります。先に述べたように，人口成長率がマイナスで，人口高齢化が進展している経済でも，市場利子率が高ければ，退職後多く消費することができます。また，個人ごとに勘定を設けて，拠出と受給を記録・管理する方法を採用すれば，失業や転職をしても各人の積み立て金は影響を受けず，個々人が自分が受け取る額を把握しやすい，という利点があります。

　日本のように，人口高齢化が進展している経済では，人口成長率が市場利子率を下回っており，賃金が大きく上昇する見通しもなかなか立てられないことから，賦課方式の年金制度から積立方式の年金制度への移行を提言する声が聞かれます。このような制度改革を行うのが容易ではないのは，現役世代が制度移行時に，退職世代への移転のための拠出と，自分の退職後に備えるための拠出という，2重の負担を負う必要があるからです。

　制度移行時に，現役世代だけが大きな負担を負うのではなく，負担を世代間

でうまく分散することができれば，このような制度改革が実現するかもしれません。どのようにすれば，制度改革時に発生する負担を，世代間で分担することができるでしょうか。第 1 節で，国債を発行し，その償還の時期を遅らせると，将来世代に負担を転嫁することになると述べました。このことは，国債発行をうまく利用すれば，世代間で負担を分かち合えることを意味しています。

　第 1 節では，日本はこれまで，多額の国債発行を行ってきたことも指摘しました。国債発行による，世代間の負担の分かち合いは，正当な理由があるものだったのでしょうか。あるいは単に，現在生きている世代が負担を回避し，将来世代に負担を押し付けるためのものだったのでしょうか。次節では，政策の費用の世代間の分かち合いが，望ましい場合もあれば，そうでない場合もあることを学んでいきましょう。

CHECKPOINT 57

- □ 貯蓄が可能な経済では，市場利子率に比べて人口成長率や賃金変化率が低いほど，積立方式の年金制度のほうが，賦課方式の年金制度に比べて有利になります。
- □ 賦課方式の年金制度から積立方式の年金制度に移行する際には，現役世代に 2 重の負担が発生するので，負担を将来にわたって，世代間でどのように分担するかが課題になります。

5 国債発行による政策の費用の分かち合い

公共事業と建設国債

　政府が政策を実行するためには，財源が必要です。現在生きている世代だけが，政策から便益を受けるならば，現在生きている世代が財源を負担することが，理にかなっているように思えます。しかし，政策によっては，その効果が，現在生きている世代だけでなく，まだ生まれていない将来世代にまで及ぶものもあります。たとえば，公共事業によって建設される公共施設の中には，寿命が 50 年を超えるものも多くあります。1964 年に開業した東海道新幹線を考えてみましょう。開業してからすでに 50 年以上が過ぎましたが，いまも開業当

時の線路を使用しており，多くの乗客が便益を得ています。乗客には，建設当時にはまだ生まれていなかった人も，含まれているでしょう。このように，長い期間人々の役に立つような公共施設の建設費用を，建設時に生きている世代だけに負担させるのは不公平です。

　日本の財政法第4条1項は，「国の歳出は，公債又は借入金以外の歳入を以て，その財源としなければならない。但し，公共事業費，出資金及び貸付金の財源については，国会の議決を経た金額の範囲内で，公債を発行し又は借入金をなすことができる」として，公共事業を行うために，国が国債を発行し，借金をすることを認めています。このように，公共事業費の財源を調達するために発行される国債を**建設国債**と呼びます。また，財政法第4条によって認められていることから，**4条国債**とも呼ばれます。政府は建設国債を発行して借金をし，借金を返済するために必要な財源を，公共施設を利用し，便益を得ているさまざまな世代から税として徴収することによって，費用負担の世代間の分かち合いを実現できるのです。具体的にどのような方法を用いて，世代間の分かち合いを行っているのか，詳しく見てみましょう。

建設国債の役割

　いま，政府が公共施設の建設のために，60億円を必要としているとします。また，この公共施設の寿命は60年だとします。60年もの長い期間，国民が利用できる公共施設の建設費用のすべてを，建設時の世代に課税し，彼らだけに負担させるのは不公平です。この場合，政府は**図10-4**のような方法を用いて，建設費用の負担を世代間で分散させることができます。

　まず，建設に必要な60億円を，60億円ぶんの国債を発行して調達します。この国債は10年後に満期が来るとします。話をわかりやすくするために，政府が支払わなければならない利子は0円であるとします。政府は10年後，借りたお金60億円を返済しなければなりません。このとき，60億円ぶん国民に課税するのではなく，10億円ぶんだけ課税し，この10億円の税収を使って，借金全額の6分の1に当たる10億円を返済します。さて，政府がはじめに借りたお金は60億円でしたから，残りの50億円も返済しなければなりません。残りの50億円ぶんについては，国民に課税するのではなく，再び50億円ぶんの国債を発行し，50億円の借金をして，これを返済に充てます。また10年経

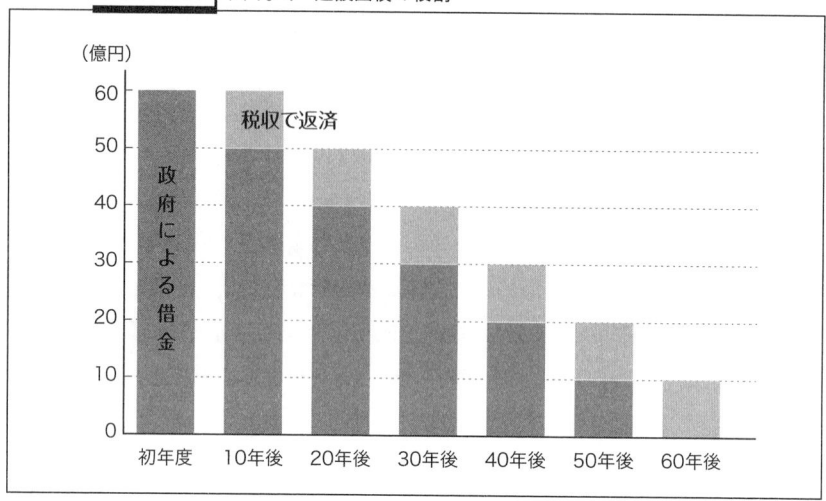

CHART 図 10-4 建設国債の役割

(グラフ: 初年度から60年後までの政府による借金と税収で返済の推移を示す棒グラフ。初年度60億円から10年ごとに減少し、60年後には約10億円となる)

つと，50億円の借金の返済期限がやってきます。このときも50億円の借金のうちの10億円ぶんだけ国民に課税して，返済のための資金を集めます。残りの40億円の借金については，再び40億円ぶんの国債を発行して借金をし，返済資金に充てます。同じことを10年ごとに行っていくと，結局公共施設が寿命を迎える60年後には，政府はすべての借金を返済できることになります。この60年の間，国民は10年ごとに10億円ずつ税を支払い，建設時の借金の返済資金を分担しています。建設国債は，公共事業の建設費用を世代間で分かち合うことを可能にするのです。

財政赤字と赤字国債

このように，政府が公共事業の財源を，建設国債を発行して調達することは，政策から便益を得ている者が費用を負担するべき，という**受益者負担の原則**にかなうもので，財政法でも認められています。それでは，これまで日本の政府が発行してきた国債は，受益者負担の原則にもとづく，費用負担の世代間の分かち合いを実現するためのものだったのでしょうか。

そもそも，政府が借金をしなければならない，ということは，政府支出に比べて，税収が少ないことを意味します。このように，政府の会計で，政府支出が税収を上回るとき，その差を**財政赤字**といいます。逆に政府支出を上回る税収があるとき，その差を**財政黒字**といいます。政府支出と税収が釣り合ってい

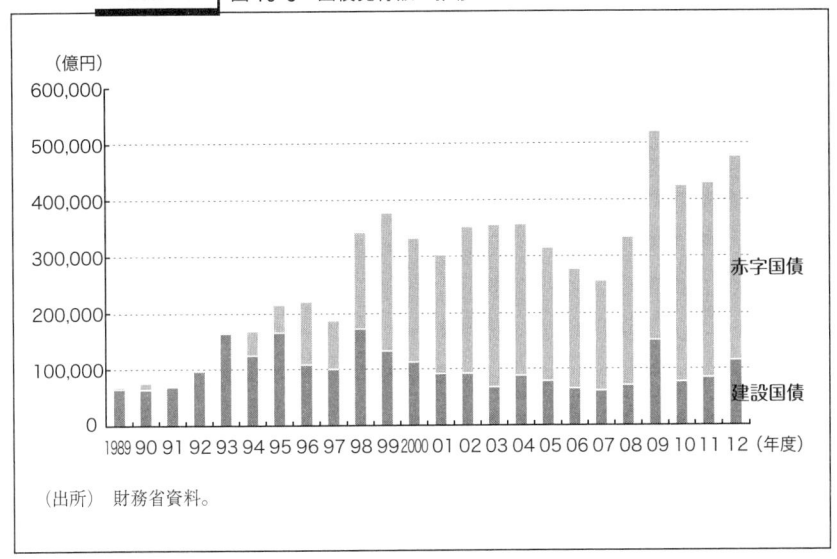

CHART 図10-5 国債発行額の推移

(出所) 財務省資料。

るとき,「財政収支が均衡している」といいます。近年では,日本の政府は,ほぼ毎年のように国債を発行していますが,このことは,政府の会計が恒常的に財政赤字を生み出していることを意味します。このような財政赤字は,公共事業を活発に行っていることだけで,生み出されたものなのでしょうか。

実は国債には,公共事業費以外の支出に充てるために,発行されているものもあります。政府はこれまで,建設国債を発行してもなお財源が不足すると見込まれる場合にも,国債を発行してきました。このような国債は**赤字国債**と呼ばれます。財政法は,政府の経常的支出に充てるために国債を発行することを認めておらず,赤字国債を発行するためには,特別に法律(特例公債法)を制定する必要があります。このような性質から,赤字国債のことを**特例国債**とも呼びます。

生み出される便益がいま生きている世代にしか及ばないような使いみち(たとえば,年金制度に対する補助,公共サービスの提供にかかる人件費への充当など)のために国債を発行し,国債の償還のための財源を調達するために,将来世代に課税することは,受益者負担の原則にかないません。実は,かかる費用に比べて生み出す便益が小さい公共事業が多い,という批判を受けて,政府は2000年代以降,公共事業費を抑制してきました。建設国債と赤字国債の発行額の推移を表した**図10-5**からもわかるように,建設国債の発行額は,近年はそれほ

5 国債発行による政策の費用の分かち合い ● 263

ど大きくありません。国債発行額の増大を招いている主な要因は，赤字国債です。次節では，どうして赤字国債の発行を抑制することが難しいのか，について考えましょう。

CHECKPOINT 58

- □ 建設国債は，政府が公共事業に必要な財源を調達し，償還のための費用負担を，便益を得ている世代間で分かち合うことを可能にします。
- □ 近年の国債発行額の大きな割合を占めているのは建設国債ではなく，政府の経常的支出に充てるために発行される赤字国債です。

6 国債発行は負担の先送り

多くの民主主義国家が財政赤字に苦しんでいる

　日本国憲法第83条は「国の財政を処理する権限は，国会の議決に基いて，これを行使しなければならない」とし，政府の支出と収入に関する決定は，国会の議決を経る必要があることを規定しています。政府の収入の大きな部分を占める税収は，税に関する法律の規定によって決まってきます。第9章でも触れたように，日本国憲法第84条は「あらたに租税を課し，又は現行の租税を変更するには，法律又は法律の定める条件によることを必要とする」とし，税を創設したり，税を変更したりするためには，法律の制定や改正が必要であることを定めています。このように日本国憲法は，国民の代表で組織される国会が，政府の収入と支出の両面の決定に関わることによって，国民が政府の経済活動である財政を監督できることを保障しています。

　国民の代表である国会議員は，選挙によって選ばれます。個々の国民は，どの候補者に投票するかを決める際に，候補者が当選後に実行する政策から受ける便益と，政策が実行されるために自分が負担しなければならない費用を比較し，大きな純便益をもたらしてくれそうな候補者に投票するでしょう。国民にとって，政府サービスの充実を約束する候補者は魅力的に映ります。反対に，「政府サービスの充実のためには，個々の国民がより多くの税負担を負う必要

があります」と訴える候補者が，人気を得ることは難しいでしょう。結局，候補者は，政府サービスの充実を約束する一方で，財源を確保するために必要な増税について触れるのを避けるようになります。国会議員に当選してからも，増税を回避する姿勢は変わらないでしょう。なぜならば，国民に不人気な政策を主張すると，次回の選挙で再選されることが難しくなるからです。

　政府サービスの充実を実現するためには，税か，あるいは税に代わる財源が必要です。私たちはすでに，政府が国債を発行し，借金をすることによって，現在生きている世代への増税を回避できることを学びました。政府が借りたお金を返すためには，将来の世代に課税する必要があります。将来世代は，現在の国会議員の選出のための投票権を持っていません。現在の有権者によって選ばれた国会議員が支持した政策によって，新たな財源が必要となり，その負担が国債発行によって将来世代に先送りされても，この国会議員は，次の選挙で，まだ生まれていない将来世代から罰を加えられることはありません。このように，実際に政策の費用を負担することになる将来世代が，反対の意思を表明できないことが，増税ではなく，国債発行によって財源を調達するインセンティブになっているのです。つまり，国債発行による財源調達は，現在の有権者の反感を買いにくい，政治的に容易な方法なのです。

　財政に関する決定について国会の議決が必要なことが，政府支出の抑制と増税を難しくし，財政赤字の拡大につながります。このように考えると，財政赤字の拡大は，民主主義の副産物であることがわかります。実際，日本を含め，多くの民主主義国家が，頻繁に財政赤字に苦しみ，財政赤字の抑制を課題としているのです。

国債の中立命題

　政府が国債発行によって，増税を将来世代に先送りしようとするとき，個々の国民は，どのように反応するのでしょうか。国民の中には，自分の子孫の負担が増えることを予想し，心配する人もいるかもしれません。そのような国民は，どのような行動をとるでしょうか。

　まずはじめに，いま発行されている国債の償還のために，自分が生きている間に，増税が行われる，と予想する個人が，どのような行動をとるか考えてみましょう。将来増税が行われ，所得のうち消費に回すことのできるお金が少な

> **Column ⓾　医療保険**
>
> 　この章では，社会保険の中でも，とくに年金保険に焦点を当てて，その機能と問題点を見てきました。とくに，人口高齢化が進む経済で，現役世代の負担が重くなりすぎないようにするためには，年金給付額を抑制する必要があることを学びました。実は，医療保険も同様の問題を抱えています。
>
> 　日本では，すべての国民が公的な医療保険に加入することを求められています。私たちが医療機関で治療を受けた際，窓口で治療費を支払いますが，それは実際にかかっている治療費の一部です。自己負担ぶん以外の治療費は，医療保険が負担しています。
>
> 　日本の公的医療保険は，大きくは，企業に勤めている人，船員，公務員が加入する被用者保険，自営業の人，農業を営んでいる人，退職している人，無職の人などが加入する国民健康保険，75歳以上の高齢者全員が加入する後期高齢者医療制度に分類されます。人の一生において，乳幼児期を除けば，高齢になるほど医療費がかかります。日本の医療費は，高齢者人口の増加に伴って伸びており，医療保険加入者が支払う保険料だけでは公的医療保険を維持できず，国が財源の補助を行っています。この点も，年金保険と同じです。
>
> 　そもそも，国がすべての国民に医療保険への加入を求めるのはなぜでしょうか。ここでも，年金保険と同様に，保険者と個々の国民との間の情報の非対称性の存在が，主な理由であると考えられます。個々の国民は，民間の保険会社

くなる，と予想する個人は，将来の増税に備えて貯蓄を増やすかもしれません。貯蓄を増やすと，いまの消費はそのぶん減りますが，将来の消費は増えます。すなわち，いま国債発行によって増税を免れても，あとで増税されることを知っている個人が，生涯を通じて行う消費活動は，いま増税される場合と同じ，ということになります。このように，「政府が財源を課税で調達しようと，国債発行によって調達しようと，個人の生涯を通じた消費行動は変わらない」とする考えを**国債の中立命題**といいます。

　それでは，個人が，増税は自分が生きている間には行われず，死亡したあと，自分の子孫に対して行われる，と予想する場合，どのような行動をとるでしょうか。もしその個人が，自分の子孫が重い税を課され，そのぶん消費が少なくなることを，まるで自分のことのように心配するならば，自分が増税を免れたからといってそれをすべて消費に回さず，遺産として子孫に遺そうとするかも

によって供給される医療保険に加入するかどうか，自由に選択できるとしましょう。個人は，自分が病気にかかるリスクが高いか低いかを知っていますが，保険会社には個々人のリスクの大きさはわからないでしょう。国民全体の平均的なリスクの大きさを参考にして，保険料を設定せざるを得ず，その結果リスクの高い人は医療保険への加入を望み，一方リスクの低い人は，保険料を割高に感じて加入を望まないでしょう。結局，医療保険市場から，リスクの低い人が淘汰され，リスクの高い人が残る逆選択現象が発生してしまいます。国民全員に医療保険への加入を義務づけることで，このような逆選択現象の発生を回避できます。

　今後しばらくは高齢者人口が増え続け，医療費も増大していくことが予想されます。しかし医療費増大の理由は高齢者人口の増加だけではありません。医療技術の高度化が医療費の増大に大きく寄与していることが指摘されています。健康・長寿はすべての人々の望みであり，可能な限り高度な治療を受けたいという人々の要望を抑制することは難しいでしょう。とくに医療については，医師と患者の間で医学，医療技術に関する知識・情報の差が大きく，必要以上の治療が行われていても，患者はそれを判別することができません。今後は，医師と患者との間の知識・情報の差が，医療費の増大に拍車をかけていく可能性を十分に認識しながら，医療費の抑制策を模索していく必要があるでしょう。

しれません。もし個人が子孫のことを案じて，このような行動をとるならば，政府が財源を現在の世代への課税で調達しようと，国債を発行し，将来世代に税負担を先送りしようと，現在の世代の消費も，将来の世代の消費も変化しません。この場合も，国債の中立命題が成立することになります。

財政錯覚

　現実に，個人は，政府が増税を避け，国債発行によって財源を調達していることを知り，子孫への増税に備えて，遺産を遺す行動をとっているのでしょうか。実際のデータにもとづく分析では，国債の中立命題は，必ずしも支持されていません。このような分析結果が出ることについては，いくつかの理由が考えられます。まず，そもそも個人は自分の子孫のことを，自分のことのように心配してはいないのかもしれません。あるいは，個人は，国債発行が将来の増

税につながることを，しっかり認識していないのかもしれません。人々が，政府支出の増加による便益の増加が，費用負担の増加につながることを認識していないことを**財政錯覚**といいます。財政錯覚があると，人々が将来の増税に備えた行動をとらなくなります。政府の国債発行による資金調達によって負担を逃れた現役世代は，子孫に遺産を遺さないまま自分の消費に回し，結局将来世代に負担を転嫁することになります。

民主主義は万能ではない

　ここまで，政府を通じて行われる世代間の分かち合いが，望ましい場合もあれば，そうでない場合もあることを見てきました。現行の年金制度は退職世代を経済全体で扶養する仕組みを確立しましたが，人口高齢化の進展によって現役世代の負担が重くなっています。国債発行は，政策の費用を世代間で分担することを可能にしますが，将来世代が，政策から便益を受けていないのに，国債償還のための負担を負わされる場合，このような負担の転嫁は望ましいとはいえないでしょう。

　この章を通して，政治的な要因が望ましくない結果を助長していることについても触れてきました。政府を構成する政治家が選挙によって選ばれることで，政治家の再選により強い影響力を持つ世代の利益が優先されます。民主主義が発展し，国民の政治参加が促進されたのはすばらしいことですが，民主主義のもとでの政策決定にも限界があることを，私たちは認識しておく必要があります。

　本書の第1部で学んだように，市場はいつもうまく機能するとは限りません。市場がうまく機能していないときには，社会的余剰が最大化されません。第2部では，このような市場の失敗に対処することを期待されている政府が，必ずしも期待に応えてくれるわけではないのはなぜか，という問題について考えました。政府を構成する政治家や官僚が，国民の利益よりも自分の利益を優先すると，社会的余剰の損失が発生します。このような政府の失敗を是正するためには，政府関係者の行動を望ましい方向に誘導するために，インセンティブに配慮した制度の設計に知恵を絞る必要があります。

　インセンティブの重要性については，再分配政策を扱った第3部においても強調してきました。人々の間の公平に配慮しながら，人々に努力する姿勢を失

わせない政策を考案することは至難の技です。しかし，この難問の解決を政府に任せきりにせず，国民1人ひとりが十分に考え，実際の政策を評価することから，望ましい政策が実行される経済の実現に向うことができます。本書を読み，政策を評価するための具体的なポイントをしっかりと身につけたなら，その準備は十分に整っているはずです。

CHECKPOINT 59

- ☐ 国債発行を通じた，政策の費用負担の将来世代への転嫁は，将来世代が投票権を行使できないことから，政治家にとって魅力的な財源調達の手段です。
- ☐ 国民が，将来世代の負担の増加を自分のことのように心配するならば，将来世代に遺産を遺すでしょう。しかし，国民が，政策の充実が負担の増加につながることを認識していなければ，税を免れたぶんを自分の消費に回し，結局将来世代に負担を転嫁することになるでしょう。

EXERCISE ●練習問題

10-1 退職後の物価が，現役時と比べて，インフレのせいで高くなっているとします。
(1) 賦課方式の年金制度は，インフレに強いといわれていますが，なぜでしょうか。
(2) 実際の年金制度には，インフレに対応するために，どのような仕組みが導入されているか調べなさい。
(3) もし(2)で調べた仕組みが備わっていなかったら，退職後の生活はどのような影響を受けるでしょうか。

10-2 本文で，「年金制度の財源の一部を国が負担するようになりました」と述べました。
(1) 実際に，どのような形で国庫負担が行われているか，調べなさい。
(2) 国債発行によって得る収入が，一般会計予算のどの程度の割合を占めているか，調べなさい。
(3) 現行の年金制度を変えなかった場合，図10-5（263ページ）で示された赤字国債の発行額は，今後どのように推移するか，(1)と(2)に対する解答をもとに推論しなさい。

文献ガイド

　本書を読んで公共経済学に関心を持った読者の皆さんが，次に読む本を探すときのヒントとなるように，公共経済学およびその関連分野の解説書を4つの項目に分けてピックアップしました。

　各項目に挙げた書籍の中で，扱っている内容が似ているものについては，必ずしも厳密ではありませんが，基本的で数学の知識をあまり必要としないものから，より上級で数学の知識を必要とするものへと順に並べています。

□ **公共経済学全般**
- 小川光・西森晃（2015）『公共経済学』中央経済社
    ▶ 扱っているトピックスの多くが本書と共通しています。数式を導入しながら公共経済学の理論を紹介しています。
- 林正義・小川光・別所俊一郎（2010）『公共経済学』有斐閣
    ▶ より詳しい理論的説明を展開しています。とくに本書の第5，6章で取り上げた投票ルール，直接民主制と間接民主制の違い，第8章で取り上げた再分配政策について，詳しく解説しています。
- 土居丈朗（2002）『入門 公共経済学』日本評論社
    ▶ 公共経済学の基本的なトピックスを扱いながら，現実の財政問題の解説によりウェイトを置いた教科書です。とくに，本書の第9章で取り上げた税にまつわる諸問題について，詳しく説明しています。

□ **ミクロ経済学**
- 安藤至大（2013）『ミクロ経済学の第一歩』有斐閣
    ▶ 有斐閣ストゥディア・シリーズのミクロ経済学のテキストです。経済学を初めて学ぶ人向けに，経済学の考え方や着目点をとても丁寧に説明しています。文章も分量もとっつきやすいです。
- 八田達夫（2008）『ミクロ経済学Ⅰ──市場の失敗と政府の失敗への対策』，同（2009）『ミクロ経済学Ⅱ──効率化と格差是正』東洋経済新報社
    ▶ ミクロ経済学の基礎を解説するにとどまらず，図を用いてさまざまな経

済政策の効果を説明しています。政策を語れるようになるテキストで，経済学をある程度学んだ人にとっても読みごたえがあります。
- 神取道宏（2014）『ミクロ経済学の力』日本評論社
  - この1冊で，入門から高度な内容まで到達しようとする意欲的なテキストです。数学が用いられますが，言葉による丁寧な説明（とくに，何を知りたくてそのような分析を行うのか）が併記されています。

□ **政治経済学，社会選択，公共選択**
- アリエ・L・ヒルマン（2006）『入門財政・公共政策──政府の責任と限界』（井堀利宏監訳）勁草書房
  - 政府の役割と限界を，多くの例を取り上げながら解説した，公共選択分野の研究者による教科書の翻訳版です。
- 坂井豊貴（2013）『社会的選択理論への招待──投票と多数決の科学』日本評論社
  - 本書の第5章で取り上げた投票ルールや中位投票者定理について，より専門的な議論を行っています。
- 小西秀樹（2009）『公共選択の経済分析』東京大学出版会
  - 年金，地方分権，財政再建などの具体的な課題について，政治経済学的アプローチによるモデル分析を行っています。

□ **財 政 学**
- 畑農鋭矢・林正義・吉田浩（2015）『財政学をつかむ（新版）』有斐閣
  - 財政学の基礎から始まり，日本の財政制度，財政運営の課題までを，28のユニットに分けて解説しているので，段階的に読み進めることができます。
- 西村幸浩（2013）『財政学入門』新世社
  - ミクロ経済学・マクロ経済学の基礎をふまえつつ，とくに現在の財政課題に重点を置いて解説しています。経済理論と財政問題の関連が明らかになるはずです。
- 佐藤主光（2009）『地方財政論入門』新世社
  - 本書の第7章に登場した地方政府の経済活動について，実際の制度をふまえながら課題を解説した，地方財政分野の教科書です。

- 財務省ホームページ『日本の財政を考える』http://www.zaisei.mof.go.jp/
  - ▶ 国の借金も含めた財政の現状，少子高齢化との関係などについて，データを示しながら解説しています。

索　引

●アルファベット

GDP（国内総生産）　2
M+1 の法則　145
n 人囚人のジレンマ　93
TPP（環太平洋戦略的経済連携協定）　172

●あ　行

相対取引　36
赤字国債　263
足による投票　104
アローの不可能性定理　130
一次元の政策空間　122
一括固定税　238
1 票の格差　152
依頼人　→プリンシパル
医療保険　202, 203, 266
インセンティブ　7, 14, 268
後ろ向き帰納法　74
エージェンシー問題　167
エージェント　166
オイルショック　241
オストロゴルスキーのパラドックス　136

●か　行

回顧的投票　175
外部経済　53
外部性　53, 58, 72
　　正の――　53
　　負の――　53
外部不経済　53, 60
価格　8
価格支配力　52
価格受容者　36, 52
家　計　3
課　税　220
　　――の超過負担　226, 230, 238
課税最低限　215, 240
寡　占　52
カテゴリー別の援助　213
賦課方式の年金制度　249
カルテル　56

環境税　47, 64, 65, 66
監視　→モニタリング
間接税　221
間接民主制　114, 135, 136
完全競争市場　36, 52
環太平洋戦略的経済連携協定　→ TPP
官　僚　163
　　――の利益　168
議院内閣制　163
機会費用　14, 114, 159
棄　権　158
基数的（効用）　90
規　制　63
期待値　199
ギバード・サタースウェイトの定理　130
逆進的課税　232, 235
逆選択　54, 255
給付付き税額控除　215
供　給　37
供給曲線　77
　　課税後の市場――　66
　　個別――　43
　　市場――　43, 77
競合性　74, 80
競争均衡価格　39
共有地　81
均　衡　18, 92
均等割　239
勤労控除制度　205
クラブ財　82, 83
グレシャムの法則　69
計画経済　6
軽減税率　233
経　済　5
経済学　23, 46, 48
ゲーム理論　74, 92
現役世代　244
限界税率　235
限界代替率　95
限界費用　60
　　――逓減　60
限界便益　59

――逓減　59
限界変形率　96
現金給付　207, 209, 212
建設国債　261
現物給付　207, 208, 210, 212
権　力　110
公共経済学　4
公共財　85, 86, 97, 173
公共選択論　109
控　除　240
交　渉　128
高速道路　73
公的扶助　202
行動経済学　48
公平性　90, 92, 220
公　約　138
効率性（的）　29
　――と公平性のトレードオフ　233, 239
国　債　247
　――の中立命題　266
国政選挙　150
国内総生産　→ GDP
国民皆年金　252
国務大臣　163
互恵性　49
個人住民税　239
コースの定理　72
固定費用　53, 73
個別需要　41
コミットメント・ディバイス　185
コンドルセ勝者　115, 142
コンドルセのパラドックス　116
コンドルセ敗者　118
コンドルセ法　115

●さ 行

財　24
最高税率　235
財政赤字　188, 262, 265
財政黒字　262
財政錯覚　268
財政法　261
再　選　173, 188
最　善　17
再分配政策　194
サービス　24

サミュエルソン条件　100, 169, 187
参議院　150, 163
サンクコスト　75
自給自足　5
シグナリング　70
自己選択メカニズム　211
市場経済　8
市場需要　41
市場の失敗　55
次　善　17
自然独占　53
実験経済学　93
私的財　80
支配戦略　92, 179
　――均衡　92
　弱――　93
死　票　129, 147
至福点　123
社会選択論　109
社会的限界費用曲線　61, 66
社会的ジレンマ　93
社会的選択ルール　109
社会的余剰　9, 18, 29, 35, 46, 90
　――の損失　58
社会保険　202, 204
社会保障　35, 202
従価税　64, 222
衆議院　150, 163
従量税　64, 222
受益者負担の原則　262
熟議民主主義　128, 138
需　要　37
　――の価格弾力性　229
需要曲線　41, 77
　個別――　41
　市場――　42, 77
純便益　30
小選挙区制　132
小選挙区比例代表並立制　148
消費者価格　222
消費者余剰　45
消費税　221
情報の非対称性　17, 54, 67, 252
序数的（効用）　91
所得控除　240
所得再分配制度　201

所得税　221, 234, 236
所得代替率　250
所得割　239
資力調査　→ミーンズテスト
シルバー民主主義　160
人口高齢化　159, 160, 245
人口成長率　257
人口ピラミッド　245
人頭税　238
心理学　47, 48
推移性　116
垂直的公平　234, 239
水平的公平　234, 239
税　219, 220
税額控除　240
生活必需品　232
生活保護　202, 204, 244
生産者価格　222
生産者余剰　46
政治学　110
政治過程　109
政治家の利益　167, 173
政治経済学　109
政治献金　173
誠実投票　128
政治的裁量　233
ぜいたく品　232
正当性　110
製品差別化　52
政府債務残高　2
政府の失敗　109
税　率　222
税率区分　235
惜敗率　149
世代会計　250
世代間所得再分配　247
セーフティネット　203
選　挙　110, 150
選　好　109
戦略的相互依存関係　92
戦略的操作　130, 132
戦略的投票　129, 132
相　場　36, 39
総余剰　→社会的余剰
族議員　175
租税競争　180

租税の帰着　66, 224
ソフトな予算制約　185

●た　行

大気汚染　58
退職世代　244
代理人　→エージェント
ダウンズ・モデル　140, 141, 142
抱き合わせ販売　137
多数決　115, 117
　　絶対――　117
　　相対――　117, 118, 132
ただ乗り　→フリーライディング
端点解　100
単峰性　123
弾力性　228
地域間競争　180
父親的温情主義　→パターナリズム
チープトーク　70
地方公共財　102
地方政府　164, 176
中位投票者　124
　　――定理　124, 139
中古車　67
中選挙区制　144
超過供給　37
超過需要　38
重複立候補　148
直接税　221
直接民主制　136
貯　蓄　256
貯蓄可能投票　111
積立方式の年金制度　259
定数不均衡　152
デュヴェルジェの法則　132, 145
討議民主主義　→熟議民主主義
投票の費用　114, 158
投票率　111, 114
特殊利益　171
独　占　53
独占禁止法　57
特例国債　263
特　許　53
取引費用　73
トレードオフ　15

276

●な 行

内閣　163
内閣総理大臣　163
内点解　101
ナッシュ均衡　93
二大政党制　132
年金　244, 255
年金保険　202, 203
年代別投票率　158

●は 行

排除性　55, 80
バウチャー　207
パターナリズム　252
バックワード・インダクション　→後ろ向き帰納法
パレート効率性（的）　89, 91, 180
パレート最適　→パレート効率性（的）
パレート優位　89
パレート劣位　89
ピグー税　65
票の売買　113
比例代表制　145
比例的課税　235
貧困の連鎖　194
貧困の罠　205
不可能性定理　120
賦課方式の年金制度　249
複占　53
不正　112
負担の転嫁　224
フードスタンプ　212
負の所得税　214, 216
不平等回避　49
プライス・テイカー　→価格受容者
ブラケットクリープ　241
フリーライダー　89, 94
フリーライディング　89, 94, 174
プリンシパル　166

プリンシパル・エージェント問題　167, 186
分業　5
分権化定理　103
平均税率　234
平成の大合併　138
便益　26
飽和点　→至福点
保険　201
ホテリング・モデル　140
ボルダ方式　118

●ま 行

マイナンバー制度　216
マーケット・デザイン　102
マニフェスト　138
民主制　110
ミーンズテスト　204, 211
メカニズム・デザイン　102
モデル（分析）　24, 27
モニタリング　176
モラルハザード　258

●や 行

ヤードスティック競争　186
予算　168
余剰　29
4条国債　261

●ら 行

ラムゼイの逆弾力性ルール　232
利益団体　164, 171
利益誘導型政治　145
利潤　30
リスク　199
理想点　→至福点
利他性　49
累進的課税　235
レント　170
レントシーキング　172, 173, 174
ロビー活動　173

有斐閣ストゥディア
YUHIKAKU

私たちと公共経済
Public Economics: Incentives and Welfare

2015 年 9 月 20 日　初版第 1 刷発行
2025 年 6 月 15 日　初版第 5 刷発行

著　者　寺井公子
　　　　肥前洋一

発行者　江草貞治

発行所　株式会社　有斐閣
　　　　郵便番号　101-0051
　　　　東京都千代田区神田神保町 2-17
　　　　https://www.yuhikaku.co.jp/

印刷・萩原印刷株式会社／製本・大口製本印刷株式会社
©2015, Kimiko Terai, Yoichi Hizen. Printed in Japan
落丁・乱丁本はお取替えいたします。
★定価はカバーに表示してあります。
ISBN 978-4-641-15020-1

JCOPY　本書の無断複写(コピー)は、著作権法上での例外を除き、禁じられています。複写される場合は、そのつど事前に(一社)出版者著作権管理機構(電話03-5244-5088、FAX03-5244-5089、e-mail:info@jcopy.or.jp)の許諾を得てください。

本書のコピー，スキャン，デジタル化等の無断複製は著作権法上での例外を除き禁じられています。本書を代行業者等の第三者に依頼してスキャンやデジタル化することは，たとえ個人や家庭内での利用でも著作権法違反です。